职业教育公共基础课系列教材

经济数学基础与应用（第 2 版）

主　编　康永强
副主编　岑婉君　邱仰聪

电子工业出版社
Publishing House of Electronics Industry
北京·BEIJING

内 容 简 介

本书主要内容包括：经济中常见的数学模型——经济函数，无限变化的函数模型——极限与经济函数，经济分析的基本工具——导数、微分，导数在经济上的应用问题——边际、弹性、最值、函数形态，微分的逆运算问题——不定积分，求总量或变化量的问题——定积分及其在经济上的应用，用 MATLAB 数学软件进行数学计算。

本书适合作为高等职业院校经济管理类三年制各类专业或其他文科类专业的教材。

未经许可，不得以任何方式复制或抄袭本书之部分或全部内容。
版权所有，侵权必究。

图书在版编目（CIP）数据

经济数学基础与应用/康永强主编．—2 版．—北京：电子工业出版社，2020.10（2025.2重印）
ISBN 978-7-121-39817-9

Ⅰ.①经⋯　Ⅱ.①康⋯　Ⅲ.①经济数学—高等职业教育—教材　Ⅳ.①F224.0

中国版本图书馆 CIP 数据核字（2020）第 204075 号

责任编辑：朱怀永
特约编辑：田学清
印　　刷：固安县铭成印刷有限公司
装　　订：固安县铭成印刷有限公司
出版发行：电子工业出版社
　　　　　北京市海淀区万寿路 173 信箱　邮编 100036
开　　本：787×1092　1/16　印张：14.75　字数：377 千字
版　　次：2012 年 8 月第 1 版
　　　　　2020 年 10 月第 2 版
印　　次：2025 年 2 月第 6 次印刷
定　　价：46.80 元

凡所购买电子工业出版社图书有缺损问题，请向购买书店调换。若书店售缺，请与本社发行部联系，联系及邮购电话：(010)88254888,88258888。
质量投诉请发邮件至 zlts@phei.com.cn，盗版侵权举报请发邮件至 dbqq@phei.com.cn。
本书咨询联系方式：(010)88254608,zhy@phei.com.cn。

本书编委会

康永强　岑苑君　刘　锞
欧笑杭　邱仰聪　杨　超

前 言

"经济数学与数学文化"是高等职业教育经济与管理类专业的一门通识必修课程,也是素质教育和创新能力培养的重要课程。通过分析高等职业教育经济与管理类人才培养的普适性和培养对象的差异性,并结合当前高等职业教育数学课程改革经验,本书依照"经济问题引入→基本概念及方法→经济应用和拓展"的体例进行编写。本书的编写原则为:定位高职、注重直观、弱化抽象、淡化技巧、强化应用。从功能上来看,其包括三个方面:基础理论(基本概念及方法)、经济应用和数学文化。其中基础理论和经济应用为课内显性学时,而数学文化则为课外隐性学时。从本书内容上来看,其包括三大模块:微分学、积分学和数学实验。总的来说,本书不仅强调"经济应用"的职业性特点,而且关注高职数学课程的育人功能。我们认为这样的尝试能更好地适应当前高等职业教育数学教学的改革要求,符合当前高等职业教育经济与管理类人才对经济数学课程的多元化、精炼化、专业性和高效性的要求,同时有效解决课内学时少与生源多样的问题。因此,本书适合作为高职院校经济与管理类各专业的教材。另外,本书力求语言准确、条理清晰,在符合本书自身的逻辑前提下,要求教师在教授过程中培养学生严谨的数学思维,提升学生的职业素质。

在本书的编写过程中,我们试图探索和解决过去高职数学教学中以下主要矛盾。

(1) 课内学时少而教学内容多。在模块化内容基础上,以经济应用为主线,整合相关的数学基本概念和基本方法,将传统高等数学知识与经济问题相结合,凸显数学应用功能。本书基本实现了以经济应用问题引入相关概念,而后通过相关概念和方法的介绍更好地分析和解决该经济应用问题。经济应用方面包括经济函数、极限、导数、积分、概率统计、线性代数共六大类。根据专业的特点和生源的差异等条件,教师可灵活地选择和组织教学内容。

(2) 注重教学方法而忽视学习方法。本书在编写思想上,特别强调学生学习方法的掌握;打破了以往高职教材的完备性、系统性和逻辑性,更注重学生基础概念的建立、基本方法的突破,以及经济应用问题的分析和求解。本书清晰地描述数学概念的起源和本质,淡化数学概念的抽象描述,强化几何直观,突出经济应用。让学生了解强调本质、结构和强化分类是突破基本方法的核心,真正做到简单高效地掌握基本的计算方法,有利于提高学生运用数学知识解决经济问题的能力。

(3) 强调应用价值而忽视育人功能。本书在注重学生应用数学的基础上,体现了通识必修课的文化功能。不仅重视数学思想(如古代的极限思想、变化率思想等)的融合和渗透,而且精选一些数学文化的素材,以此展示数学思想的形成背景和数学对现实世界的影响,有利于发挥数学课程的育人功能,激发学生的学习兴趣并提升其数学应用的能力。

本书教学时间建议不少于 96 学时,其中,第一模块和第二模块共 48 学时,第三模块和第四模块共 24 学时。

感谢本书的主审、顺德职业技术学院李宏远副教授对书稿提出了大量富有针对性的意见和建议。

本书由康永强担任主编并负责统稿。其中,康永强编写第 1~6 章,岑苑君编写第 7 章。另外,岑苑君对第 1~6 章的书稿进行了细致的校对,邱仰聪对第 1、2 章进行了反复校对。

本书的编写得到了原顺德职业技术学院陈智院长的指导和关怀、顺德职业技术学院陈粟宋副院长的大力支持和热情鼓励,还有顺德职业技术学院人文教育系相关领导的关心和帮助,对此我们一并表示衷心的感谢。

编写教材是一项影响深远的教育项目,我们深感责任重大。由于我们的水平有限,虽然经过我们反复校对和仔细推敲,书稿中仍有许多不尽如人意之处,我们衷心期待专家和广大读者批评指正。

编 者

2020 年 7 月

目 录

第一模块 一元函数微分学及其经济应用

第1章 经济中常见的数学模型——经济函数 ········· 3

1.1 经济函数及其模型的建立 ········· 3
    1.1.1 需求量、供给量和价格之间的关系 ········· 4
    1.1.2 盈亏平衡点 ········· 6
    1.1.3 复利问题 ········· 10
    1.1.4 贴现问题 ········· 12
    【能力训练1.1】 ········· 13

1.2 函数——变量之间依存关系的数学模型 ········· 14
    1.2.1 函数概念的起源 ········· 14
    1.2.2 函数的概念 ········· 15
    1.2.3 反函数——逆向思维的实例 ········· 20
    1.2.4 基本初等函数 ········· 20
    1.2.5 复合函数 ········· 22
    【能力训练1.2】 ········· 23

学法建议 ········· 24
【综合能力训练1】 ········· 25
【数学文化聚焦】 无处不在的数学技术 ········· 27

第2章 无限变化的函数模型——极限与经济函数 ········· 28

2.1 极限思想概述 ········· 28
    2.1.1 极限思想介绍 ········· 28
    2.1.2 微积分理论的创立 ········· 30
    【能力训练2.1】 ········· 31

2.2 数列极限、无穷级数和乘数效应 ········· 31
    2.2.1 数列极限与反复学习问题 ········· 31
    2.2.2 无穷级数与乘数效应 ········· 34
    【能力训练2.2】 ········· 37

2.3 变化趋势的函数模型——极限 ········· 38
    2.3.1 $x \to \infty$时，$f(x)$的极限 ········· 38
    2.3.2 $x \to x_0$时，函数$f(x)$的极限 ········· 40
    2.3.3 函数$f(x)$的连续性 ········· 43
    2.3.4 无穷小量与弹球模型 ········· 46

2.3.5　无穷大与高速问题 ··· 48
　　【能力训练2.3】 ··· 51
2.4　怎样计算极限 ··· 52
　　2.4.1　极限的四则运算法则 ··· 52
　　2.4.2　计算极限的基本方法 ··· 52
　　【能力训练2.4】 ··· 56
2.5　经济中的极限问题 ··· 57
　　2.5.1　连续复利 ··· 57
　　2.5.2　实际利率和名义利率 ··· 59
　　2.5.3　年金和永续年金 ·· 60
　　【能力训练2.5】 ··· 65
学法建议 ·· 65
【综合能力训练2】 ·· 66
【数学文化聚焦】　从哲学角度认识极限法 ······································· 67

第3章　经济分析的基本工具——导数、微分 ································· 69

3.1　函数的局部变化率——导数 ··· 69
　　3.1.1　微积分的创立 ·· 69
　　3.1.2　函数 $y=f(x)$ 在点 x_0 处的导数——导数值 ········· 70
　　3.1.3　平面曲线的斜率及切线问题 ··································· 72
　　3.1.4　函数 $y=f(x)$ 在区间 (a,b) 内的导数——导函数 ··· 73
　　【能力训练3.1】 ··· 75
3.2　求导数的方法 ··· 75
　　3.2.1　导数基本公式 ·· 75
　　3.2.2　导数的四则运算法则 ·· 77
　　3.2.3　复合函数求导法则 ·· 78
　　3.2.4　隐函数求导法 ·· 82
　　3.2.5　高阶导数 ·· 85
　　3.2.6　反函数的导数 ·· 86
　　【能力训练3.2】 ··· 87
3.3　微分及其计算 ··· 88
　　3.3.1　微分的定义及其计算 ·· 88
　　*3.3.2　微分的近似计算 ·· 91
　　【能力训练3.3】 ··· 92
3.4　二元函数的偏导数 ·· 93
　　3.4.1　空间直角坐标系与二元函数 ··································· 93
　　3.4.2　二元函数的偏导数 ·· 96
　　3.4.3　二元函数的二阶偏导数 ·· 97
　　【能力训练3.4】 ··· 98
学法建议 ·· 98

【综合能力训练 3】 …… 99
【数学文化聚焦】 贝克莱悖论与第二次数学危机 …… 100

第 4 章 导数在经济上的应用问题——边际、弹性、最值、函数形态 …… 101

4.1 函数的形态分析——函数的单调性 …… 102
4.1.1 函数的单调性 …… 102
4.1.2 函数的极值——函数的局部性质 …… 104
4.1.3 函数的最大值与最小值——函数的整体性质 …… 107
4.1.4 函数的凹向性与拐点 …… 110
4.1.5 曲线的渐近线和函数作图 …… 114
【能力训练 4.1】 …… 116

4.2 边际分析 …… 117
4.2.1 边际成本 …… 117
4.2.2 边际收益 …… 117
4.2.3 边际利润 …… 118
【能力训练 4.2】 …… 118

4.3 弹性分析 …… 119
4.3.1 需求弹性 …… 120
4.3.2 收益弹性 …… 122
【能力训练 4.3】 …… 124

4.4 经济中的最优化问题 …… 124
4.4.1 最大利润问题 …… 124
4.4.2 最小平均成本问题 …… 125
*4.4.3 允许缺货的批量问题 …… 126
【能力训练 4.4】 …… 129

4.5 偏导数在经济分析中的应用 …… 129
4.5.1 偏边际成本 …… 129
4.5.2 二元经济函数的极值 …… 130
【能力训练 4.5】 …… 132

4.6 计算未定式极限的一般方法——洛必达法则 …… 133
【能力训练 4.6】 …… 135

学法建议 …… 135
【综合能力训练 4】 …… 137
【数学文化聚焦】 将数学引入经济学的第一人——保罗·萨缪尔森 …… 137

第二模块 一元函数积分学及其经济应用

第 5 章 微分的逆运算问题——不定积分 …… 143
5.1 不定积分及其性质 …… 144
5.1.1 积分学的创立 …… 144

5.1.2　逆向思维又一例——原函数与不定积分的概念 ················ 144
　　　5.1.3　不定积分的性质与基本积分公式 ····························· 146
　　　5.1.4　求不定积分的基本方法 ······································ 148
　　【能力训练 5.1】 ·· 149
　5.2　凑微分法 ·· 150
　　【能力训练 5.2】 ·· 155
　5.3　分部积分法 ··· 156
　　　5.3.1　分部积分公式 ·· 156
　　　5.3.2　使用分部积分公式求不定积分 ······························ 156
　　【能力训练 5.3】 ·· 158
　学法建议 ·· 159
　【综合能力训练 5】 ·· 160
　【数学文化聚焦】　数学大师丘成桐的数学强国梦 ························· 160

第 6 章　求总量或变化量的问题——定积分及其在经济上的应用　162

　6.1　定积分的概念 ·· 163
　　　6.1.1　定积分的起源 ·· 163
　　　6.1.2　定积分的定义 ·· 163
　　　6.1.3　定积分的性质 ·· 165
　　　6.1.4　求定积分 $\int_a^b f(x)\,\mathrm{d}x$ 的值 ······························ 166
　　【能力训练 6.1】 ·· 166
　6.2　计算定积分的一般方法——换元积分法和分部积分法 ··············· 167
　　　6.2.1　定积分的换元积分法 ··· 167
　　　6.2.2　定积分的分部积分法 ··· 170
　　【能力训练 6.2】 ·· 170
　　　6.3　定积分概念的拓展——无穷区间上的广义积分 ··············· 171
　　【能力训练 6.3】 ·· 173
　6.4　定积分的应用——求平面图形的面积 ···································· 173
　　　6.4.1　定积分的微元法 ··· 173
　　　6.4.2　平面图形的面积 ··· 174
　　【能力训练 6.4】 ·· 175
　6.5　定积分在经济分析中的应用 ·· 175
　　　6.5.1　边际函数和经济函数 ··· 175
　　　6.5.2　资金流在连续复利计息下的现值与将来值 ··············· 177
　　　6.5.3　消费者剩余和生产者剩余 ··································· 179
　　　6.5.4　洛伦兹曲线与基尼系数 ······································ 180
　　【能力训练 6.5】 ·· 181
　学法建议 ·· 182

【综合能力训练6】 ………………………………………………………………… 183
【数学文化聚焦】 谁先创立微积分 ………………………………………………… 184

第三模块　数学实验

第7章　用MATLAB数学软件进行数学计算 …………………………………… 187
7.1　MATLAB简介 …………………………………………………………… 187
　　实验一　MATLAB操作入门 ……………………………………………… 187
　　实验二　变量与函数 ……………………………………………………… 189
7.2　函数的MATLAB计算与作图 …………………………………………… 191
　　实验三　利用MATLAB进行基本数学运算 ……………………………… 191
　　实验四　利用MATLAB绘制平面曲线的图形 …………………………… 192
7.3　利用MATLAB计算一元函数微积分 …………………………………… 194
　　实验五　求解函数极限 …………………………………………………… 194
　　实验六　求解函数导数 …………………………………………………… 196
　　实验七　导数的应用一 …………………………………………………… 198
　　实验八　导数的应用二 …………………………………………………… 200
　　实验九　求解函数积分 …………………………………………………… 204
　　实验十　积分的应用 ……………………………………………………… 206

附录　能力训练参考答案 ……………………………………………………………… 208

参考文献 ……………………………………………………………………………… 222

第一模块 一元函数微分学及其经济应用

主要内容

- 经济中常见的数学模型——经济函数
- 变量无限变化的数学模型——极限与经济函数

第1章　经济中常见的数学模型——经济函数

【本章概要】

> 常见的经济函数是经济分析的基础．微积分研究的就是各类函数（包括初等函数、非初等函数、显函数、隐函数）的各种性质，特别是函数的分析性质——函数的微分和积分．因此，有必要将中学学过的函数及其相关概念进行归纳，为微积分在经济中的应用做必要的准备．

【学习目标】

> **知识目标：**
> - 需求函数、供给函数和价格函数；
> - 成本函数和平均成本函数；
> - 收益函数和利润函数；
> - 函数的概念及性质；
> - 基本初等函数、复合函数及初等函数．
>
> **能力目标：**
> - 理解市场均衡的概念，会求市场均衡价格；
> - 会求盈亏平衡时的产量；
> - 会计算复利和贴现；
> - 理解函数概念，掌握复合函数的分解及性质；
> - 会求反函数和分段函数．

数学是什么？数学是根据某些假设，用逻辑的推理得到结论．因为用了这么简单的方法，所以数学是一门坚固的科学，它得到的结论是很有效的，这样的结论自然对学问的各方面都很有应用，不过有一点是很奇怪的，就是这种应用的范围非常大．

——陈省身（国际数学大师，1911—2004）

1.1　经济函数及其模型的建立

在经济和管理领域中，很多现象所涉及的关系错综复杂，但往往能将其分解成若干个基本变化，根据主要变化特征，可选择相应的函数模型进行描述．

下面介绍几个常见的经济变量及它们之间的函数关系．

1.1.1 需求量、供给量和价格之间的关系

> **引例 1-1 【运动手表的需求和供给】**
> 当某款时尚运动手表的价格为 70 元/只时，销售量为 10000 只，若单价每提高 3 元，则需求量减少 3000 只．你能否表示出销售量与价格之间的关系？若单价每提高 3 元，则生产厂家可多提供 300 只．你能否表示出供给量与价格之间的关系？如果供求达到平衡，试确定这款运动手表的价格（均衡价格）和供需量（均衡量）分别是多少？
>
> 了解商品的需求量和供给量随价格的变化规律，可以帮助生产和销售双方及时掌握市场动向，并做出相应合理的决策．
>
> **预备知识**：需求量与需求函数，供给量与供给函数，市场均衡与均衡价格．

1. 需求函数(Demand Function)

在经济活动中，市场是联系生产与消费的桥梁．需求量(Demand Quantity)是指在特定时间内，消费者购买某种商品的数量，通常用 Q_d 表示．实际上，商品的需求量受到诸多因素的影响，如该商品的市场价格、季节、消费者的购买力、区域及消费者的偏好等，其中市场价格是决定需求量的一个重要因素．如果仅考虑市场价格这个主要因素，则市场价格与需求量之间的关系即**需求函数**(Demand Function)，记为

$$Q=Q_d(p)$$

一般来说，受需求函数 $Q=Q_d(p)$ 的影响，某种商品的需求量会随市场价格的上涨而减少，所以需求量是市场价格的单调减小函数，如图 1-1 所示．

相应地，商品的市场价格也要受到需求量的影响，即**价格函数**(Price Function)，记为

$$P=P(q)$$

价格函数 $P(q)$ 是需求函数 $Q_d(p)$ 的反函数．

【注】 当市场价格为因变量时，用大写 P 来表示，而当它为自变量时，则用小写 p 来表示；同理，当需求量为因变量时，用大写 Q 来表示，而当它为自变量时，则用小写 q 来表示．

一般来说，某种商品的市场价格随该商品的需求量的增加而下降，即价格函数 $P=P(q)$ 是单调减小函数，如图 1-2 所示．

【注】 经济学中习惯把因变量放在横轴上，把自变量放在纵轴上．

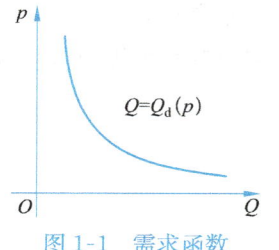
图 1-1　需求函数

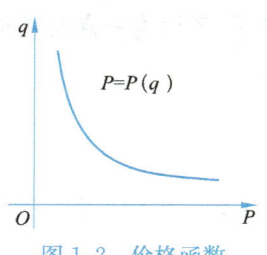
图 1-2　价格函数

引例 1-1 的需求函数

当某款时尚运动手表的价格为 70 元/只时,销售量为 10000 只,若单价每提高 3 元,则需求量减少 3000 只. 求销售量与价格之间的关系.

分析:设需求量(销售量)为 Q_d,市场价格为 p. 由"若单价每提高 3 元,则需求量减少 3000 只"可知需求量 Q_d 与市场价格 p 之间是线性函数关系.

求解:依题意,可得需求量 Q_d 与市场价格 p 之间的单调减少关系为

$$Q_d = 10000 - 3000 \cdot \frac{p-70}{3}$$

即

$$Q_d = 1000(80-p)$$

2. 供给函数(Supply Function)

从生产者的角度来看,在特定时间内,厂家愿意提供且能够出售的某种商品的数量,通常用供给量 Q_s 来表示. 供给量也受多种因素影响,如该商品的市场价格、原材料价格及生产成本等.

通常,供给量 Q_s 与该商品的市场价格 p 之间的关系,即**供给函数**,记为

$$Q = Q_s(p)$$

一般来说,供给量 Q_s 是随市场价格 p 的上涨而增加的,即供给函数 $Q = Q_s(p)$ 是单调增加函数,如图 1-3 所示.

3. 市场均衡(Market Equilibrium)

对于某种商品,在一定的市场价格下,如果市场需求量与供给量相等,则需求关系和供给关系之间达到某种平衡,称为**市场均衡**. 即需求量 Q_d 和供给量 Q_s 相等($Q_d = Q_s$),记为

$$\begin{cases} Q = Q_d(p) \\ Q = Q_s(p) \end{cases}$$

此时的市场价格 p_0 和需求量 q_0 分别称为**均衡价格**(Equilibrium Price)和**均衡数量**(Equilibrium Quantity),(q_0, p_0) 通常称为此商品的**均衡点**.

当市场价格 p 高于均衡价格 p_0 时,供给量大于需求量,出现供过于求的现象;当市场价格 p 低于均衡价格 p_0 时,需求量大于供给量,出现供不应求的现象,如图 1-4 所示.

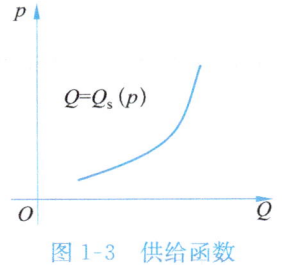

图 1-3 供给函数

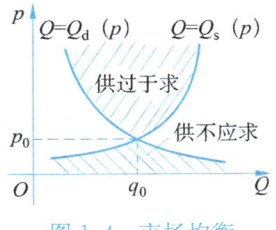

图 1-4 市场均衡

引例 1-1 的求解

求解：(1) 依题意，可得需求量 Q_d 与市场价格 p 之间的单调减少关系为

$$Q_d = 10000 - 3000 \cdot \frac{p-70}{3}$$

即

$$Q_d = 1000(80-p)$$

(2) 同样，可得供给量 Q_s 与市场价格 p 之间的单调增加关系为

$$Q_s = 10000 + 300 \cdot \frac{p-70}{3}$$

即

$$Q_s = 100(30+p)$$

(3) 市场均衡时的均衡价格和均衡数量为

$$\begin{cases} Q_d = 1000(80-p) \\ Q_s = 100(30+p) \end{cases}$$

可得，均衡价格为 $p_0 = 70$ 元/只，均衡数量为 $q_0 = 10000$ 只．

1.1.2 盈亏平衡点

引例 1-2 【寻找麦奇音响的盈亏平衡点】

麦奇音响公司专业生产汽车高档音响设备，在市场上的需求函数为 $Q = 1200 - 5p$．公司的固定成本是 14000 元，每生产 1 套产品，需要增加 80 元的成本．该公司的最大生产能力是 600 套，请问该公司盈亏平衡点是多少？此时的市场价格为多少？公司的盈亏情况如何？

从经济学角度来看，盈亏平衡就是总成本与收益大致相等，所以盈亏平衡点就是成本＝收益时的产量．因此，引例 1-2 中的问题可以转化为求成本与收益所涉及的利润的问题．当我们认识了成本、收益和利润的相关知识，就能很好地理解类似的问题．

预备知识：收益函数，总成本函数，平均成本函数，利润函数．

1. 收益函数(Revenue Function)

销售者销售 q 单位商品所得的全部销售收入称为收益函数，用 $R=R(q)$ 表示．

【注】 当销售量为因变量时用大写 Q 来表示，而当它为自变量时，则用小写 q 来表示．一般情况下，认为销售量即需求量．

一般来说，销售某种商品的收益取决于该商品的销售量 q 和市场价格 p，则**收益函数**表示为

$$R(q) = p \cdot q$$

根据市场价格的不同情况，收益函数可分为以下两种类型。

(1) 当**市场价格固定**时，即 $p=p_0$ 时，**收益函数**为

$$R(q) = p_0 \cdot q$$

(2) 当**市场价格变动**时，即价格函数由 $P=P(q)$ 确定时，收益函数为

$$R(q) = P(q) \cdot q$$

【例 1-1】 某工厂生产的某种产品年产量为 q,每台售价为 100 元,当年产量超过 800 台时,超过的部分只能按 9 折出售,这样可以多售出 200 台,若产品生产更多将无法售出.试写出本年的收益函数.

解:设 R 为收益,q 为销售量.根据题意,可得收益函数 $R(q)$ 为

$$R(q)=\begin{cases} 100q & 0 \leqslant q \leqslant 800 \\ 80000+90(q-800) & 800 < q \leqslant 1000 \\ 98000 & q > 1000 \end{cases}$$

【例 1-2】 已知某种商品的需求函数是

$$Q=200-5p$$

试求该商品的收益函数,并求出销售 20 件该商品的总收益.

解:① 由需求函数

$$Q=200-5p$$

得

$$p=40-\frac{Q}{5}$$

由此可得价格函数为

$$P=40-\frac{q}{5}$$

由公式 $R(q)=P(q) \cdot q$ 可得该商品的收益函数为

$$R(q)=\left(40-\frac{q}{5}\right)q=40q-\frac{q^2}{5}$$

② $R(20)=40 \times 20 - \frac{20^2}{5} = 720(元)$.

2. 总成本函数和平均成本函数

成本存在于一切经济活动中,正如"凡事总是要付出代价的"一样.

(1) 总成本函数(Total Cost Function).

总成本 C(Cost)是指生产一定数量产品的投入总额,产量 q(Quantity)是指实际生产某种产品的数量.在生产过程中,生产某种产品的总成本 C 是产量 q 的函数,记为

$$C=C(q)$$

> **案例 1-1** 设 q 表示某公司的产量,它可以是航班、咨询服务、粮食、鱼或空调、保险单.那么 $C(q)$ 表示投入,即成本(依赖于 q),而收益 $R(q)$ 则表示售出产品后的销售额(依赖于 q).
>
> **案例 1-2** 设 q 表示年轻人花费在大学或职业培训上的时间,那么 $C(q)$ 表示这些直接投资,而收益 $R(q)$ 则表示未来的报酬.
>
> **案例 1-3** 在考虑一个员工是否愿意提供劳动的问题时,这里的 q 表示该员工愿意在某一段时间(如一个月)内提供的劳动时数,而 $C(q)$ 表示该员工愿意放弃的闲暇的价值(通常称为机会成本),收益 $R(q)$ 则表示该员工的报酬.

一般而言,产品的总成本包括**固定成本**(Fixed Cost,FC(q))和**变动成本**(Variable Cost,

VC(q)).

固定成本是指支付固定生产要素的费用,包括厂房、设备的折旧和其他管理费用. 实际上,固定成本就是产量为零时的成本,通常用常数 C_0 表示,即 $C_0=C(0)$.

变动成本随产量的变化而变化,包括能源和原材料费用、劳动者的工资等,它是产量 q 的函数,用 $C_1(q)$ 表示. 则**总成本函数**表示为

$$C(q)=C_0+C_1(q)$$

(2) 平均成本函数(Average Cost Function).

当生产 q 件产品时,在考察每个单位产品的成本时,则有平均成本(Average Cost, AC(q)). 平均成本函数 AC(q)为

$$\mathrm{AC}(q)=\frac{C(q)}{q}=\frac{C_0+C_1(q)}{q}$$

平均成本是产品定价的参考依据,加上单位产品的利润就是产品的单价.

【**例 1-3**】 已知生产 q 件某种产品的总成本函数为 $C(q)=200+5q$(元),求生产 20 件该产品时的总成本 $C(20)$ 和平均成本 AC(20).

解:① 产量为 20 件时的总成本为

$$C(20)=200+5\times 20=300(元)$$

② 平均成本函数为

$$\mathrm{AC}(q)=\frac{C(q)}{q}=\frac{200+5q}{q}=\frac{200}{q}+5$$

因此产量为 20 件时的平均成本为

$$\mathrm{AC}(20)=\frac{200}{20}+5=15(元/件)$$

即生产 20 件产品的总成本为 300 元,平均成本为 15 元/件.

3. 利润函数(Profit Function)

利润(Profit,另可译为 Lucre)是收益扣除成本后剩余的部分,用 L 表示. 假设在理想化的经营目标下,生产的产品都销售出去,即产量等于销售量,则成本函数 $C=C(q)$ 和收益函数 $R=R(q)$ 都可以看作产量 q 的函数,那么利润 $L(q)$ 也是产量 q 的函数.

利润函数记为

$$L(q)=R(q)-C(q)$$

【**例 1-4**】 已知生产 q 件某种商品时的总成本函数(单位:万元)为

$$C(q)=10+4q+0.2q^2$$

如果每售出一件该商品的收益是 8 万元,求:

① 该商品的利润函数;
② 生产 10 件该商品时的总利润;
③ 生产 20 件该商品时的总利润.

解:① 由题意可知,价格 $p_0=8$,则该商品的收益函数为

$$R(q)=8q$$

又已知成本函数为

$$C(q)=10+4q+0.2q^2$$

则该商品的利润函数为
$$L(q) = R(q) - C(q) = 8q - (10 + 4q + 0.2q^2)$$
$$= -0.2q^2 + 4q - 10$$

② 生产10件该商品时的利润为
$$L(10) = -0.2 \times 10^2 + 4 \times 10 - 10 = 10 (万元)$$

③ 生产20件该商品时的利润为
$$L(20) = -0.2 \times 20^2 + 4 \times 20 - 10 = -10 (万元)$$

从以上例子可知,利润并不总是随产量的增加而增加的,有时产量增加,利润反而下降,甚至会亏本.

利润函数的三种情况如下:
① $L(q) = R(q) - C(q) > 0$,此时生产者会盈利;
② $L(q) = R(q) - C(q) < 0$,此时生产者会亏损;
③ $L(q) = R(q) - C(q) = 0$,此时生产者既没有盈利,也没有亏损.

将满足 $L(q) = 0$ 的点称为**盈亏平衡点**(又称**保本点**).

引例1-2 的分析和求解

分析:由引例1-2 中麦奇音响的"需求函数为 $Q = 1200 - 5p$"可知,此商品的价格函数为 $P = 240 - 0.2q$,由此可确定收益函数 $R(q)$;由"固定成本是14000元,每生产1套产品,需要增加80元的成本"可确定成本函数 $C(q)$. 根据收益函数和成本函数就能求出利润函数及盈亏平衡点.

求解:① 由需求函数 $Q = 1200 - 5p$ 得价格函数 $P = 240 - 0.2q$,则收益函数为
$$R(q) = P(q) \cdot q = (240 - 0.2q) \cdot q = 240q - 0.2q^2$$

② 由成本函数为 $C(q) = 14000 + 80q$ 得利润函数为
$$L(q) = R(q) - C(q)$$
$$= (240q - 0.2q^2) - (14000 + 80q)$$
$$= -0.2q^2 + 160q - 14000$$
$$= -0.2(q^2 - 800q + 70000)$$
$$= -0.2(q - 700)(q - 100)$$

由 $L(q) = 0$ 得均衡数量 $q_0 = 100$(根据最大生产量600套,将 $q = 700$ 舍去),此时的价格为220元.

③ 当 $100 < q < 600$ 时,$L(q) > 0$,此时盈利;当 $q < 100$ 时,$L(q) < 0$,此时亏损.

【例1-5】 已知某商品的成本函数为 $C(q) = 81 + 3q$(单位:元),如果售价为12元/件,求:
① 利润函数;
② 该商品的保本点是多少?
③ 销售量是10件时的利润是多少?

解:① 由 $p_0 = 12$ 得该商品的收益函数为
$$R(q) = 12q$$
又已知成本函数 $C(q) = 81 + 3q$,则利润函数为

$$L(q) = R(q) - C(q) = 12q - (81 + 3q) = 9q - 81$$

② 令 $L(q) = 0$，$L(q) = 9q - 81 = 0$，得 $q_0 = 9$，即该商品的保本点是 9 件．

③ 销售量是 10 件时的利润为
$$L(10) = 9 \times 10 - 81 = 9(\text{元})$$

1.1.3 复利问题

> **引例 1-3**　**【贷款的还款总额】**
> 　　某医院 2000 年 5 月 20 日从美国进口一台彩色超声波诊断仪，贷款 20 万美元，以复利计息，年利率 4%，2009 年 5 月 20 日到期一次还本付息．若一年计息 2 期，试确定贷款到期时的还款总额．
> 　　一般来说，企业向银行贷款必须支付利息，而利息是按规定的利率和期限来支付的．资金是有"时间价值"的，这个问题涉及利率和期限，以及利息的计算方式．
> **预备知识**：现值(Present Value)，将来值(Future Value)，单利，复利．

　　假设年利率为常数 r，最初资本现值(本金)记为 PV_0，n 年后的资本的将来值记为 FV_n(本利和)．反过来，在同样的利率 r 下，若要保证资金在 n 年后的资本将来值 FV_n，那么最初的本金 PV_0 应是多少？以上提出的问题是十分重要的，它为我们提供了一笔资金按固定利率的允诺回报和其他投资形式之间的比较标准，也促使我们考虑资金的"时间价值"(The Time Value of Funds)问题，资金的时间价值如图 1-5 所示．首先考虑将来值．

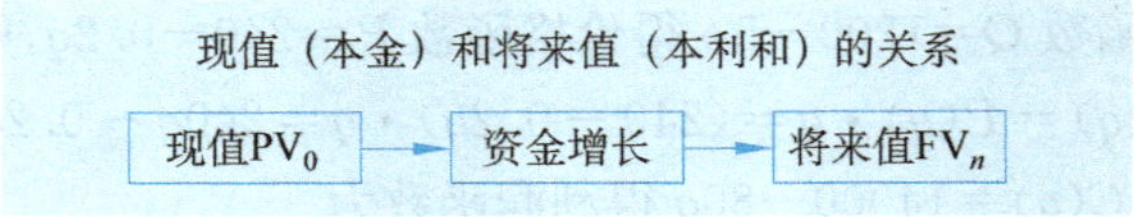

现值（本金）和将来值（本利和）的关系
现值 PV_0 → 资金增长 → 将来值 FV_n

图 1-5　资金的时间价值

　　设有一笔存款的现值为 PV_0，年利率为 r，分别按以下几种计息方式计算将来值．
　　① 若每年结息一次，则一年末的将来值为
$$FV_1 = PV_0 + PV_0 r = PV_0(1+r)$$
两年末的将来值为
$$FV_2 = FV_1 + FV_1 r = PV_0(1+r) + PV_0(1+r)r = PV_0(1+r)^2$$
依此计算，t 年末的将来值为
$$FV_t = PV_0(1+r)^t$$
这是一年计息 1 期，t 年后的将来值 FV_t 的复利公式．
　　② 若半年结息一次，相当于一年结算两次利息，则一年末的将来值为
$$FV_1 = PV_0\left(1 + \frac{r}{2}\right)^2$$
t 年末的将来值为
$$FV_t = PV_0\left(1 + \frac{r}{2}\right)^{2t}$$
这是一年计息 2 期，t 年后的将来值 FV_t 的复利公式．

③ 若每月结算一次,相当于一年结算 12 次利息,则一年末的将来值为

$$FV_1 = PV_0\left(1+\frac{r}{12}\right)^{12}$$

t 年末的将来值为

$$FV_t = PV_0\left(1+\frac{r}{12}\right)^{12t} \tag{1-1}$$

这是一年计息 12 期,t 年后的将来值 FV_t 的复利公式.

④ 若一年均匀分 n 期计息,年利率仍为 r,则每期以 $\frac{r}{n}$ 为利率来计算,于是一年末的将来值为

$$FV_1 = PV_0\left(1+\frac{r}{n}\right)^n$$

则 t 年末的将来值为

$$FV_t = PV_0\left(1+\frac{r}{n}\right)^{nt} \tag{1-2}$$

这是一年均匀计息 n 期,t 年后的将来值 FV_t 的复利公式.

【例 1-6】 如果有人现在购买了价值 500 元的债券,年利率为 10%,一年后的价值是多少?按复利计算三年后的价值是多少?

解:① $PV_0 = 500$,$r = 10\%$,则一年后债券的价值为
$$FV_1 = PV_0(1+r) = 500 + 500 \times 10\% = 500 \times (1+10\%) = 550(元)$$
可用图 1-6 表示.

② 按复利计算,三年后债券的价值为
$$FV_3 = PV_0(1+r)^3 = 500 \times (1+10\%)^3 = 665.5(元)$$
可用图 1-7 表示.

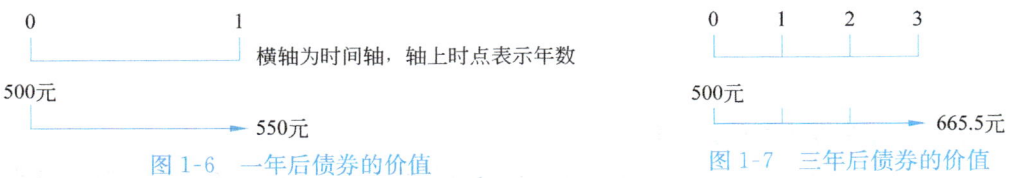

图 1-6 一年后债券的价值   图 1-7 三年后债券的价值

【例 1-7】 设有 100 元,年利率是 8%,按一年 1 期、2 期、4 期、12 期、365 期复利计算一年后的将来值.

解:$PV_0 = 100$,$r = 8\%$,$t = 1$,则

一年计息 1 期,$FV_1 = 100 \times (1+0.08) = 108(元)$;

一年计息 2 期,$FV_1 = 100 \times \left(1+\frac{0.08}{2}\right)^2 = 108.16(元)$;

一年计息 4 期,$FV_1 = 100 \times \left(1+\frac{0.08}{4}\right)^4 \approx 108.24(元)$;

一年计息 12 期,$FV_1 = 100 \times \left(1+\frac{0.08}{12}\right)^{12} \approx 108.30(元)$;

一年计息 365 期,$FV_1 = 100 \times \left(1+\frac{0.08}{365}\right)^{365} \approx 108.33(元)$.

【例 1-8】 假设有 10000 元想进行投资,现有两种投资方案:一种是一年支付一次红利,年

利率是 12%；另一种是一年分 12 个月按复利支付红利，月利率 1%．请问哪一种投资方案合算？

解：$PV_0=10000$ 元，年利率 $r=12\%$，一年计息 1 期，则 1 年后的价值为
$$FV_1=10000\times(1+12\%)=11200(元)$$

一年计息 12 期，$n=12$，且以 $\frac{r}{12}=1\%$ 为每期的利息来计算，则 1 年后的价值为
$$FV_1=10000\times(1+1\%)^{12\times 1}\approx 10000\times 1.126825=11268.25(元)$$

所以，一年分 12 个月按复利支付红利的投资方案更合算，能多得 68.25 元．

假若一年计息 24 期，$n=24$，以 $\frac{r}{24}=0.5\%$ 为每期的利息来计算，则 1 年后的价值为
$$FV_1=10000\times(1+0.5\%)^{24\times 1}\approx 10000\times 1.127160=11271.60(元)$$

由上述计算可知，年利率相同，此时的利率称为**名义利率**(Nominal Interest Rate)，而一年计息期数不同，一年所得之利息也不同，此时的利率为实际利率．若一年计息 1 期，则按 12% 计息；一年计息 12 期，实际利息(Effective Interest Rate)按 12.6825% 计算；一年计息 24 期，实际利息按 12.7160% 计算．

引例 1-3 的分析和求解

分析：由引例 1-3 中"复利计息"和"若一年计息 2 期"可知，计息周期为 18 的复利问题．

求解：设 $PV_0=20,r=0.04,n=2,t=9$．由公式(1-2)可知，2009 年 5 月 20 日到期一次还本付息的还款总额为
$$FV_9=20\left(1+\frac{0.04}{2}\right)^{2\times 9}\approx 20\times 1.428246=28.5649(万美元)$$

1.1.4 贴现问题

引例 1-4 【预期收益的现值】

某公司 2005 年年初和 2006 年年初对 C 设备投资均为 80000 元，该项目 2007 年年初完工投产；2007 年至 2009 年各年末预期收益均为 40000 元；银行存款复利利率为 8%．要求：按复利计算 2007 年年初投资额的终值和 2007 年年初各年预期收益的现值．

预备知识：我们已经知道，按年利率为 r 计算，初始本金 PV_0 在 t 年后的将来值为 FV_t，一年计息一次，t 年后的复利公式是 $FV_t=PV_0(1+r)^t$；一年计息 n 次，t 年后的复利公式是 $FV_t=PV_0\left(1+\frac{r}{n}\right)^{nt}$．总的来说，已知现值 PV_0，确定将来值 FV_t 是复利问题．与之相反的问题是，已知将来值 FV_t，求现值 PV_0，称为贴现问题，此时的利率 r 称为贴现率(Discount Rate)．贴现问题中的将来值和现值的关系如图 1-8 所示．

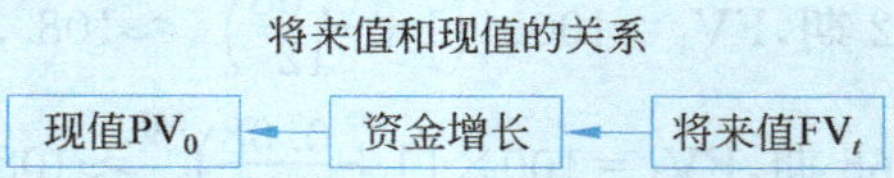

将来值和现值的关系

现值PV_0 ← 资金增长 ← 将来值FV_t

图 1-8 贴现问题中的将来值和现值的关系

由复利公式,容易得到以下贴现公式。

一年计息一次,t 年为期的贴现公式是
$$PV_0 = FV_t(1+r)^{-t} \tag{1-3}$$

一年计息 n 次,t 年为期的贴现公式是
$$PV_0 = FV_t\left(1+\frac{r}{n}\right)^{-nt} \tag{1-4}$$

【例 1-9】 设年利率为 6%,每年计息 4 期. 现投资多少元 10 年末可得 120000 元?

解:用公式(1-4)求解,其中 $FV_{10}=120000$,$n=4$,$r=0.06$,$t=10$. 于是
$$PV_0 = 120000\left(1+\frac{0.06}{4}\right)^{-4\times 10} = \frac{120000}{(1+0.015)^{4\times 10}}$$
$$\approx \frac{120000}{1.81402} \approx 66151.42(元)$$

引例 1-4 的分析和求解

分析:分别计算 2007 年至 2009 年各年年末预期收益在 2007 年年初的现值.

求解:(1) 2007 年年初投资额的终值为
$$F = FV_1 + FV_2 = 80000\times(1+8\%) + 80000\times(1+8\%)^2 = 179712(元)$$

(2) 2007 年年初各年预期收益的现值为
$$PV_0 = \frac{40000}{1+8\%} + \frac{40000}{(1+8\%)^2} + \frac{40000}{(1+8\%)^3} = 103084.18(元)$$

【能力训练 1.1】

(应用题)

1. 生产者向市场提供某种商品的供给函数为 $Q_s = \frac{p}{2} - 96$,而商品的需求函数为 $Q_d = 204 - p$,试求该种商品的均衡价格和均衡数量.

2. 某厂生产某产品 1000 吨,定价为 130 元/吨. 若一次性购买不超过 700 吨,则按原价支付;超过 700 吨,超过部分按原价的九折支付. 试将销售收益表示成销售量的函数.

3. 设某产品的需求函数是 $Q = 60000 - 1000p$,其中 p 为价格(单位:元),Q 是产品销售量. 又设产品的固定成本为 60000 元,变动成本为 20 元/件,求:
(1) 总成本函数;
(2) 收益函数;
(3) 利润函数.

4. 某工厂生产某种产品,固定成本为 2000 元,每生产一台产品,成本增加 5 元,若该产品销售单价为 9 元/台,试求:
(1) 总成本函数,平均成本函数;
(2) 200 台的总成本和平均成本;

(3) 收益函数;

(4) 利润函数,并确定盈亏平衡的产量.

5.**【不同计息方式下的将来值】**如果有 100000 元投资,年利率为 10%,试给出分别按照以下复利计息方式得到的一年后的资金总和.

(1) 按年;(2) 按季;(3) 按月;(4) 按天.

6. 如果资金的将来值是 1000 万元,年利率为 5%.从现在起 4 年内每年支付一次,计算出现值.

1.2 函数——变量之间依存关系的数学模型

数 形 诗

数形本是相倚依,焉能分作两边飞.

数缺形时少直觉,形少数时难入微.

数形结合百般好,隔离分家万事非.

几何代数统一体,永远联系莫分离.

——我国著名数学家华罗庚(1910—1985)

函数是用数学的术语来描述现实世界的主要工具.微积分着重研究变量与变量之间的依存关系(函数关系)及其分析性质(微分和积分).本节讨论函数及其相关概念,归纳后续内容中出现的基本初等函数和初等函数.

1.2.1 函数概念的起源

近代数学本质上可以说是变量数学,而变量数学的兴起是由于解析几何的创立.变量数学的里程碑是解析几何的发明,而解析几何的基本思想是在平面上引进坐标的概念,以此在平面上的点和有序实数对之间建立了一一对应的关系.解析几何的发明归功于两位法国数学家笛卡儿(R. Descartes,1596—1650)和费马(P. de Fermat,1601—1665).解析几何是代数和几何相结合的产物,它将变量引进数学,使运动与变化的定量表述成为可能,从而为微积分的创立奠定了基础.

函数(Function)一词最初是由德国数学家莱布尼茨(G. W. Leibniz,1646—1716)在 1692 年开始使用的.

1734 年,瑞士数学家欧拉(L. Euler,1707—1783)引入了函数符号"$f(x)$",并称变量的函数是一个解析表达式,认为函数是由一个公式确定的数量关系.但是,当时的函数概念仍然是比较模糊的.

直到 1837 年,德国数学家狄利克雷(P. G. L. Dirichlet,1805—1859)提出"如果对于一个 x 的每一个值,y 总有一个完全确定的值与之对应,则 y 是 x 的函数"这个定义才较清楚地说明了函数的内涵:不管其对应法则是公式、图像、表格,还是其他形式,函数 $f(x)$ 是 x 与 y 之间的一种对应关系.

1859 年,清代数学家李善兰(1811—1882)第一次将"Function"翻译成"函数".

19 世纪 70 年代以后,随着集合概念的出现,函数概念又得以用更加严谨的集合和对应的语言来表达.

1.2.2 函数的概念

1. 函数的定义

一个变量的值常常取决于另一个变量的值,或者说一个量的变化会引起另一个量的变化,函数关系就是描述这种联系的一个法则.

例如,你在银行的存款本金 A_0 在一年后的本息和 A 取决于银行的利率 r.
$$A=A_0(1+r)$$

定义 1.1【函数关系】 从非空集合 D 到非空集合 B 的函数关系 f 是一种对应规则(对应关系):对于 D 中每一个元素 x,对应 B 中唯一确定的元素 y. 表示这种函数关系用记号
$$y=f(x), \qquad x \in D \subset R$$
表示,其中 x 称为自变量,y 称为因变量,x 的变化范围 D 称为定义域,y 的变化范围称为值域. 用记号 $y(x_0)$ 或 $y|_{x=x_0}$ 或 $f(x_0)$ 表示 $x=x_0$ 时的函数值.

【注1】【函数关系的"机器"描述】 函数关系可以形象地比拟成"一台机器",如图 1-9 所示,对每一个允许的输入 x,确定唯一的输出 y. 函数关系本质上是表明变量之间的一种运算模式或运算结构.

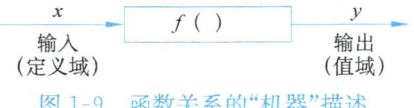

图 1-9 函数关系的"机器"描述

【注2】 通常将只有一个自变量 x 的函数 $y=f(x)$ 称为一元函数,将具有两个自变量 x 和 y 的函数 $z=f(x,y)$ 称为二元函数. 我们习惯上常用字母 a、b、c、p、q 等表示常量,用 x、y、s、t、i 等表示变量.

【例 1-10】 设函数 $f(x)=3x^2+2x-1$,则根据函数关系的描述,对应规律为
$$f(\quad)=3(\quad)^2+2(\quad)-1$$
则
$$f(2)=3 \times 2^2+2 \times 2-1=15$$
$$f(a)=3a^2+2a-1$$
$$f(x+1)=3(x+1)^2+2(x+1)-1=3x^2+8x+4$$

2. 如何确定一个函数 $y=f(x)$ 的定义域

函数 $y=f(x)$ 的定义域 D 是自变量 x 的取值范围,所以函数关系 $y=f(x)$ 实质上是由其定义域 D 和对应规律 f 确定的.

(1) 自然定义域:能使函数的解析式有意义的实数的集合.

(2) 实际定义域:有实际背景的函数 $y=f(x)$,要依照问题的实际意义加以确定,此时的定义域称为实际定义域.

例如,函数 $y=\pi x^2$ 的定义域(自然定义域)$D=(-\infty,+\infty)$,而半径为 r 的圆面积 $S=\pi r^2$ 的定义域(实际定义域)为 $D=[0,+\infty)$.

3. 函数的三种表示方法

(1) 解析式法.

用一个(或几个)数学式子表示函数关系的方法称为解析式法,也称公式法. 一个函数的

解析式可能不唯一,如绝对值函数 $y=|x|=\begin{cases} x & x\geq 0 \\ -x & x<0 \end{cases}$,也可表示为 $y=\sqrt{x^2}$.

【注】 函数的解析式法的表示.
① 显函数:由解析式 $y=f(x)$ 来表示,如函数 $y=x^2-1$ 为显函数.
② 隐函数:由方程 $F(x,y)=0$ 来确定 y 和 x 的函数关系.如单位圆方程 $x^2+y^2=1$ 表示 y 与 x 之间的隐函数关系.

一个隐函数 $F(x,y)=0$ 能化成 $y=f(x)$ 的形式,称为**隐函数的显化**.例如,隐函数 $e^x+xy-1=0$ 可化成 $y=\dfrac{1-e^x}{x}$.当然,并非所有的隐函数都能显化.

(2) 表格法.

将自变量的取值与对应的函数值列成表格表示函数的方法称为**表格法**.例如,三角函数表、对数表等都是用表格法表示函数的.

(3) 图像法.

函数 $y=f(x)$ 的图像是指坐标平面 Oxy 上的集合 $\{(x,y)|y=f(x), x\in D\}$,通常是平面上的一条曲线.

把抽象的"函数"与直观的"图像"结合起来研究函数,是学习数学的方便之门.这种方法不仅直观性强,而且便于观察函数的变化趋势.

案例 1-4【奥运会的撑杆跳高纪录】 早期的撑杆跳高奥运纪录可近似地用表 1-1 表示.用描点法画出表格所表示的散点图,并用解析式表示撑杆跳高纪录与年份之间的函数关系.

表 1-1 早期的撑杆跳高奥运纪录

年份	1900	1904	1908	1912
高度/m	3.33	3.35	3.73	3.93

分析和求解:图 1-10 是用描点法画出的表 1-1 的数据点,显然呈直线形状.观察数据后可以发现,从 1990 年的 3.33m 开始,每 4 年增加 20cm,即每年增加 5cm.若用 y 表示撑杆跳高高度(单位:m),用 t 表示从 1990 年以来的年份数,则函数关系可表示为

$$y=3.33+0.05t, \quad t\in[0,+\infty)$$

如图 1-11 所示.

【思考题】 M 是曲线 $y=x^2$ 上的动点,如图 1-12 所示.图中阴影部分的面积是不是 x 的函数?

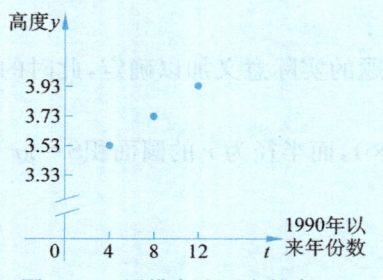

图 1-10 用描点法画出的表 1-1 的数据点

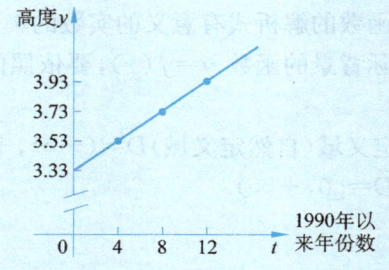

图 1-11 1900 年以来撑杆跳高高度

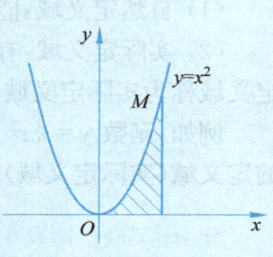

图 1-12 曲线 $y=x^2$

4. 分段函数

定义 1.2【分段函数】 在自变量的不同取值范围内,用不同的解析式来表示的函数,称为分段函数.

案例 1-5【通信套餐】 移动通信曾经推出的某种套餐收费标准为,在当月通话时间不超过 48 分钟时,月租费为 38 元(包括来电显示 8 元);超过 48 分钟时,超过的部分每分钟加收 0.2 元. 试表示这种套餐收费与当月通话时间的函数关系.

解:设套餐话费 C(单位:元)和当月通话时间 t(单位:分钟),则其函数关系可表示为

$$C = \begin{cases} 38 & t \leqslant 48 \\ 38 + 0.2(t-48) & t > 48 \end{cases}$$

【思考题】 试画出案例 1-5 中的套餐收费与通话时间的函数图像.

案例 1-6【工薪人员的纳税额】 我国于 1993 年 10 月 31 日发布《中华人民共和国个人所得税法》,规定月收入超过 800 元为个人所得税的起征点. 随着人民生活水平的提高,从 2007 年 1 月 1 日起,个人所得税的起征点上调为 1600 元. 从 2008 年 3 月 1 日起,个人所得税的起征点改为 2000 元. 从 2011 年 9 月 1 日起,个人所得税的起征点调至 3500 元. 2019 年 1 月 1 日起,个人所得税的起征点提高至每月 5000 元(每年 6 万元),增加子女教育支出、继续教育支出、大病医疗支出、住房贷款利息和住房租金等专项附加扣除,优化调整税率结构,扩大较低档税率级距. 现行 7 级的税率如表 1-2 所示.

表 1-2 现行 7 级的税率

级数	全年应纳税所得额	税率(%)
1	不超过 36000 元的部分	3
2	超过 36000 元至 144000 元的部分	10
3	超过 144000 元至 300000 元的部分	20
4	超过 300000 元至 420000 元的部分	25
5	超过 420000 元至 660000 元的部分	30
6	超过 660000 元至 960000 元的部分	35
7	超过 960000 元的部分	45

若某单位现在员工的年收入(保险费和专项附加扣除后)都不超过 380000 元,试确定该单位员工年收入与纳税金额间的函数关系.

解:设某人年收入为 x 元,应交纳所得税为 y 元.
(1) 当 $0 \leqslant x \leqslant 60000$ 时,$y = 0$;
(2) 当 $60000 < x \leqslant 96000$ 时,$y = (x - 60000) \times 3\%$;
(3) 当 $96000 < x \leqslant 204000$ 时,
$$y = (96000 - 60000) \times 3\% + (x - 96000) \times 10\% = 1080 + (x - 96000) \times 10\%;$$
依此类推,年收入与纳税金额的函数关系为

$$y = \begin{cases} 0 & 0 \leqslant x \leqslant 60000 \\ (x-60000) \times 3\% & 60000 < x \leqslant 96000 \\ 1080 + (x-96000) \times 10\% & 96000 < x \leqslant 204000 \\ 11880 + (x-204000) \times 20\% & 204000 < x \leqslant 360000 \\ 43080 + (x-360000) \times 25\% & 360000 < x \leqslant 480000 \end{cases}$$

若小王年收入(保险费和专项附加扣除后)为 125000 元,则应使用公式 $y = 1080 + (x-96000) \times 10\%$ 来求值,所交税为

$$y|_{x=125000} = 1080 + (125000 - 96000) \times 10\% = 3980 \text{(元)}$$

若陈经理年收入(保险费和专项附加扣除后)为 248000 元,则其应交税为

$$y|_{x=248000} = 11880 + (248000 - 204000) \times 20\% = 20680 \text{(元)}$$

【思考题】 若某人 2020 年应交税为 5000 元,其工资应在什么范围内?

5. 函数的四种特性

(1) 有界性.

定义 1.3【有界函数】 若存在正数 M,使得函数 $f(x)$ 在某区间 I 上有 $|f(x)| \leqslant M$,则称函数 $f(x)$ 在 I 上有界,否则称函数 $f(x)$ 在 I 上无界.

若 $f(x)$ 在 I 上有界,则其图像在直线 $y = -M$ 与 $y = M$ 之间. 显然,若函数 $f(x)$ 有界,则其界不唯一.

【例 1-11】 函数 $f(x) = \sin x$ 在 $(-\infty, +\infty)$ 上有界,因为 $|\sin x| \leqslant 1$,如图 1-13 所示.

而函数 $y = \dfrac{1}{x}$ (见图 1-14)在 $(0, 1)$ 内无界,而在 $(2, +\infty)$ 内有界.

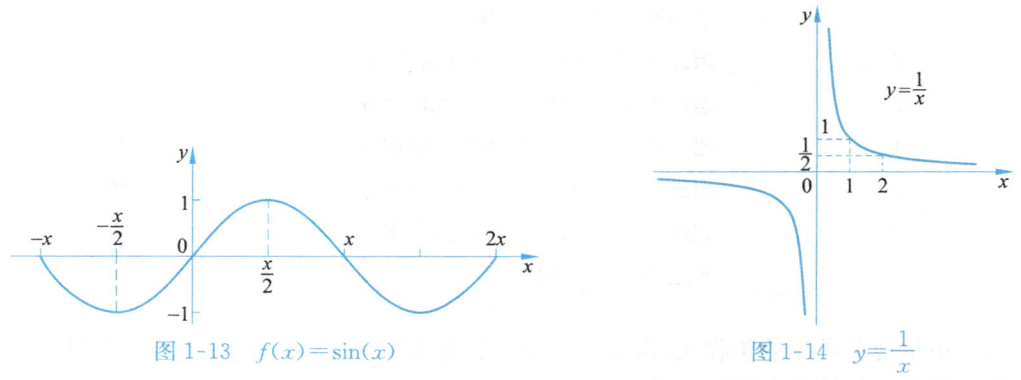

图 1-13　$f(x) = \sin(x)$　　　　图 1-14　$y = \dfrac{1}{x}$

(2) 单调性.

定义 1.4【单调函数】 若对于区间 I 内任意两点 x_1、x_2,当 $x_1 < x_2$ 时,有 $f(x_1) \leqslant f(x_2)$ 或 $f(x_1) \geqslant f(x_2)$,则称 $f(x)$ 在 I 上单调增加或单调减少,区间 I 称为单调增加区间或单调减少区间.

单调增加区间或单调减少区间统称为单调区间. 单调增加函数的图像表现为自左至右是单调上升的曲线,此时变量 x 与 y 同向变化,如图 1-15(a)所示;单调减少函数的图像表现为自左至右是单调下降的曲线,此时变量 x 与 y 反向变化,如图 1-15(b)所示.

例如,函数 $y=x^2$ 在 $(-\infty,0)$ 单调下降,在 $(0,+\infty)$ 单调上升,如图 1-16 所示.

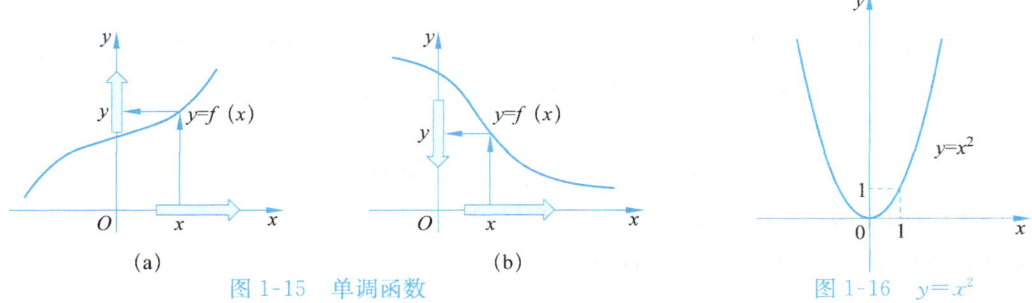

图 1-15　单调函数　　　　　图 1-16　$y=x^2$

(3) 奇偶性、对称性.

定义 1.5　设函数 $y=f(x)$ 的定义域 D 关于原点对称,对于任意 $x\in D$,满足:
① 若 $f(-x)=-f(x)$,则 $y=f(x)$ 是 D 上的奇函数;
② 若 $f(-x)=f(x)$,则 $y=f(x)$ 是 D 上的偶函数.

【**例 1-12**】　讨论函数 $f(x)=\dfrac{a^x+a^{-x}}{2}$ 和 $g(x)=\dfrac{a^x-a^{-x}}{2}$ 的奇偶性.

解:$f(x)$ 和 $g(x)$ 都定义在 $(-\infty,+\infty)$ 内,且
$$f(-x)=\frac{a^{-x}+a^x}{2}=\frac{a^x+a^{-x}}{2}=f(x)$$
$$g(-x)=\frac{a^{-x}-a^x}{2}=\frac{-(a^x-a^{-x})}{2}=-g(x)$$

因此,$f(x)=\dfrac{a^x+a^{-x}}{2}$ 是偶函数,而 $g(x)=\dfrac{a^x-a^{-x}}{2}$ 是奇函数.

【**注**】　偶函数的图像关于 y 轴对称;奇函数的图像关于原点对称. 比如,我们常见的偶函数 $y=x^2$ 和奇函数 $y=x^3$,分别如图 1-17(a) 和 (b) 所示.

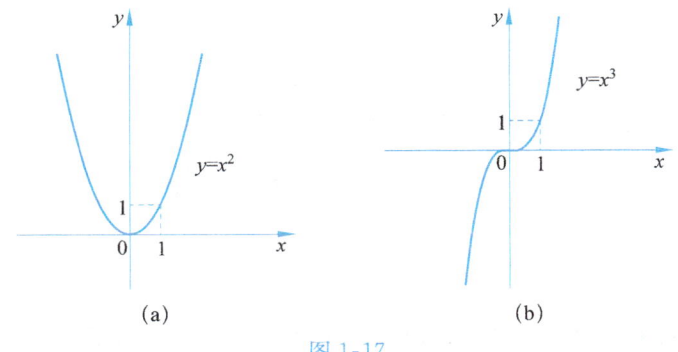

图 1-17

(4) 周期性.

定义 1.6　若存在非零的数 T,使得对于任意 $x\in I$,有 $x+T\in I$,且 $f(x+T)=f(x)$,则称 $f(x)$ 为周期函数,通常所说的周期是指周期函数的最小正周期.

例如,$y=\sin x,x\in(-\infty,+\infty)$ 是周期函数,其最小正周期为 2π,如图 1-13 所示.

1.2.3 反函数——逆向思维的实例

定义 1.7【反函数】 设函数 $y=f(x)$，且变量 x、y 是一一对应的。如果把 y 当作自变量，把 x 当作因变量，则关系式 $x=\varphi(y)$ 称为函数 $y=f(x)$ 的直接反函数；而 $y=\varphi(x)$ 为函数 $y=f(x)$ 的间接反函数。记作 $y=f^{-1}(x)$。

函数 $y=f(x)$ 和 $y=f^{-1}(x)$ 的图像关于直线 $y=x$ 对称。

通常所说的反函数是指间接反函数 $y=f^{-1}(x)$。

【例 1-13】 求函数 $y=2x-2$ 的反函数。

解：$y=2x-2$ 的直接反函数是 $x=\dfrac{y}{2}+1$，则 $y=2x-2$ 的间接反函数为 $y=\dfrac{x}{2}+1$。即 $y=2x-2$ 的反函数为 $y=\dfrac{x}{2}+1$。

> 一一对应的函数必有反函数。特别地，单调函数必有反函数 $y=f^{-1}(x)$。

【思考题】 下列各对函数是否互为反函数(间接反函数)？

(1) $y=5x, y=\dfrac{1}{5}x$;　　(2) $y=\dfrac{1}{x}, y=\dfrac{1}{x}$;

(3) $y=5-x, y=5-x$;　　(4) $y=x-5, y=x+5$.

【例 1-14】 已知某种商品的需求函数是

$$Q=200-4p$$

试求该商品的价格函数 $P(q)$ 和收益函数 $R(q)$。

解：① 由需求函数

$$Q=200-4p$$

可得其反函数，即价格函数为

$$p=50-\dfrac{q}{4}$$

② 由公式 $R(q)=P(q)\cdot q$ 可得该商品的收益函数为

$$R(q)=\left(50-\dfrac{q}{4}\right)q=50q-\dfrac{q^2}{4}$$

1.2.4 基本初等函数

微积分的研究对象主要为初等函数，而初等函数是由**基本初等函数**组成的。

基本初等函数指五类基本函数：幂函数、指数函数、对数函数、三角函数和反三角函数。

1. 幂函数

形如 $y=x^\alpha$ (α 为常数)。

2. 指数函数

形如 $y=a^x$ ($a>0, a\neq 1$)。当 $a=\mathrm{e}$ 时，$y=\mathrm{e}^x$。

3. 对数函数

形如 $y=\log_a x(a>0, a\neq 1)$. 当 $a=e$ 时,函数 $y=\ln x$ 称为自然对数.

经常用到由函数 $y=e^x$ 与函数 $y=\ln x$ 构成的两种关系式：
$$\ln e^x = x, \quad e^{\ln x} = x$$

4. 三角函数

例如，$y=\sin x, y=\cos x, y=\tan x, y=\cot x$ 等.

5. 反三角函数

例如，$y=\arcsin x, y=\arccos x, y=\arctan x, y=\text{arccot } x$.

【注】【反三角函数简介】 由于三角函数具有周期性,在其定义域内,对应于同一个函数值 y 的自变量值 x 有无穷多个,不是一一对应的关系. 因此,三角函数在其定义域内不存在反函数,但我们仍可以在其部分区间上考虑其反函数.

(1) 反正弦函数.

正弦函数 $y=\sin x\left(\text{当}-\dfrac{\pi}{2}\leqslant x\leqslant\dfrac{\pi}{2}\text{时}\right)$ 的反函数记为 $y=\arcsin x$,其定义域为 $[-1,1]$,值域为 $\left[-\dfrac{\pi}{2},\dfrac{\pi}{2}\right]$. $y=\arcsin x$ 是单调上升有界的奇函数,如图 1-18 所示.

(2) 反余弦函数.

余弦函数 $y=\cos x$(当 $0\leqslant x\leqslant\pi$ 时)的反函数记为 $y=\arccos x$,其定义域为 $[-1,1]$,值域为 $[0,\pi]$. $y=\arccos x$ 是单调下降的有界函数,如图 1-19 所示.

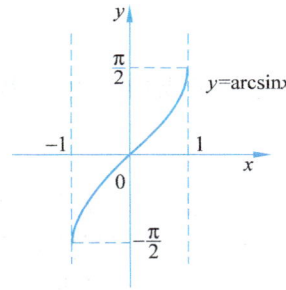

图 1-18　$y=\arcsin x$

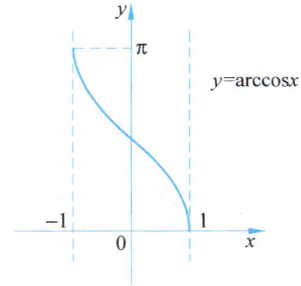

图 1-19　$y=\arccos x$

(3) 反正切函数.

正切函数 $y=\tan x\left(\text{当}-\dfrac{\pi}{2}<x<\dfrac{\pi}{2}\text{时}\right)$ 的反函数记为 $y=\arctan x$,其定义域为 $(-\infty,+\infty)$,值域为 $\left(-\dfrac{\pi}{2},\dfrac{\pi}{2}\right)$. 反正切函数 $y=\arctan x$ 是单调上升有界的奇函数,如图 1-20 所示.

(4) 反余切函数.

余切函数 $y=\cot x$(当 $0<x<\pi$ 时)的反函数记为 $y=\text{arccot}x$,其定义域 $(-\infty,+\infty)$,值

域为 $(0,\pi)$. 反余切函数是单调减小的有界函数,如图 1-21 所示.

图 1-20　$y=\arctan x$　　　　　图 1-21　$y=\mathrm{arccot}\, x$

1.2.5　复合函数

1. 复合函数的概念

定义 1.8【复合函数】　设 y 是 u 的函数,$y=f(u)$,u 是 x 的函数,$u=\varphi(x)$,当 x 在某一区间上取值时,相应 u 的值使 y 有意义,则由 $y=f(u)$ 和 $u=\varphi(x)$ 构成函数 $y=f[\varphi(x)]$,称 y 是 x 的复合函数,其中 u 称为中间变量.

一般地,如果 $y=f(u)$,$u=\varphi(x)$,则 $y=f[\varphi(x)]$ 称为这两个函数的复合函数. 称 $y=f(u)$ 为外层函数,它是因变量 y 与中间变量 u 之间的函数关系;称 $u=\varphi(x)$ 为内层函数,它是中间变量 u 与自变量 x 的函数关系,如图 1-22 所示.

由图 1-23 可以直观地看出复合函数 $y=f[\varphi(x)]$ 的形成过程.

图 1-22　$y=f[\varphi(x)]$　　　　　图 1-23　$y=f[\varphi(x)]$ 的形成过程

【例 1-15】　函数 $y=\ln^2 x$ 是由 $y=u^2$ 和 $u=\ln x$ 复合而成的复合函数,而函数 $y=\sqrt{1-x^2}$ 是由 $y=\sqrt{u}$,$u=1-x^2$ 复合而成的复合函数.

> **案例 1-7【原油扩散面积】**　油轮在海洋发生原油泄漏事故,假设原油污染海水的面积 A 是被污染圆形水面的半径 r 的函数 $A=\pi r^2$. 同时由于原油在海面上不断扩散,则污染半径 r 又是时间 t 的函数 $r=\varphi(t)$. 因此,原油扩散面积 A 与时间 t 的函数关系是
> $$A=\pi r^2=\pi[\varphi(t)]^2=\pi\varphi^2(t)$$

2. 复合函数的分解

要认识复合函数的结构,必须要认识其复合过程,也要理解复合函数如何进行分解. 通常采取由外层到内层分解的办法,将 $y=f[\varphi(x)]$ 拆成若干基本初等函数或简单函数的复合. 习惯上,我们将基本初等函数经过有限次四则运算所得到的函数称为**简单函数**.

复合函数分解为简单函数的步骤

第一步：确定外层函数 $y=f(u)$（y 是 u 的函数）；

第二步：确定内层函数 $u=\varphi(x)$（u 是 x 的函数）.

复合函数分解为简单函数的标准

① 基本初等函数（幂函数、指数函数、对数函数、三角函数和反三角函数）；

② 基本初等函数的四则运算；

③ 特别注意多项式函数，比如，一次多项式函数 $ax+b$，二次多项式函数 ax^2+bx+c 等.

【例 1-16】 将复合函数分解为简单函数.

(1) $y=(2x+3)^{30}$；　　　(2) $y=\cos x^3$；　　　(3) $y=\ln \cos x$；

(4) $y=\sin^3 x$；　　　(5) $y=\dfrac{1}{1-2x}$；　　　(6) $y=\sqrt{2-3x^2}$.

解：(1) $y=u^{30}, u=2x+3$；　　　(2) $y=\cos u, u=x^3$；

(3) $y=\ln u, u=\cos x$；　　　(4) $y=u^3, u=\sin x$；

(5) $y=\dfrac{1}{u}, u=1-2x$；　　　(6) $y=\sqrt{u}, u=2-3x^2$.

【例 1-17】 将复合函数分解为简单函数.

(1) $y=\sqrt{\tan \dfrac{x}{3}}$；　　　(2) $y=e^{x^2} \cdot \cos \dfrac{1}{x}$.

解：(1) $y=\sqrt{u}, u=\tan v, v=\dfrac{x}{3}$；　　　(2) $y=e^u \cdot \cos v, u=x^2, v=\dfrac{1}{x}$.

【例 1-18】 设 $f(x)=x^2, g(x)=2^x$，求 $f[g(x)], g[f(x)]$.

解：$f[g(x)]=[g(x)]^2=(2^x)^2=4^x$；

$g[f(x)]=2^{f(x)}=2^{x^2}$.

3. 初等函数

定义 1.9 由基本初等函数经过有限次四则运算及有限次复合步骤构成，且可用一个解析式表示的函数，称为初等函数，否则就是非初等函数.

例如，$y=\ln(x+\sqrt{x^2+1})$，$y=\sqrt[3]{\dfrac{(1-x)(1-2x)^2}{(1-3x)(1-4x)^5}}$ 均为初等函数. 而 $y=1+x+x^2+\cdots+x^n+\cdots$ 不是初等函数，分段函数、级数等也不是初等函数.

【能力训练 1.2】

(基础题)

1. 用区间表示下列不等式，并将它们画在数轴上.

(1) $-1 \leqslant x \leqslant 3$；　　　(2) $\dfrac{1}{2} < x \leqslant 5$；　　　(3) $-2 < x < 3$；

(4) $x < -3$；　　　(5) $x \geqslant 1$.

2. 设 $f(x)=2x^2-5x+1$，求 $f(0), f(-1), f\left(\dfrac{1}{2}\right), f(a), f(-x), f(x+1), f\left(\dfrac{1}{x}\right)$.

3. 设 $f(x)=\begin{cases}\sqrt{x-1} & x\geq 1 \\ x^3 & x<1\end{cases}$，求 $f(5), f(1), f(-2), f(1.04), f(f(1.04))$.

4. 用描点法画出函数的图形.

(1) $y=-x^3$; (2) $y=\dfrac{1}{x^2}$;

(3) $y=\sqrt[3]{x}$; (4) $y=\ln(1+x)$;

(5) $y=|\ln x|$; (6) $y=\ln|x|$.

5. 求下列函数的反函数.

(1) $y=1+2x$; (2) $y=\dfrac{1}{x^2}(x>0)$;

(3) $y=\dfrac{1-x}{1+x}$; (4) $y=\dfrac{e^x-e^{-x}}{2}$.

6. 将下列函数分解为简单函数.

(1) $y=\sin x^2$; (2) $y=\cos^2 x$;

(3) $y=(1-x)^3$; (4) $y=\ln(x-2)$;

(5) $y=e^{-x^2}$; (6) $y=\ln\sqrt{x^2+a^2}$.

7. 将下列各题中的 y 表示成 x 的函数.

(1) $y=u^2, u=\sin v, v=2x$; (2) $y=\ln u, u=1+\sqrt{v}, v=1+x^2$;

(3) $y=e^u, u=\sin v, v=\dfrac{1}{x}$.

8. 设 $f(x)=\dfrac{x}{1-x}, g(x)=\dfrac{1}{x}$，求 $f[f(x)], f[g(x)], g[f(x)]$.

（应用题）

1. 某人将 10000 元存入银行，年存款利率为 6%，复利计息，3 年后的本利和是多少？

2. 某企业为了上一个新项目，向银行借款 1200 万元，借款期为 10 年，年利率为 8%，问：按复利计息，到期后企业还本付息共计多少元？

3. 某投资项目预计 3 年后可得收益 1000 万元，按照年利率为 12% 计算，这笔收益的现值是多少？

4. A 公司 1998 年年初对甲设备投资 100000 元，该项目于 1998 年年初完工投产；2000年、2001年、2001年年末预期各为 20000 元、30000 元、50000 元；银行存款复利利率为 10%.

求：(1) 按复利计算 2000 年年初投资额的终值；

(2) 按复利计算 2000 年年初预期收益的现值.

学 法 建 议

1. 经济中常用函数

(1) 需求函数 $Q_d=Q_d(p)$ 与价格函数 $P=P(q)$，供给函数 $Q_s=Q_s(p)$；

(2) 总成本函数 $C(q)=C_0+C_1(q)$ 和平均成本函数 $AC(q)=\dfrac{C(q)}{q}$；

(3) 收益函数 $R(q)=p \cdot q$；

(4) 利润函数 $L(q)=R(q)-C(q)$.

2. 在学习经济中常用的函数时，要注意它们之间的内在联系

(1) 需求函数 $Q_d=Q_d(p)$ 和供给函数 $Q_s=Q_s(p)$.

需求函数 $Q_d=Q_d(p)$ 和供给函数 $Q_s=Q_s(p)$ 是销售量与价格，以及生产量与价格之间的关系，通过市场将两个函数联系在一起，即市场均衡 $Q_d(p)=Q_s(p)$，由此可得市场均衡价格 p_0.

(2) 价格函数 $P=P(q)$ 是需求函数 $Q_d=Q_d(p)$ 的反函数.

(3) 平均成本函数 $AC(q)=\dfrac{C(q)}{q}$ 是成本函数的平均.

(4) 收益函数 $R=R(q)=p \cdot q$ 的建立主要由价格的变化而确定，由此可得

$$R(q)=\begin{cases} p_0 q & p=p_0 \\ P(q) \cdot q & P=P(q) \end{cases}$$

(5) 假设生产的产量 q 都能销售出去，有利润函数 $L(q)=R(q)-C(q)$. 利润函数 $L(q)=R(q)-C(q)$ 中的自变量 q 是产量. 利润有三种情况：

① $L(q)=R(q)-C(q)>0$，盈利；

② $L(q)=R(q)-C(q)<0$，亏损；

③ $L(q)=R(q)-C(q)=0$，即 $R(q)=C(q)$，盈亏平衡（又称为保本）.

3. 关于函数概念的理解

本章的中心内容是函数概念，对函数概念的理解程度将会影响微积分的学习，甚至影响概率论与数理统计部分的学习. 掌握函数概念的关键在于理解函数关系 $y=f(x)$，本质上函数关系 $y=f(x)$ 是两个变量相互依存的运算模式（运算结构），而自变量的变化影响着因变量的变化. 自变量可以是一个变量，也可以是函数形式，因此就有了基本初等函数和复合函数. 图 1-24 给出了函数形式、基本初等函数和复合函数的关系.

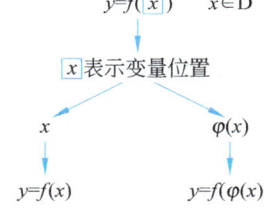

图 1-24 函数形式、基本初等函数和复合函数的关系

【综合能力训练 1】

(基础题)

1. 求下列函数的定义域.

(1) $f(x)=1+x^2$；

(2) $f(x)=1-\sqrt{x}$；

(3) $f(t)=\dfrac{1}{1-t}+\sqrt{t+2}$；

(4) $f(t)=\dfrac{1}{t^2+1}$；

(5) $g(z)=\log_2(1-z)$；

(6) $s(z)=\sqrt[3]{z-3}$；

(7) $y=\dfrac{1}{\ln(x-1)}$；

(8) $y=\dfrac{\sqrt{4-x^2}}{x^2-1}$.

2. 判断下列函数的奇偶性.

(1) $y=1-x+2x^2$；

(2) $y=x+\sin x$；

(3) $y=\dfrac{e^x-e^{-x}}{2}$; (4) $y=\dfrac{\sin x}{x}$;

(5) $y=\lg\dfrac{1+x}{1-x}$; (6) $y=x^2\cos x$;

(7) $y=\lg(x+\sqrt{1+x^2})$; (8) $y=x(x-1)(x+1)$.

3. 设 $f(x+1)=x^2-x+1$，求 $f(x)$.

4. 构造复合函数.

(1) 设 $f(x)=\dfrac{x}{x-1}$，求 $f(f(x))$;

(2) 设 $f(x)=x^2+1$，$g(x)=\dfrac{1}{x}$，求 $f[g(x)]$，$g[f(x)]$.

5. 将下列函数分解成简单函数的复合.

(1) $y=\ln(\ln(\ln x))$; (2) $y=\cos^2(2+5x)$;

(3) $y=3^{\cos\frac{1}{x^2}}$; (4) $y=\ln(x+\sqrt{1+x^2})$.

(应用题)

1.（1）按以往市场经验，当某商品售价为 80 元时，需求量为 1 万件，若该商品每件降价 3 元，则需求量将增加 0.3 万件，试求该商品的需求函数；

（2）当市场价格为每件 80 元时，生产厂商可提供 4 万件商品，当每件商品价格增加 3 元时，厂商能多提供 0.6 万件商品，试求该商品的供给函数；

（3）试求该商品的均衡价格和均衡数量.

2. 设某商品的需求函数为
$$Q=1000-5p$$
试求该商品的收益函数，并求当销量为 200 件时的总收益.

3. 已知某种产品的总成本函数与收益函数分别是
$$C(q)=12+3q+q^2,\quad R(q)=11q$$
试求：(1)该商品的盈亏平衡点；(2)该产品盈亏情况.

4. 假定生活在某城市每年的平均费用是 30000 元，估计未来每年的平均通货膨胀率为 6%，那么 20 年后的生活费用大约需要多少元？

5. 某人期望 8 年后有 100 万元，如果投资基金年获利率是 10%，那么现在他大约需要投入多少钱？

6.【**建造储油罐**】某工厂要建造一个容积为 V_0 的无盖圆柱形储油罐，试建立表面积 s 和底半径 r 之间的函数关系.

7.【**出租房屋**】现有 A、B、C 三种不同规格的住房 30 套，B 住房的数量是 C 住房数量的 2 倍. 在出租时，每套 A 住房的月租金为 720 元，每套 B 住房的月租金为 540 元，每套 C 住房的月租金为 390 元. 30 套住房的月租金总数为 16770 元，试求三种住房各有多少套？

8.【**快递邮费**】某快递公司规定：对于寄送到某地的物件，当物件不超过 20kg 时，按基本邮费 3 元/kg 计算；当超过 20kg 时，超过部分按每 4.5 元/kg 计算. 试求寄送到该地的物件的邮费 y（元）与物件重量 x（kg）之间的函数关系.

9.【**升降机的速度**】升降机从静止开始运动，在前 2s 内，以 1m/s^2 的加速度上升，之后做匀速运动,经 5s 后又以 -1m/s^2 的加速度继续上升,直到停止.

试求:(1)升降机的速度与时间的函数关系;(2)该函数的图像.

【数学文化聚焦】

无处不在的数学技术

在第二次世界大战期间(1939—1945),许多数学家投入了反对希特勒法西斯的斗争中,一大批直接服务于战争需要的数学技术随之产生.

1940年,英国海军和美国海军为了对付德国潜艇,创立了运筹学.在不增加设备的情况下,依靠数学智力,运筹学可以帮助提高设备能力和使用效率.

1942年,苏联的科莫哥洛夫和美国的维纳分别研究火炮的自动跟踪装置,发展随机过程的预测和滤波理论,提高空防效率.1948年维纳发表了著名的《控制论》.

1939年起,英国的数学家图灵成功帮助英国情报部门破译德军密码;美军破译日军密码电报,击落日本大将山本五十六的座机.

1944年,冯·诺依曼创立的对策论用于太平洋战争的战术决策.

美国政府组织的"应用数学小组(AMP)"参与空中火箭发射,以及水下弹道、B-52 轰炸机的计算等.数学家参与原子弹的研制.波兰裔数学家 S. 乌拉姆为氢弹研制做出了关键贡献.

数学在反法西斯战争中的应用卓有成效,极大地改造了数学本身.战后和平时期的数学技术,基于计算机的应用在更广阔的范围内展开.

1950年,冯·诺依曼等使用电子计算机进行"数值"天气预报.他们使用计算机求解大气环流方程,迅速得出数学解,与经验预报相印证,获得成功.

计算机技术的迅猛发展,使得计算机模拟技术得以实现.飞机设计不必都在风洞中做实验,测试大炮性能不必都采用实弹射击,原子弹等地下核试验可以在计算机上模拟,甚至可以在计算机上进行军事演习.

1979年的诺贝尔医学奖授予美国的柯马克和英国的洪斯费尔德,褒奖他们运用数学上的拉东变换原理,设计了 CT 层析仪.人体层析摄影技术造福了千千万万的人群,说到底是一种数学技术的实现.

工业管理的自动化,除自动化设备之外,往往还有一项价值不菲的"说明书",其实就是一个"数学模型"、一些数据.

数学文明可以说无处不在.飞机起飞降落定位需要卡尔曼滤波技术,汽车设计需要计算机模拟,企业管理使用数学模型,医院看病使用数字技术,药品效果有赖于统计分析,股票涨落需要数学估算,计算机设计使用二进制数,软件设计依赖离散数学,人工智能的基础是数学方法……

在社会科学方面,人口预测、环境控制、保险精算、交通管理、社会发展模型等都离不开数学的参与.

有人预言,未来的数学研究,只有 10% 的工作以发表论文为主,90% 的工作将是在各行各业用计算机解决那里的数学问题.这种估计虽然有些言过其实,但作为一种发展趋势,恐怕不无道理.

第 2 章 无限变化的函数模型——极限与经济函数

【本章概要】

> 微积分学的研究对象是变动的量,注重变量的本质和规律.这一点对研究经济变量非常重要.我们应关注变量的变化过程,更应从变量的变化过程中判断它的变化趋势.要把握这两个方面需要借助极限的方法.
>
> 极限的方法是人们从有限中认识无限,从近似中认识精确,从量变中认识质变的辩证思想和数学方法.总之,极限是研究变量的变化趋势的基本工具,是微积分中的基本概念,导数、定积分和级数等概念都是用极限来定义的.

【学习目标】

> **知识目标:**
> - 无限变化的数学模型——极限概念;
> - 无穷小与无穷大的概念;
> - 极限的运算法则;
> - 两个重要的极限.
>
> **能力目标:**
> - 掌握求函数极限的基本方法;
> - 利用无穷大和无穷小的思想,理解乘数效应;
> - 会计算连续复利和永续年金问题.

> 没有任何问题可以像无穷那样深深地触动人的情感,很少有别的观念能像无穷那样激励理智产生富有成果的思想,然而也没有任何其他的概念能像无穷那样需要加以阐明.
>
> ——希尔伯特(David Hilbert,1862—1943)

2.1 极限思想概述

2.1.1 极限思想介绍

1. 庄子的极限思想

"一尺之棰,日取其半,万世不竭"出自《庄子·天下篇》,这 12 个字看似简单,其中却包含了丰富的内容．"一尺之棰"，说明在 2300 年前的古代中国就已经有了长度的度量单位；"日取其半"，即每天截取前一天所剩下木棰的 1/2，表明当时对分数有了初步的认识；"万世不竭"，如此过程进行下去，即使是无限长的时间(万世)，也不可能把这根木棰切完，庄子认识到这是一个不断接近 0 的过程．

庄子揭示了即使"一尺之棰"被越切越短，但是"万世不竭"，即剩下的木棰的长度无限逼近 0，而又永远不为 0，是以 0 为极限的．

2. 芝诺悖论

公元前 450 年，古希腊有个大诡辩家叫芝诺(Zeno)，如图 2-1 所示．他是当时哲学家巴门尼德的学生、爱利亚学派的主要人物．此人能言善辩，有诗为证：大哉芝诺，鼓舌如簧．不论你说什么，他总认为荒唐．

芝诺说过这样一句话："大圆圈的面积是我的知识，小圆圈的面积是你们的知识．我的知识比你们多．但是，这两个圆圈的外面就是你们和我无知的部分．大圆圈的周长比小圆圈的周长更长，因而我接触的无知的范围比你们大．这就是我为什么常常怀疑自己的知识的原因"．

图 2-1　芝诺(Zeno)

芝诺曾经提出四个悖论，不论在哲学史上，还是在逻辑史上、数学史上，皆有重要的贡献．这四个悖论也是第二次数学危机的导火线之一，现选择其中的两个加以说明．

（1）二分法悖论．

二分法悖论如图 2-2 所示．物体从 A 点移动到 B 点．显然，从 A 点到达 B 点之前先要到达 AB 的中点 C，而要到达 C 点之前又必须先到达 AC 的中点 D……如此下去，显然有无穷多个这样的中点．一方面，每找一个中点都需要时间(不论多么短)，则寻找无穷多个中点需要的时间是无穷多的，即永远找不到距 A 点最近的一个中点；另一方面，物体从 A 点到达 B 点之前，必须经过这个距 A 点最近的中点．结论是：物体运动是不可能的．

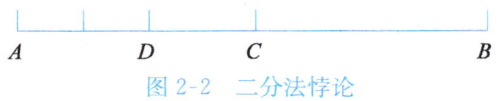

图 2-2　二分法悖论

从极限角度来看，二分法悖论显然是错误的．设 $AB=1$，$\lim\limits_{n\to\infty}\dfrac{1}{2^n}=0$．由于距离 A 点最近的中点就是 A 点本身，因此只要越过自己就说明物体运动了．

（2）阿基里斯悖论——阿基里斯无论如何也追不上一只乌龟．

在希腊神话中，阿基里斯是跑得最快的人，但芝诺却断言：阿基里斯永远追不上乌龟．芝诺假设的条件是，设阿基里斯的奔跑速度 $v_1=10\text{m/s}$，乌龟爬行速度 $v_2=1\text{m/s}$，因此有 $v_1=10v_2$．且让阿基里斯处在乌龟后面 $S_0=100\text{m}$，然后同时运动．

很明显，阿基里斯的速度是乌龟的 10 倍，应该很快追上乌龟．但芝诺认为不可能，其分析如下：

当阿基里斯走完 $S_0=100\text{m}$ 时，乌龟向前爬了 $S_1=10\text{m}$；

当阿基里斯再走完 $S_1=10\mathrm{m}$ 时,乌龟又向前爬了 $S_2=1\mathrm{m}$;
当阿基里斯又走完 $S_2=1\mathrm{m}$,乌龟再一次向前爬了 $S_3=0.1\mathrm{m}$;
……

因此,乌龟总是在阿基里斯之前,换句话说,阿基里斯永远追不上乌龟.

显然,这是芝诺的诡辩,为了驳倒他的谬论,不妨用极限理论尝试一下. 只要能证明阿基里斯能在有限时间内追上乌龟,问题就可得到解决.

设阿基里斯追上乌龟的时间为 t,于是可得
$$100+v_2 t=v_1 t$$
则
$$t=\frac{100}{v_1-v_2}\approx\frac{100}{9}\approx 11.111\leqslant 12(\mathrm{s})$$

对应阿基里斯为了追上乌龟所走的路程为
$$S=v_1 t=10\times 11.111\cdots\approx 111.111<112(\mathrm{m})$$

因此,阿基里斯追上乌龟的时间 t 不超过12s,路程 S 不超过112m,它们都是有限的.

为什么芝诺却断言阿基里斯永远追不上乌龟呢?原来芝诺把阿基里斯追赶的有限路程 S 和有限时间 t 分解成了无限段.
$$S=111.1\cdots=100+10+1+0.1+\cdots=S_0+S_1+S_2+\cdots$$
$$t=11.111\cdots=10+1+0.1+0.01+\cdots$$

事实上,芝诺用无限的概念迷惑大家,他将"阿基里斯无论如何也追不上一只乌龟"这个命题巧妙地变成"在阿基里斯追上乌龟前,永远也追不上乌龟". 我们先分析追赶距离,乌龟在前,追上乌龟之前有一段距离,这段距离是无限个"距离段"之和. 关键的是,这无限个"距离段"之和是一个定值(不超过112m),这个定值就是追上乌龟的距离. 换言之,无限段路程之和可以是有限的. 类似的可以说明追赶时间,追上乌龟之前需要有一段时间,这段时间是无限个"时间段"之和(不超过12s). 这无限个"时间段"之和也是一个定值,这个定值就是追上乌龟所需的时间.

芝诺悖论的症结在于有限与无限的矛盾.

芝诺巧妙地把有限的路程分割成无穷段路程,让人产生一种错觉,以为阿基里斯是永远也追不上乌龟的. 实际上这无穷段路程的和却是有限的,所以阿基里斯跑完这段有限的路程后,其实已经追上乌龟了.

2.1.2 微积分理论的创立

微积分的研究对象是变量,而变量的变化过程往往与极限思想相关联. 极限思想产生于某些实际问题的求解过程. 例如,魏晋时代的数学家刘徽推算圆周率 π 的方法——割圆术,就渗透着极限思想. 公元16世纪,社会生产力的提高,特别是欧洲的生产向大工业方向发展,促进了航海、天文等事业的拓展,对于"运动"的研究成了当时自然科学的中心. 在这种背景下,微积分为解决生产力及科学研究的实际问题而产生.

到了17世纪,法国数学家笛卡儿(Rene Descartes,1596—1650)引进坐标系后,变量数学的时期开始了. 研究"运动问题"和"几何问题"涉及"变速运动的瞬间速度""曲线围成平面图形的面积"等问题. 许多卓越的数学家与物理学家的研究,为微积分的诞生做了准备. 直到17世纪60~70年代,牛顿(Isaac Newton,1643—1727)从力学问题入手,莱布尼茨

(G. W. Leibniz,1646—1716)从几何学问题出发,利用不严密的极限方法,分别独立地创立了微积分．直到他们把积分的计算与微分联系起来,人们才有了解决诸如变力做功、曲线图形等问题的简单而有效的工具．然而,微积分理论基础的建立,大约推迟了两个世纪．

1821年,法国数学家柯西(A. L. Cauchy,1789—1857)在他的《分析学教程》等著作中给出了分析学中一系列基本概念的严格定义,并且引入了严格的叙述和论证,从而开创了微积分的近代体系．柯西在1821年提出的关于叙述极限的 ε 方法,用不等式刻画整个极限过程,使无穷的运算化为一系列不等式的推导．柯西被人们称为近代微积分的奠基者．现代微积分的表达和证明方法,基本上采用柯西的理论体系．在此基础上,德国数学家魏尔斯特拉斯(K. T. W. Weierstrass,1815—1897)将 ε 和 δ 结合起来,完成了 $\varepsilon\text{-}\delta$ 方法,摆脱了单纯运动和直观解释．

【能力训练 2.1】

(应用题)

1. 构造一个数列"无穷多个运动员进行110m栏比赛,但结果没有第一名"．要求表示出每一个运动员的110m栏的成绩,且要求成绩在13.0s之内．
2. 利用无限的思想解释生活中的"无限"．
（1）北京天坛回音壁是圆形的,但每一块砖都是直的；
（2）用锉刀锉一个光滑零件,每一锉锉下去都是直的．

2.2 数列极限、无穷级数和乘数效应

2.2.1 数列极限与反复学习问题

引例 2-1 【反复学习及效率】

在经济和社会领域中,学习及效率越来越为人所重视．心理学研究指出,任何一种新技能的获得和提高都要通过一定时间的学习．在学习中,不同对象的学习速度和掌握程度都不一样．以学习计算机为例,假设每学习一次,就能掌握一定的新内容,其程度为常数 $A(0<A<1)$,试用数学知识来说明一般人大约需要经过多少次的学习,才能基本掌握计算机知识．

预备知识: 数列极限．

案例 2-1【一尺之棰】 本章开始我们就讲到庄子在《天下篇》中所记载"一尺之棰,日取其半,万世不竭"．这句话反映了两千多年前,我国古人就有了初步的极限观念．

假设木棰的长度是1尺,天数为 n,从第一天开始,每天取前一天的一半,则第 n 天后余下木棰的长度可以表示成数列: $\frac{1}{2},\frac{1}{4},\frac{1}{8},\cdots,\left(\frac{1}{2}\right)^{n}$．随着 n 的无限增大,所剩下的木棰越来越短,甚至接近0,然而"万世不竭"说明木棰的长度永远不会为0．

案例 2-2【一个数字游戏与极限问题】 用计算器对数字2连续开平方,经过若干次后得到1,为什么？任何正数经过一定次数的开平方运算都得到1吗？

经过尝试，你会确定这一点．但原因是什么呢？事实上，探究其数学表达式，对 2 开平方一次为 $\sqrt{2}=2^{\frac{1}{2}}$；开平方两次为 $\sqrt{\sqrt{2}}=2^{\frac{1}{4}}=2^{\frac{1}{2^2}}$；开平方三次为 $\sqrt{\sqrt{\sqrt{2}}}=2^{\frac{1}{2^3}}$；…；开平方 n 次为 $\sqrt{\sqrt{\cdots\sqrt{2}}}=2^{\frac{1}{2^n}}$．因此，得到数字 2 连续开平方的数列是

$$2^{\frac{1}{2}},2^{\frac{1}{2^2}},2^{\frac{1}{2^3}},\cdots,2^{\frac{1}{2^n}},\cdots$$

可见，随着开平方次数的增多，所得结果的指数部分 $\frac{1}{2^n}$ 就越来越接近于 0，从而结果就越来越接近于 $2^0=1$．由于计算器设计了对计算结果的位数处理，因此对 2 连续开平方若干次就会得到 1．

不难想到，对任何大于 1 的正数，开平方次数越多，其结果就越接近于 1．

定义 2.1【数列 $\{a_n\}$ 的极限】 对于数列 $\{a_n\}$，当 n 无限增大($n\to\infty$)时，通项 a_n 无限趋近于某一个常数 A，则称 A 为 $n\to\infty$ 时数列 $\{a_n\}$ 的极限，或称数列 $\{a_n\}$ 收敛于 A．记作

$$\lim_{n\to\infty}a_n=A \quad 或 \quad a_n\to A(n\to\infty)$$

否则，称 $n\to\infty$ 时数列 $\{a_n\}$ 没有极限或发散，记作 $\lim_{n\to\infty}a_n$ 不存在．

在案例 2-1 中，数列 $\left\{\left(\frac{1}{2}\right)^n\right\}$ 是收敛的，且 $\lim_{n\to\infty}\left(\frac{1}{2}\right)^n=0$．在案例 2-2 中，数列 $\{2^{\frac{1}{2^n}}\}$ 是收敛的，且 $\lim_{n\to\infty}2^{\frac{1}{2^n}}=1$．

【例 2-1】 观察下列数列的变化趋势．

(1) $\left\{\frac{1}{n}\right\}:1,\frac{1}{2},\frac{1}{3},\cdots,\frac{1}{n},\cdots$；

(2) $\{2\}:2,2,2,\cdots,2,\cdots$；

(3) $\{(-1)^n\}:-1,1,-1,1,\cdots,(-1)^n,\cdots$；

(4) $\left\{\left(-\frac{2}{3}\right)^n\right\}:\left(-\frac{2}{3}\right),\left(-\frac{2}{3}\right)^2,\left(-\frac{2}{3}\right)^3,\cdots,\left(-\frac{2}{3}\right)^n,\cdots$；

(5) $\{\sqrt{n}\}:1,\sqrt{2},\sqrt{3},\cdots,\sqrt{n},\cdots$

解：(1) 当 n 无限增大时，$\frac{1}{n}$ 无限趋近于 0，所以 $\lim_{n\to\infty}\frac{1}{n}=0$；

(2) 该数列为常数列，它的每一项都是常数 2，当 n 无限增大时，其值保持不变，所以 $\lim_{n\to\infty}2=2$．一般地，对于任一常数列 $\{C\}$，有 $\lim_{n\to\infty}C=C$；

(3) 当 n 无限增大时，数列 $\{(-1)^n\}$ 的各项在 -1 与 1 之间摆动，没能接近一个确定的常数，因此 $\lim_{n\to\infty}(-1)^n$ 不存在，如图 2-3 所示；

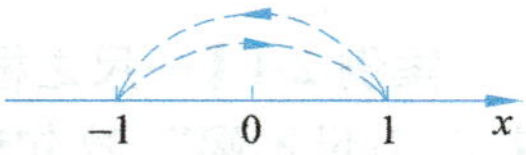

图 2-3 $\{(-1)^n\}$

(4) 当 n 无限增大时，数列 $\left\{\left(-\frac{2}{3}\right)^n\right\}$ 的各项在 0 的两侧摆动，越来越接近于 0，因此 $\lim_{n\to\infty}\left(-\frac{2}{3}\right)^n=0$；

(5) 当 n 无限增大时，通项 $\sqrt{n}$ 无限增大．因此，$\lim_{n\to\infty}\sqrt{n}$ 不存在．

常见数列极限

① $\lim\limits_{n\to\infty} C = C$（$C$ 为任意常数）；

② $\lim\limits_{n\to\infty} \dfrac{1}{n^a} = 0$（$a>0$）；

③ $\lim\limits_{n\to\infty} q^n = 0$（$|q|<1$）；

④ $\lim\limits_{n\to\infty} \sqrt[n]{a} = 1$（$a>0$）.

引例 2-1 的分析和求解

分析：不妨进行以下假设.

① b_0 为开始学习计算机时所掌握的程度，b_n 为经过 n 次学习后所掌握的程度，显然 $0 \leqslant b_0 < 1$；

② A 表示经过一次学习之后所掌握的程度，即每次学习所掌握的内容占上次学习内容的百分比.

求解：根据上面的假设，$1-b_0$ 就是第一次学习前尚未掌握的新内容，而经过一次学习后所掌握的新内容为 $A(1-b_0)$，于是

$$b_1 - b_0 = A(1-b_0)$$

类似有 $b_2 - b_1 = A(1-b_1)$. 以此类推，得到经过 n 次学习后所掌握的程度为

$$b_{n+1} - b_n = A(1-b_n), \quad n = 0,1,2,\cdots$$

于是

$$b_{n+1} = (1-A)b_n + A, \quad n = 0,1,2,\cdots$$

即

$$b_1 = (1-A)b_0 + A = 1 - (1-b_0)(1-A)$$
$$b_2 = (1-A)b_1 + A = 1 - (1-b_1)(1-A) = 1 - (1-b_0)(1-A)^2$$
$$\cdots$$
$$b_n = 1 - (1-b_0)(1-A)^n, \quad n = 0,1,2,\cdots$$

可以看出，随着学习次数 n 的增大，b_n 也逐渐增大，且越来越接近于 $1(100\%)$，但不会达到 100%. 即有

$$\lim_{n\to\infty} b_n = \lim_{n\to\infty}[1-(1-b_0)(1-A)^n] = 1 - \lim_{n\to\infty}(1-b_0)(1-A)^n = 1$$

这说明了学习中的一个道理：熟能生巧，学无止境.

不妨设在学习过程中，掌握 95% 以上的学习内容就算是基本掌握. 根据上述模型来计算，至少需要学习多少次？在一般情况下，$b_0=0$，即开始学习时，对计算机一无所知，如果每次学习掌握程度为 30%，代入数据计算，表 2-1 所列的是学习次数与掌握程度的关系.

表 2-1　学习次数与掌握程度的关系

n	1	2	3	4	5	6	7	8	9	10
b_n	0.3	0.51	0.66	0.76	0.83	0.88	0.92	0.94	0.96	0.97

学习次数与掌握程度的关系也可用图表示,如图 2-4 所示.

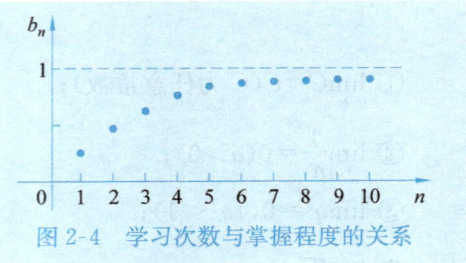

图 2-4 学习次数与掌握程度的关系

2.2.2 无穷级数与乘数效应

引例 2-2 【税收政策中的乘数效应】
为了刺激经济发展,某联邦政府通过了一项削减 100 亿美元税收的方案. 假设居民收入的分配为,国民收入的 93% 用于消费,7% 用于储蓄. 试估计削减税收对整体经济活动的总效应(消费总额有多大).

预备知识:级数,级数求和,等比级数(几何级数)的和,乘数效应.

1. 级数、级数求和、等比级数(几何级数)的和

在经济领域和社会生活中,会遇到多个甚至无穷多个数相加的问题,也就是求和的问题. 这里的"和"已经不是普遍意义下有限个数的和了,那么这个"和"是什么意思呢?

最常见的一个例子是 $\frac{1}{3}$,实际上可表示成

$$\frac{1}{3} = 0.\dot{3} = 0.3 + 0.03 + 0.003 + \cdots$$

定义 2.2【级数】 已知数列 $u_1, u_2, \cdots, u_n, \cdots$,则和式

$$u_1 + u_2 + \cdots + u_n + \cdots \quad \text{或} \quad \sum_{n=1}^{\infty} u_n$$

称为无穷级数,简称级数. 其中,u_n 称为级数的一般项.

定义 2.3【级数的和】 设级数 $\sum_{n=1}^{\infty} u_n$ 的前 n 项之和为 S_n,则

$$S_n = u_1 + u_2 + \cdots + u_n = \sum_{i=1}^{n} u_i$$

称为级数的部分和. 由此得到一个新的数列 $\{S_n\}$.

若数列 $\{S_n\}$ 是收敛的,则称级数 $\sum_{n=1}^{\infty} u_n$ 是收敛的. 若 $\lim_{n \to \infty} S_n = S$,则称 S 为级数 $\sum_{n=1}^{\infty} u_n$ 的和,记作

$$u_1 + u_2 + \cdots + u_n + \cdots = \sum_{n=1}^{\infty} u_n = S$$

若数列 $\{S_n\}$ 是发散的,则称级数 $\sum_{n=1}^{\infty} u_n$ 是发散的,只有级数形式,没有和.

例如，级数 $\sum_{n=1}^{\infty} \frac{1}{n(n+1)}$，由 $u_n = \frac{1}{n(n+1)} = \frac{1}{n} - \frac{1}{n+1}$ 得

$$S_n = \frac{1}{1 \times 2} + \frac{1}{2 \times 3} + \cdots + \frac{1}{n(n+1)}$$
$$= \left(1 - \frac{1}{2}\right) + \left(\frac{1}{2} - \frac{1}{3}\right) + \cdots + \left(\frac{1}{n} - \frac{1}{n+1}\right)$$
$$= 1 - \frac{1}{n+1}$$

因为

$$\lim_{n \to \infty} S_n = \lim_{n \to \infty} \frac{n}{n+1} = 1$$

所以，级数 $\sum_{n=1}^{\infty} \frac{1}{n(n+1)}$ 收敛，即 $\sum_{n=1}^{\infty} \frac{1}{n(n+1)} = \frac{1}{1 \times 2} + \frac{1}{2 \times 3} + \cdots + \frac{1}{n(n+1)} + \cdots = 1$.

案例 2-3【污染湖泊的治理问题】 假设某个湖中现有污染物质的总质量为 a，且污染物质均匀地混合于湖水中．现在采用不断地从上游引入清水，从下游排出湖水的方法来稀释受污染的湖水．假设在这个过程中湖水的总体积不变，且每周内可排除污染物质残留量的 $\frac{1}{5}$，那么，第 n 周的排污量为

$$u_n = \frac{1}{5}\left(\frac{4}{5}\right)^{n-1} a, \quad n = 1, 2, \cdots$$

前 n 周的累计排污量为

$$S_n = u_1 + u_2 + \cdots + u_n = \frac{1}{5}a + \frac{1}{5}\left(\frac{4}{5}\right)a + \cdots + \frac{1}{5}\left(\frac{4}{5}\right)^{n-1} a$$

随着时间向后无限推移，即 n 无限增大，上述和式中的项数无限增多，累计总排污量为一个无穷级数

$$\sum_{n=1}^{\infty} u_n = u_1 + u_2 + \cdots + u_n + \cdots$$
$$= \frac{1}{5}a + \frac{1}{5}\left(\frac{4}{5}\right)a + \cdots + \frac{1}{5}\left(\frac{4}{5}\right)^{n-1} a + \cdots$$

累计总排污量为这个级数的部分和

$$S_n = \frac{1}{5}a + \frac{1}{5}\left(\frac{4}{5}\right)a + \cdots + \frac{1}{5}\left(\frac{4}{5}\right)^{n-1} a$$
$$= \frac{1}{5} \cdot \frac{1 - \left(\frac{4}{5}\right)^n}{1 - \frac{4}{5}} a = \left[1 - \left(\frac{4}{5}\right)^n\right] a$$

因为

$$\lim_{n \to \infty} S_n = \lim_{n \to \infty}\left[1 - \left(\frac{4}{5}\right)^n\right] a = a$$

所以级数 $\sum_{n=1}^{\infty} u_n$ 是收敛的,其和为 a. 即累计总排污量为污染物质的总量 a. 换言之,随着时间向后无限推移,所有的污染物质将逐渐排清.

【注】【关于"和"的概念扩展——收敛级数的"和"与算术中的有限项的"和"的区别】
① 意义不同. 无穷级数的"和"是特殊形式的极限,而算术中的"和"是加法运算的结果;
② 存在性不同. 无穷级数的"和"不一定存在,而算术中的和一定存在;
③ 运算性质不同. 无穷多项的"和"不一定满足结合律、交换律.

等比级数(几何级数)的和

等比级数 $a+aq+aq^2+\cdots+aq^{n-1}+\cdots=\sum_{n=1}^{\infty} aq^{n-1}$,又称几何级数.

① 当 $|q|<1$ 时,级数收敛,和为 $S=\dfrac{a}{1-q}$,即

$$a+aq+aq^2+\cdots+aq^{n-1}+\cdots=\frac{a}{1-q}$$

② 当 $|q|\geqslant 1$ 时,级数发散.

【例 2-2】 求等比级数 $\dfrac{3}{10}+\dfrac{3}{10^2}+\cdots\dfrac{3}{10^n}+\cdots=\sum_{n=1}^{\infty}\dfrac{3}{10^n}$ 的和.

解:公比 $q=\dfrac{1}{10}<1$,级数 $\dfrac{3}{10}+\dfrac{3}{10^2}+\cdots\dfrac{3}{10^n}+\cdots=\sum_{n=1}^{\infty}\dfrac{3}{10^n}$ 收敛,和为

$$S=\frac{\dfrac{3}{10}}{1-\dfrac{1}{10}}=\frac{1}{3}$$

即 $\dfrac{3}{10}+\dfrac{3}{10^2}+\cdots\dfrac{3}{10^n}+\cdots=\dfrac{1}{3}$. 其实就是常见的 $\dfrac{1}{3}=0.\dot{3}=0.3+0.03+0.003+\cdots$.

【例 2-3】 等比级数的几何证明.

(1) $\dfrac{1}{2}+\dfrac{1}{4}+\dfrac{1}{8}+\cdots=\sum_{n=1}^{\infty}\left(\dfrac{1}{2}\right)^n=1$ 的几何证明(见图 2-5).

(2) $\dfrac{1}{3}+\dfrac{1}{9}+\dfrac{1}{27}+\cdots=\sum_{n=1}^{\infty}\left(\dfrac{1}{3}\right)^n=\dfrac{1}{2}$ 的几何证明(见图 2-6).

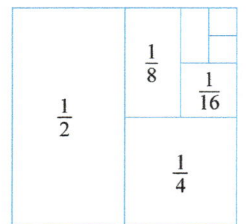

图 2-5　$\dfrac{1}{2}+\dfrac{1}{4}+\dfrac{1}{8}+\cdots=\sum_{n=1}^{\infty}\left(\dfrac{1}{2}\right)^n=1$ 的几何证明

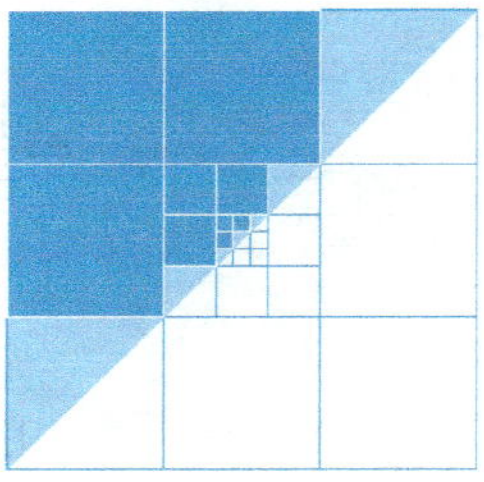

图 2-6　$\dfrac{1}{3}+\dfrac{1}{9}+\dfrac{1}{27}+\cdots=\sum_{n=1}^{\infty}\left(\dfrac{1}{3}\right)^n=\dfrac{1}{2}$ 的几何证明

(3) $\dfrac{1}{4}+\dfrac{1}{16}+\dfrac{1}{64}+\cdots=\sum\limits_{n=1}^{\infty}\left(\dfrac{1}{4}\right)^{n}=\dfrac{1}{3}$ 的两种几何证明(见图 2-7).

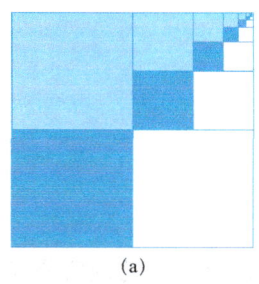
(a)

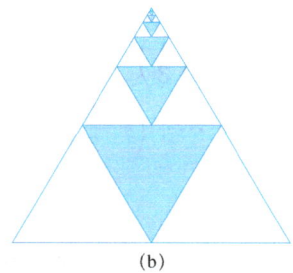
(b)

图 2-7 $\dfrac{1}{4}+\dfrac{1}{16}+\dfrac{1}{64}+\cdots=\sum\limits_{n=1}^{\infty}\left(\dfrac{1}{4}\right)^{n}=\dfrac{1}{3}$ 的两种几何证明

2. 乘数效应

引例 2-2 的分析和求解

分析:减税后人们的收入增加了,0.93×100 亿美元将用于消费. 对某些人来说,消费后的这些钱变成了额外收入,它的 93% 又用于消费,因此又增加了 0.93×0.93×100 亿美元的消费. 这些钱($0.93^2×100$ 亿美元)的接受者又将花费它的 93%,即又增加(0.93)×$(0.93^2)×100=(0.93)^3×100$ 亿美元的消费.

求解:减税后所产生的新的消费的总和由下列式子给出
$$100\times(0.93)+100\times(0.93)^2+100\times(0.93)^3+\cdots+100\times(0.93)^n+\cdots$$
这是一个首项为 100×(0.93),公比为 0.93 的几何级数,此级数是收敛的,它的和为
$$100\times(0.93)+100\times(0.93)^2+100\times(0.93)^3+\cdots+100\times(0.93)^n+\cdots$$
$$=\dfrac{100\times(0.93)}{1-0.93}=\dfrac{93}{0.07}\approx1328.6(亿美元)$$
即削减 100 亿美元的税收将产生附加的消费大约是 1328.6 亿美元.

经济学上把类似这种由于消费产生更多消费的经济现象称为乘数效应,把这个 93% 称为"边际消费倾向",将每人花费一美元额外收入的比例记为 MPC=0.93. 把 7% 称为边际储蓄倾向. 根据引例的讨论,削减税收后所产生的附加消费总和可用下列公式来表示
$$消费总和=100\times\dfrac{0.93}{1-0.93}=[削减税额]\times\dfrac{MPC}{1-MPC}$$
即削减税额乘以 $\dfrac{MPC}{1-MPC}$ 就是它的实际效应.

【能力训练 2.2】

(基础题)

1. 讨论下列级数是否收敛,如果收敛,求其和.
(1) $1+2+3+\cdots+n+\cdots$;
(2) $1-\dfrac{1}{2}+\dfrac{1}{4}-\dfrac{1}{8}+\cdots+\left(-\dfrac{1}{2}\right)^{n-1}+\cdots$.

2. 求下列等比级数的和.

(1) $1+\dfrac{1}{3}+\dfrac{1}{9}+\dfrac{1}{27}+\cdots+\left(\dfrac{1}{3}\right)^{n-1}+\cdots$；

(2) $\dfrac{1}{3}+\dfrac{1}{9}+\dfrac{1}{27}+\cdots+\left(\dfrac{1}{3}\right)^{n}+\cdots$；

(3) $1-\dfrac{1}{3}+\dfrac{1}{9}-\dfrac{1}{27}+\cdots+\left(-\dfrac{1}{3}\right)^{n-1}+\cdots$.

(应用题)

1.【永续年金现值】从第 1 年末到第 n 年末的等额现金流量的现值公式如下

$$PV_0=\dfrac{A}{(1+r)}+\dfrac{A}{(1+r)^2}+\dfrac{A}{(1+r)^3}+\cdots+\dfrac{A}{(1+r)^n}+\cdots$$

其中，PV_0 为现值；A 为从第 1 年末至第 n 年末每个周期末等额资金值；r 为年利率；n 为复利周期数. 试计算永续年金现值 PV_0，即求等比级数

$$\dfrac{A}{(1+r)}+\dfrac{A}{(1+r)^2}+\dfrac{A}{(1+r)^3}+\cdots+\dfrac{A}{(1+r)^n}+\cdots$$

2. 某城市为了刺激经济发展，政府决定减免税收 1000 万元，假设居民将收入的 90% 用于消费，10% 用于储蓄. 试问：(1) 如何用级数来表示消费总额；(2) 政府这种减免税收政策会带动多大的消费？

2.3 变化趋势的函数模型——极限

2.3.1 $x\to\infty$ 时，$f(x)$ 的极限

> **引例 2-3 【自然保护区中动物的数量】**
> 某自然保护区中生长的一群野生动物，其种群数量 N 会逐渐增长，试解释种群数量不可能无限制地增长的现象.
> **预备知识**：$x\to\infty$ 时，$f(x)$ 的极限.

1. $x\to\infty$ 时，$f(x)$ 的极限

定义 2.4【$x\to\infty$ 时，函数 $f(x)$ 的极限】 当 x 的绝对值 $|x|$ 无限增大（$|x|\to+\infty$）时，函数 $f(x)$ 无限趋近于某一个常数 A，则称 A 为 $x\to\infty$ 时函数 $f(x)$ 的极限，或称 $f(x)$ 收敛于 A. 记作

$$\lim_{x\to\infty}f(x)=A \quad 或 \quad f(x)\to A(x\to\infty)$$

否则，称 $x\to\infty$ 时 $f(x)$ 没有极限或发散，记作 $\lim\limits_{x\to\infty}f(x)$ 不存在.

【注】【记号 $x\to\infty$ 的含义】 当 $x>0$ 且 x 无限增大时，记作 $x\to+\infty$；当 $x<0$ 且 x 无限减小（其绝对值无限增大）时，记作 $x\to-\infty$；若既有 $x\to+\infty$，又有 $x\to-\infty$，即 $|x|$ 无限增大，记作 $x\to\infty$（读作"x 趋于无穷大"）.

从几何意义上看，极限 $\lim\limits_{x\to\infty}f(x)=A$ 表示：随着 $|x|$ 无限增大，曲线 $y=f(x)$ 上对应的点与直线 $y=A$ 的距离无限变小，即曲线 $y=f(x)$ 以直线 $y=A$ 为渐近线.

【例 2-4】 观察函数 $f(x)=\dfrac{1}{x}$ 在 $x\to\infty$ 时的变化趋势.

解：函数的定义域 $D=(-\infty,0)\cup(0,+\infty)$，从图 2-8 中可以看出，当 $|x|$ 不断增大时，即 $x\to\infty$ 时，曲线 $y=\dfrac{1}{x}$ 无限接近于 x 轴 $(y=0)$，也就是函数 $f(x)=\dfrac{1}{x}$ 的取值与 x 轴的距离无限趋近于 0.

换言之，当 $x\to\infty$ 时，函数 $f(x)=\dfrac{1}{x}$ 的极限为 0，即 $\lim\limits_{x\to\infty}\dfrac{1}{x}=0$.

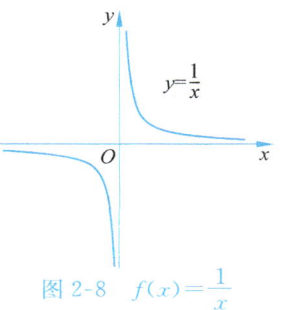

图 2-8　$f(x)=\dfrac{1}{x}$

【例 2-5】 求 $\lim\limits_{x\to\infty}\left(1+\dfrac{1}{x^2}\right)$.

解：当 $x\to\infty$ 时，$\dfrac{1}{x^2}$ 无限变小，函数值 $1+\dfrac{1}{x^2}$ 趋于 1. 所以
$$\lim_{x\to\infty}\left(1+\dfrac{1}{x^2}\right)=1$$

定义 2.5【$x\to+\infty$，函数 $f(x)$ 的极限】　在定义 2.4 中，当 $x>0$ 且 x 无限增大时，函数 $f(x)$ 的极限为 A. 记为
$$\lim_{x\to+\infty}f(x)=A\quad \text{或}\quad f(x)\to A(x\to+\infty)$$

定义 2.6【$x\to-\infty$ 时，函数 $f(x)$ 的极限】　在定义 2.4 中，当 $x<0$ 且 $|x|$ 无限增大时，函数 $f(x)$ 的极限为 A. 记为
$$\lim_{x\to-\infty}f(x)=A\quad \text{或}\quad f(x)\to A(x\to-\infty)$$

由例 2-4 可知，$\lim\limits_{x\to-\infty}\dfrac{1}{x}=0$ 和 $\lim\limits_{x\to+\infty}\dfrac{1}{x}=0$，可得 $\lim\limits_{x\to-\infty}2^x=0$，如图 2-9 所示；$\lim\limits_{x\to+\infty}\mathrm{e}^{-x}=0$，如图 2-10 所示.

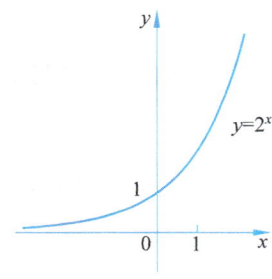

图 2-9　$\lim\limits_{x\to-\infty}2^x=0$

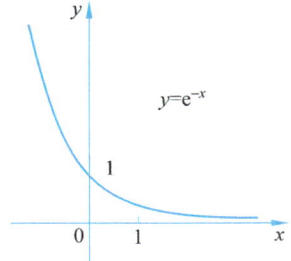

图 2-10　$\lim\limits_{x\to+\infty}\mathrm{e}^{-x}=0$

引例 2-3 的分析

分析：受到自然保护区内各种资源（水源、食物）的限制，虽然一定时间内种群数量 N 会逐渐增长，但不可能无限制地增长，而是会达到某一饱和状态．该饱和状态就是时间 t 不断增加时野生动物群的数量，如图 2-11 所示．从极限思想来看，当时间变量逐渐增大时，相应的另外一个变量（种群数量）将不断地接近某一个固定的常数（某一饱和状态）．

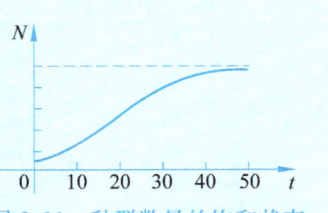

图 2-11　种群数量的饱和状态

2. 极限存在的充要条件

定理 2.1 $\lim\limits_{x\to\infty}f(x)$ 存在且为 A 的充要条件是 $\lim\limits_{x\to+\infty}f(x)$ 与 $\lim\limits_{x\to-\infty}f(x)$ 都存在且均为 A. 即

$$\lim_{x\to\infty}f(x)=A\Leftrightarrow \lim_{x\to+\infty}f(x)=\lim_{x\to-\infty}f(x)=A$$

例如,对于 $\lim\limits_{x\to-\infty}\dfrac{1}{x}=0$ 且 $\lim\limits_{x\to+\infty}\dfrac{1}{x}=0$,由定理 2.1 得,$\lim\limits_{x\to\infty}\dfrac{1}{x}=0$.

2.3.2　$x\to x_0$ 时,函数 $f(x)$ 的极限

> **引例 2-4 【人影长度】**
> 考虑一个人在走向路灯时,其影子的长度问题. 这个人的目标点就是灯的正下方点,则当此人越来越接近目标点时,其影子的长度逐渐趋于 0.
>
> **预备知识**:$x\to x_0$ 时,$f(x)$ 的极限.

1. $x\to x_0$ 时,$f(x)$ 的极限

【注】【记号 $x\to x_0$ 的含义】 $x\to x_0$(读作"x 趋近于 x_0")即 $|x-x_0|\to 0$,但 $x\neq x_0$,表示动点 x 无限接近于点 x_0,但永远不等于 x_0 的过程,如图 2-12 所示.

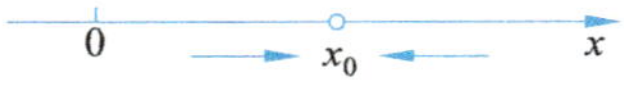

图 2-12　$x\to x_0$

【例 2-6】 当 $x\to 1$ 时,观察 $f(x)=x+1$ 和 $g(x)=\dfrac{x^2-1}{x-1}$ 的变化趋势.

解:函数 $f(x)$ 在 $x_0=1$ 处有定义,而 $g(x)$ 在 $x_0=1$ 处无定义.

从图形上观察这两个函数,可以看出:

① 当 $x\to 1$ 时,$f(x)=x+1$ 无限趋近于 2(y 轴上刻度 2 的位置),并且此时函数值 $f(1)=2$,如图 2-13 所示;

② 当 $x\to 1$ 时,$g(x)=\dfrac{x^2-1}{x-1}$ 无限趋近于 2(只是 y 轴上刻度 2 的位置),如图 2-14 所示.

图 2-13　$f(x)=x+1$　　　　图 2-14　$g(x)=\dfrac{x^2-1}{x-1}$

综上,我们说当 $x\to 1$ 时,函数 $f(x)$ 和 $g(x)$ 均以 2 为极限. 这就是说,当 $x\to 1$ 时,$f(x)$、$g(x)$ 的极限与 $x_0=1$ 处是否有定义无关.

定义 2.7【$f(x)$ 在 x_0 的极限】 设函数 $f(x)$ 在点 x_0 附近有意义（x_0 可以除外），当 x 无限趋近于 x_0（$x \neq x_0$）时，相应的函数值 $f(x)$ 无限趋近于常数 A，则称 A 为当 $x \to x_0$ 时函数 $f(x)$ 的极限，或称 $f(x)$ 收敛于 A. 记作

$$\lim_{x \to x_0} f(x) = A \quad \text{或} \quad f(x) \to A (x \to x_0)$$

否则称 $x \to x_0$ 时，$f(x)$ 没有极限或发散，记作 $\lim_{x \to x_0} f(x)$ 不存在.

【注1】 由定义 2.7 可知，$\lim_{x \to x_0} f(x)$ 是否存在与 $f(x)$ 在点 $x = x_0$ 处有没有定义无关.

由定义 2.7 可知，例 2-6 可记为 $\lim_{x \to 1}(x+1) = 2$，$\lim_{x \to 1} \dfrac{x^2-1}{x-1} = 2$.

【注2】 从几何意义上看，极限 $\lim_{x \to x_0} f(x) = A$，随着动点 x 无限逼近定点 x_0（但 $x \neq x_0$），曲线 $y = f(x)$ 上的点 $(x, f(x))$ 无限靠近定点 (x_0, A)，如图 2-15 所示.

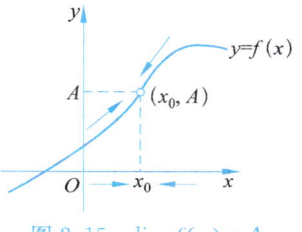

图 2-15 $\lim_{x \to x_0} f(x) = A$

> **引例 2-4 的分析和求解**
>
> **分析**：该问题涉及这样几个量，即人与灯正下方的距离、人高、灯高和人影的长度. 在人移向灯正下方的过程中，人高与灯高是不变的. 而人与灯正下方的距离和人影的长度在不断变化，它们是变量，我们来确定两个变量之间的关系.
>
> **求解**：设灯高为 H，人高为 h，人与灯正下方的距离为 x，人影的长度为 y.
>
> 当人向灯下不断地移动时，即 $x \to 0$，人影的长度 y 趋于 0，如图 2-16 所示.
>
> 用图来表示，则 $\dfrac{AC}{AO} = \dfrac{CD}{OB}$，即 $\dfrac{y}{x+y} = \dfrac{h}{H}$，如图 2-17 所示.
>
>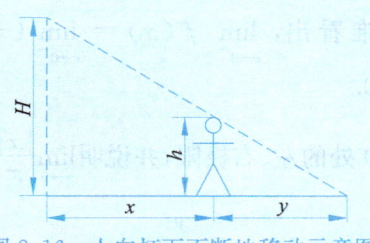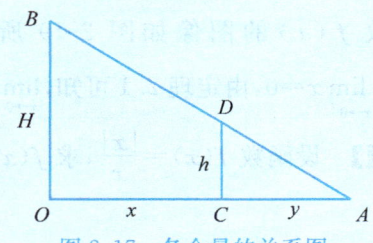
>
> 图 2-16 人向灯下不断地移动示意图　　图 2-17 各个量的关系图
>
> 由此，可解得人影的长度 y 是 x 的函数：$y = \dfrac{h}{H-h}x$，其中 $\dfrac{h}{H-h}$ 是常数. 易知，当 x（人与灯正下方的距离）越来越趋近于 0 时，函数值 y（人影的长度）也越来越趋近于 0. 即
>
> $$\lim_{x \to 0} y = \lim_{x \to 0} \dfrac{h}{H-h} x = 0$$
>
> 也就是当人逐渐走向灯的正下方时，人影的长度逐渐为 0.

定义 2.8【$x \to x_0$ 时，函数 $f(x)$ 的左极限和右极限】 如果自变量 x 仅从小（大）于 x_0 的一侧趋近于 x_0 时，函数 $f(x)$ 无限趋近于常数 A，则称 A 为函数 $f(x)$ 当 x 趋近于 x_0 时的左（右）极限.

① 左极限：$x \to x_0^-$ 时函数 $f(x)$ 的极限，记作

$$\lim_{x \to x_0^-} f(x) = A \quad \text{或} \quad f(x) \to A(x \to x_0^-)$$

② 右极限：$x \to x_0^+$ 时函数 $f(x)$ 的极限，记作

$$\lim_{x \to x_0^+} f(x) = A \quad \text{或} \quad f(x) \to A(x \to x_0^+)$$

【例 2-7】 求极限：(1) $\lim\limits_{x \to 4} \sqrt{x}$；(2) $\lim\limits_{x \to 0} \dfrac{1}{x}$；(3) $\lim\limits_{x \to e^+} \ln x$；(4) $\lim\limits_{x \to \pi^-} \cos x$.

解：(1) 因为当 $x \to 4$ 时，$\sqrt{x}$ 无限趋于 2，所以

$$\lim_{x \to 4} \sqrt{x} = 2$$

(2) 由图 2-18 可知，$\lim\limits_{x \to 0} \dfrac{1}{x}$ 不存在.

(3) 因为当 $x \to e^+$ 时，$\ln x$ 无限趋于 1，所以 $\lim\limits_{x \to e^+} \ln x = 1$.

(4) 因为当 $x \to \pi^-$ 时，$\cos x$ 无限趋于 -1，所以 $\lim\limits_{x \to \pi^-} \cos x = -1$.

2. 极限存在的充要条件

定理 2.2 函数 $f(x)$ 在点 x_0 的极限存在的充要条件是函数 $f(x)$ 在 x_0 的左右极限都存在且相等，即

$$\lim_{x \to x_0} f(x) = A \Leftrightarrow \lim_{x \to x_0^-} f(x) = \lim_{x \to x_0^+} f(x) = A$$

【例 2-8】 设函数 $f(x) = \begin{cases} x & x > 0 \\ 1 & x = 0 \\ -x & x < 0 \end{cases}$，试画出该函数的图像，并求 $\lim\limits_{x \to 0^-} f(x)$，$\lim\limits_{x \to 0^+} f(x)$，然后讨论 $\lim\limits_{x \to 0} f(x)$ 是否存在.

解：函数 $f(x)$ 的图像如图 2-19 所示，不难看出，$\lim\limits_{x \to 0^-} f(x) = \lim\limits_{x \to 0^-} (-x) = 0$，$\lim\limits_{x \to 0^+} f(x) = \lim\limits_{x \to 0^+} x = 0$，由定理 2.1 可知，$\lim\limits_{x \to 0} f(x) = 0$.

【思考题】 设函数 $f(x) = \dfrac{|x|}{x}$，求 $f(x)$ 在 $x = 0$ 处的左、右极限，并说明 $\lim\limits_{x \to 0} \dfrac{|x|}{x}$ 不存在.

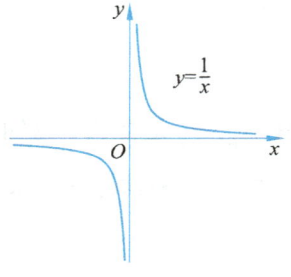

图 2-18　$y = \dfrac{1}{x}$

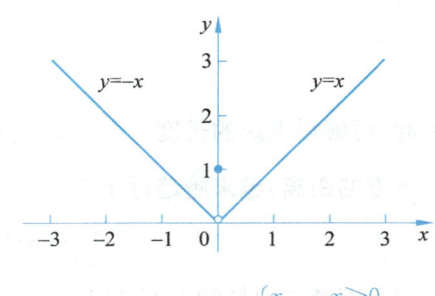

图 2-19　$f(x) = \begin{cases} x & x > 0 \\ 1 & x = 0 \\ -x & x < 0 \end{cases}$

【例 2-9】 求极限 $\lim\limits_{x \to 0} e^{\frac{1}{x}}$.

解：因为 $\lim\limits_{x \to 0^-} \dfrac{1}{x} = -\infty$，$\lim\limits_{x \to 0^+} \dfrac{1}{x} = +\infty$，所以需要考虑 $e^{\frac{1}{x}}$ 在 $x = 0$ 处的左、右极限.

(1) 当 $x<0$ 时,有 $\lim\limits_{x\to 0^-}\dfrac{1}{x}=-\infty$,则 $\lim\limits_{x\to 0^-}e^{\frac{1}{x}}=0$;

(2) 当 $x>0$ 时,有 $\lim\limits_{x\to 0^+}\dfrac{1}{x}=+\infty$,则 $\lim\limits_{x\to 0^+}e^{\frac{1}{x}}=+\infty$.

由定理 2.2 可知 $\lim\limits_{x\to 0}e^{\frac{1}{x}}$ 不存在.

2.3.3 函数 $f(x)$ 的连续性

引例 2-5 【身高增长】

我们知道人体的高度 h 是时间 t 的函数 $h(t)$,而且 h 随着 t 连续变化. 事实上,当时间 t 的变化很微小时,人的高度 h 的变化也很微小. 即当 $\Delta t\to 0$ 时,$\Delta h\to 0$.

预备知识:函数 $f(x)$ 在点 x_0 处连续.

1. 点连续的概念

在经济领域中,许多变量的变化都不是连续的. 例如,产品的生产、销售、成本、效用、价格、价值、利率、商品量、生产量、产值、利润、消费量等. 但研究它们的性质需要借助于函数,这种性质反映在数学上就是函数的连续性.

【**例 2-10**】 分别观察在 $x\to 1$ 时,下列三个函数的极限情况.

$$f(x)=\dfrac{x^2-1}{x-1}$$

$$g(x)=\begin{cases}x+1 & x\neq 1\\ 0.5 & x=1\end{cases}$$

$$h(x)=\dfrac{1}{(1-x)^2}$$

解:根据图 2-20~图 2-22,易知 $\lim\limits_{x\to 1}f(x)=\lim\limits_{x\to 1}\dfrac{x^2-1}{x-1}=2$,而 $f(1)$ 不存在;

$\lim\limits_{x\to 1}g(x)=2\neq g(1)=0.5$;

$\lim\limits_{x\to 1}h(x)=\infty$ 且 $h(1)$ 不存在.

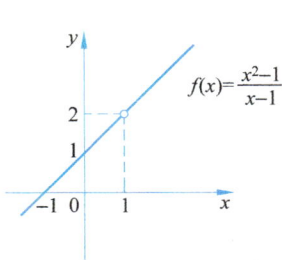

图 2-20 $f(x)=\dfrac{x^2-1}{x-1}$

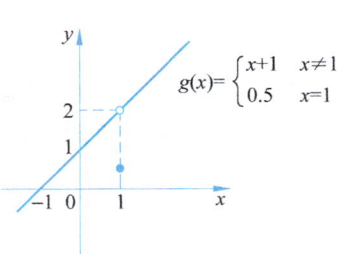

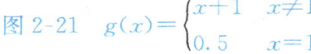

图 2-21 $g(x)=\begin{cases}x+1 & x\neq 1\\ 0.5 & x=1\end{cases}$

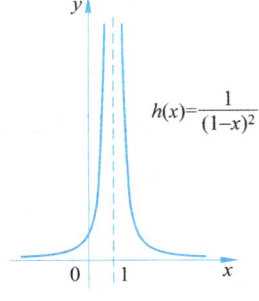

图 2-22 $h(x)=\dfrac{1}{(1-x)^2}$

定义 2.9【点连续的定义】 若 $\lim\limits_{x \to x_0} f(x)$ 存在,并且等于函数值 $f(x_0)$,即
$$\lim_{x \to x_0} f(x) = f(x_0)$$
则称函数 $f(x)$ 在点 x_0 处连续,称 x_0 为 $f(x)$ 的连续点. 否则称函数 $f(x)$ 在点 $x = x_0$ 处间断,并称 x_0 为 $f(x)$ 的间断点.

因此例 2-10 中的三个函数在 $x = 1$ 处都不连续.

> **点连续的数学模型**
> $$\lim_{x \to x_0} f(x) = f(x_0)$$

【注 1】 根据连续的定义,函数 $f(x)$ 在点 x_0 处连续,必须满足三个条件:
① $f(x)$ 在 x_0 有定义且 $f(x_0)$ 存在;
② $f(x)$ 在 x_0 的极限存在,即 $\lim\limits_{x \to x_0} f(x) = A$;
③ $\lim\limits_{x \to x_0} f(x) = f(x_0)$.

【注 2】 定义 2.8 若只满足 $\lim\limits_{x \to x_0^-} f(x) = A$ 或 $f(x) \to A(x \to x_0^-)$,则称函数 $f(x)$ 在点 $x = x_0$ 处左连续;当 $\lim\limits_{x \to x_0^+} f(x) = A$ 或 $f(x) \to A(x \to x_0^+)$ 时,函数 $f(x)$ 在点 $x = x_0$ 处右连续.

2. 自变量的增量

定义 2.10【自变量的增量】 设自变量 x 从初值 x_0 变化到终值 $x_0 + \Delta x$,终值与初值的差是 Δx,记为自变量 x 的增量.

【注】 增量 Δx 可以是正的,也可以是负的. 当增量 Δx 为正时,自变量 x 从 x_0 变化到 $x_0 + \Delta x$ 是增大的;当 Δx 为负时,x 从 x_0 变化到 $x_0 + \Delta x$ 是减小的.

3. 函数的增量

定义 2.11【函数的增量】 设函数 $f(x)$ 在点 x_0 的 δ 邻域 $U(x_0, \delta)$ 内有定义,自变量 x 在 x_0 有增量 Δx,函数 $f(x)$ 相应的改变量是 $f(x_0 + \Delta x) - f(x_0)$,称为函数 $f(x)$ 的增量,记为 Δy.

【例 2-11】 设函数 $y = x^2$,求 Δy 及 $\Delta y|_{x_0 = 2, \Delta x = 0.1}$.

解:$\Delta y = f(x + \Delta x) - f(x) = (x + \Delta x)^2 - x^2 = 2x \cdot \Delta x + (\Delta x)^2$,
当 $x_0 = 2$ 且 $\Delta x = 0.1$ 时,$\Delta y = 2 \times 2 \times 0.1 + (0.1)^2 = 0.41$.

*4. 点连续的另一个定义

定义 2.12【连续的定义】 设函数 $f(x)$ 在点 x_0 的 δ 邻域 $U(x_0, \delta)$ 内有定义,当自变量的增量 $\Delta x = x - x_0$ 趋于 0 时,对应的函数增量 Δy 也趋于 0,即
$$\lim_{\Delta x \to 0} \Delta y = \lim_{\Delta x \to 0} [f(x_0 + \Delta x) - f(x_0)] = 0$$
则称函数 $f(x)$ 在点 x_0 处连续,或称 x_0 是 $f(x)$ 的一个连续点.

【注】 定义 2.12 可以通俗地解释为:函数 $f(x)$ 在点 x_0 处连续,即当在 x_0 处自变量 x 有微小变化 Δx 时,函数改变量 Δy 也有微小变化,如图 2-23 所示.

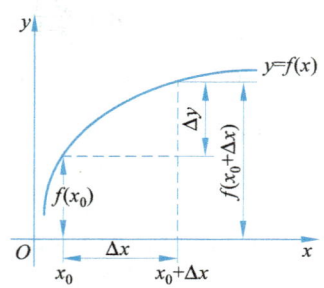

图 2-23 $f(x)$ 在点 x_0 处连续

5. 连续区间

定义 2.13【连续区间】

（1）$f(x)$ 在 (a,b) 内连续：若函数 $f(x)$ 在区间 (a,b) 内的每一点都连续，则称函数 $f(x)$ 在 (a,b) 内连续．

（2）$f(x)$ 在 $[a,b]$ 上连续：若函数 $f(x)$ 在 (a,b) 内连续，同时在左端点 a 处右连续，在右端点 b 处左连续，则称函数 $f(x)$ 在 $[a,b]$ 上连续．

如果函数 $f(x)$ 在上述区间连续，则称该区间为函数 $f(x)$ 的连续区间．

【注】【函数的连续性的几何描述】 假设函数 $y=f(x)$ 在区间 $[a,b]$ 上连续，则 $y=f(x)$ 在 $[a,b]$ 上的图像是一条连绵不断而没有间断点的曲线．

6. 初等函数的连续性

定理 2.3 基本初等函数在其定义域内连续．

例如，可以逐一证明反比例函数 $y=\dfrac{1}{x}$ 在其定义域 $(-\infty,0)$ 和 $(0,+\infty)$ 内是连续的；指数函数 $y=a^x(a>0,a\neq 1)$ 在其定义域 $(-\infty,+\infty)$ 内是连续的；对数函数 $y=\log_a x(a>0,a\neq 1)$ 在其定义域 $(0,+\infty)$ 内是连续的．进一步可得出如下结论：

一切初等函数在其定义区间内是连续的．

【注】 表示函数 $y=f(x)$ 在 x_0 连续的公式 $\lim\limits_{x\to x_0}f(x)=f(x_0)$ 可以写成：若 $y=f(x)$ 在 x_0 连续，则 $\lim\limits_{x\to x_0}f(x)=f(x_0)=f(\lim\limits_{x\to x_0}x)$．

这表明对于连续函数 $f(x)$，函数符号 f 与极限符号 $\lim$ 可以交换位置．因此当我们求初等函数在其定义区间内某点的极限时，只需要求该点的函数值即可．这一点在求极限时很有用．

【例 2-12】 求极限 $\lim\limits_{x\to 0}\dfrac{\ln(1+x)}{x}$．

解：因为 $\lim\limits_{x\to 0}\dfrac{\ln(1+x)}{x}=\lim\limits_{x\to 0}\dfrac{1}{x}\ln(1+x)=\lim\limits_{x\to 0}\ln[(1+x)^{\frac{1}{x}}]$，又因为 $y=\ln x$ 在 $x=e$ 处连续，所以可根据 $\lim\limits_{x\to x_0}f(x)=f(x_0)=f(\lim\limits_{x\to x_0}x)$，并利用后面 2.4 节中将学到的重要极限 $\lim\limits_{x\to 0}(1+x)^{\frac{1}{x}}=e$，得

$$\lim_{x\to 0}\frac{\ln(1+x)}{x}=\lim_{x\to 0}\ln[(1+x)^{\frac{1}{x}}]=\ln[\lim_{x\to 0}(1+x)^{\frac{1}{x}}]=\ln e=1$$

7. 闭区间上连续函数的性质

定理 2.4【最值定理】 若 $f(x)$ 是闭区间 $[a,b]$ 上的连续函数，则 $f(x)$ 在 $[a,b]$ 上一定能取得最大值和最小值．

定理 2.5【有界定理】 若 $f(x)$ 是闭区间 $[a,b]$ 上的连续函数，则 $f(x)$ 在 $[a,b]$ 上有界．

定理 2.6【根的存在定理】 若 $f(x)$ 是闭区间 $[a,b]$ 上的连续函数，且 $f(a)$ 与 $f(b)$ 异号，则至少存在一点 $\xi\in(a,b)$，使得 $f(\xi)=0$．

2.3.4 无穷小量与弹球模型

引例 2-6 【弹球模型】
一只球从 100m 的高空掉下,每次弹回的高度为上次高度的 $\frac{2}{3}$,一直这样运动下去,用球的第 $1,2,\cdots,n,\cdots$ 次的高度来表示球的运动规律.
预备知识:无穷小量,无穷小量的性质.

1. 无穷小量的概念

定义 2.14【无穷小量】 在自变量 x 的某一变化过程中,函数 $f(x)$ 的极限为 0,则称 $f(x)$ 为无穷小量,简称无穷小.

因为 $\lim\limits_{x\to\infty}\frac{1}{x}=0, \lim\limits_{x\to\infty}\frac{1}{x^2}=0, \lim\limits_{x\to\infty}\frac{1}{x^3}=0$,所以当 $x\to\infty$ 时,$\frac{1}{x},\frac{1}{x^2},\frac{1}{x^3}$ 都是无穷小量;

因为 $\lim\limits_{x\to 1}(x-1)=0, \lim\limits_{x\to 1}\ln x=0$,所以当 $x\to 1$ 时,$x-1$ 和 $\ln x$ 均为无穷小量;

又因为 $\lim\limits_{x\to 0}x^2=0, \lim\limits_{x\to 0}\sin x=0, \lim\limits_{x\to 0}(1-\cos x)=0$,所以当 $x\to 0$ 时,$x^2, \sin x, 1-\cos x$ 都是无穷小量.

【注】 术语"无穷小"表达的是量的变化趋势,而不是量的大小.一个非 0 的数不管其绝对值多么小(如 10^{-100}),都不是无穷小量.显然,0 是唯一可作为无穷小量的常数.

案例 2-4【残留在餐具上的洗涤剂】 在洗刷餐具时要使用洗涤剂,漂洗次数越多,餐具上残留的洗涤剂就越少.当清洗次数无限增多时,餐具上的残留洗涤剂就趋于 0. 当然,为了保护身体健康,健康专家建议我们少用或最好不使用洗涤剂.

【例 2-13】 讨论自变量 x 在怎样的变化过程中,下列函数为无穷小量.

(1) $y=\dfrac{1}{x+1}$;   (2) $y=2x-1$;

(3) $y=e^x$;   (4) $y=\left(\dfrac{1}{2}\right)^x$.

解:(1) 因为 $\lim\limits_{x\to\infty}\dfrac{1}{x+1}=0$,所以当 $x\to\infty$ 时,$\dfrac{1}{x+1}$ 为无穷小量;

(2) 因为 $\lim\limits_{x\to\frac{1}{2}}(2x-1)=0$,所以当 $x\to\dfrac{1}{2}$ 时,$2x-1$ 为无穷小量;

(3) 因为 $\lim\limits_{x\to-\infty}e^x=0$,所以当 $x\to-\infty$ 时,e^x 为无穷小量;

(4) 因为 $\lim\limits_{x\to+\infty}\left(\dfrac{1}{2}\right)^x=0$,所以当 $x\to+\infty$ 时,$\left(\dfrac{1}{2}\right)^x$ 为无穷小量.

2. 无穷小的性质

性质 1 有限个无穷小的代数和是无穷小量.
例如,当 $x\to 0$ 时,x 和 $\sin x$ 都是无穷小量,故 $x+\sin x$ 也是无穷小量.

性质 2 有限个无穷小的乘积是无穷小量.

例如,当 $x \to 0$ 时,$x\sin x$ 也是无穷小量.

性质 3 无穷小与有界变量之积是无穷小量.

【例 2-14】 求 $\lim\limits_{x \to 0} x\sin \dfrac{1}{x}$.

解:设 $y = x\sin \dfrac{1}{x}$,如图 2-24 所示.

当 $x \to 0$ 时,x 为无穷小量.

又因为 $\left|\sin \dfrac{1}{x}\right| \leqslant 1$,即 $\sin \dfrac{1}{x}$ 为有界变量.

由无穷小的性质 3 可知,$x\sin \dfrac{1}{x}$ 仍为 $x \to 0$ 时的无穷小量,即 $\lim\limits_{x \to 0} x\sin \dfrac{1}{x} = 0$.

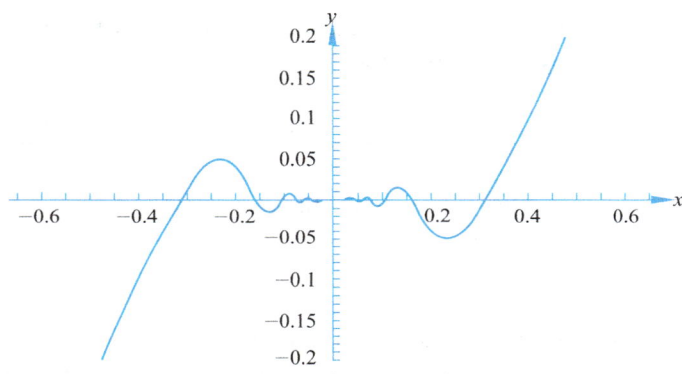

图 2-24 $y = x\sin \dfrac{1}{x}$

【注】 两个无穷小之商未必是无穷小. 例如,当 $x \to 0$ 时,x 与 $2x$ 皆为无穷小量,然而 $\lim\limits_{x \to 0} \dfrac{2x}{x} = 2$,即 $x \to 0$ 时,变量 $\dfrac{2x}{x}$ 不是无穷小量.

【思考题】 当 $n \to \infty$ 时,$\dfrac{1}{n^2}, \dfrac{2}{n^2}, \cdots, \dfrac{n}{n^2}$ 都是无穷小量,$\dfrac{1}{n^2} + \dfrac{2}{n^2} + \cdots + \dfrac{n}{n^2}$ 仍然是无穷小吗?

引例 2-6 的分析与求解

分析:一只球从 100m 的高空掉下,每次弹回的高度为上次高度的 $\dfrac{2}{3}$,一直这样运动下去,用球的第 $1, 2, \cdots, n, \cdots$ 次的高度来表示球的运动规律,得到数列

$$100, 100 \times \dfrac{2}{3}, 100 \times \left(\dfrac{2}{3}\right)^2, \cdots, 100 \times \left(\dfrac{2}{3}\right)^{n-1}, \cdots, \text{或} \left\{100 \times \left(\dfrac{2}{3}\right)^{n-1}\right\}$$

求解:此数列为公比小于 1 的等比数列,其极限为

$$\lim\limits_{n \to \infty} 100 \times \left(\dfrac{2}{3}\right)^{n-1} = 0$$

即当弹回次数无限增大时,球弹回的高度无限接近 0.

2.3.5 无穷大与高速问题

> **引例 2-7 【高速问题】**
> 一个人开汽车从 A 地出发,以 30km/h 的速度到达 B 地,问这个人从 B 地回到 A 地的速度要达到多少时,才能实现往返路程的平均速度为 60km/h?
> **预备知识**:无穷大量,无穷小量与无穷大量的关系.

1. 无穷大量的概念

定义 2.15【无穷大量】 在自变量 x 的某个变化过程中,绝对值无限增大的变量称为这个变化过程中的无穷大量,简称无穷大,记为 ∞.

【注】 无穷大量表示绝对值无限增大的变量,它是极限不存在的一种情形,我们借用极限的记号 $\lim\limits_{x \to x_0} f(x) = \infty$ 来表示"当 $x \to x_0$ 时,$f(x)$ 是无穷大量".

根据无穷大的定义可知,$\dfrac{1}{x}$ 是 $x \to 0^-$ 时的负无穷大,x^2 是 $x \to \infty$ 时的正无穷大,记作

$$\lim_{x \to 0^-} \frac{1}{x} = -\infty, \quad \lim_{x \to \infty} x^2 = +\infty$$

2. 无穷小和无穷大的关系

由无穷小量与无穷大量的定义,不难得出如下定理.

定理 2.7 在自变量的同一变化过程中,无穷大的倒数是无穷小;恒不为 0 的无穷小的倒数为无穷大.

例如,当 $x \to 0$ 时,x^2 是无穷小,$\dfrac{1}{x^2}$ 是无穷大;当 $n \to \infty$ 时,2^n 是无穷大,$\dfrac{1}{2^n}$ 是无穷小.

【例 2-15】 讨论自变量在怎样的变化过程中,下列函数为无穷大.

(1) $y = \dfrac{1}{x-1}$;   (2) $y = 2x-1$;   (3) $y = 2^x$;   (4) $y = \ln x$.

解:(1) 因为 $\lim\limits_{x \to 1}(x-1) = 0$,即 $x \to 1$ 时 $x-1$ 为无穷小,所以 $\dfrac{1}{x-1}$ 为 $x \to 1$ 时的无穷大;

(2) 因为 $\lim\limits_{x \to \infty} \dfrac{1}{2x-1} = 0$,即 $x \to \infty$ 时,$\dfrac{1}{2x-1}$ 为无穷小,所以 $2x-1$ 为 $x \to \infty$ 的无穷大;

(3) 因为 $\lim\limits_{x \to +\infty} 2^{-x} = 0$,即 $x \to +\infty$ 时,2^{-x} 为无穷小,所以 $\dfrac{1}{2^{-x}} = 2^x$ 为 $x \to +\infty$ 时的无穷大.

(4) 由图 2-25 知,当 $x \to 0^+$ 时,$\ln x \to -\infty$,即 $\lim\limits_{x \to 0^+} \ln x = -\infty$. 而当 $x \to +\infty$ 时,$\ln x \to +\infty$,即 $\lim\limits_{x \to +\infty} \ln x = +\infty$.

所以,当 $x \to 0^+$ 及 $x \to +\infty$ 时,$\ln x$ 都是无穷大.

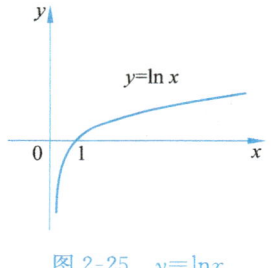

图 2-25 $y = \ln x$

【思考题】 有人说,$y = \dfrac{1}{x}$ 是无穷大量,也有人说,$y = \dfrac{1}{x}$ 是无穷小量,对不对?为什么?

引例 2-7 的分析和求解

分析：假设 A、B 两地的距离为 s，从 B 地到 A 地的速度为 v，往返的平均速度为 $\bar{v}$，根据条件，这个人从 A 地到 B 地的时间 t_1 及从 B 地回到 A 地的时间 t_2 分别为

$$t_1 = \frac{s}{30}, \quad t_2 = \frac{s}{v}$$

往返路程所花费的时间一共为

$$t_1 + t_2 = \frac{s}{30} + \frac{s}{v}$$

则这个人往返 A、B 两地的平均速度为

$$\bar{v} = \frac{2s}{t_1 + t_2} = \frac{2s}{\frac{s}{30} + \frac{s}{v}}$$

求解：由于往返路程的距离为 $2s$ 而平均速度要达到 60km/h，然而由 A 地到 B 地的速度是 30km/h，所以 $v > 60$.

经过计算不难发现，只有当 $v \to +\infty$ 时，才可能有

$$\lim_{v \to +\infty} \frac{2s}{\frac{s}{30} + \frac{s}{v}} = 60$$

所以这是一个真正的高速问题.

3. 水平渐近线与垂直渐近线

若函数 $f(x)$ 满足

$$\lim_{x \to \infty} f(x) = A \quad \text{或} \quad \lim_{x \to +\infty} f(x) = A \quad \text{或} \quad \lim_{x \to -\infty} f(x) = A$$

则称直线 $y = A$ 为曲线 $y = f(x)$ 的水平渐近线.

$\lim\limits_{x \to \infty} \frac{1}{x} = 0$ 在几何上表示 x 轴上的点不论沿着 x 轴的正方向还是负方向无限远离原点时，曲线 $y = \frac{1}{x}$ 都无限接近水平的直线 $y = 0$. 因此，直线 $y = 0$ 是曲线 $y = \frac{1}{x}$ 的水平渐近线，如图 2-26 所示.

【例 2-16】 $\lim\limits_{x \to \infty} \arctan x$ 是否存在？

解：$\lim\limits_{x \to +\infty} \arctan x = \frac{\pi}{2}$，$\lim\limits_{x \to -\infty} \arctan x = -\frac{\pi}{2}$，由定理 2.1 可知 $\lim\limits_{x \to \infty} \arctan x$ 不存在，如图 2-27 所示.

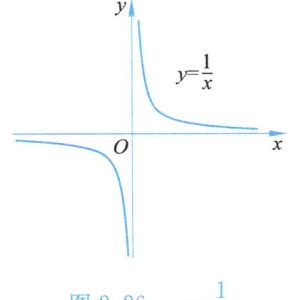

图 2-26 $y = \frac{1}{x}$

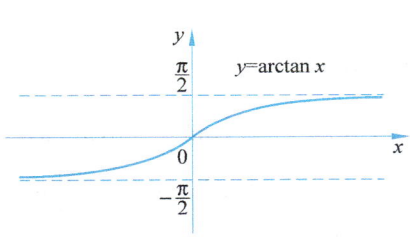

图 2-27 $y = \arctan x$

从几何上看，$\lim\limits_{x\to+\infty}\arctan x=\dfrac{\pi}{2}$ 表示当 x 轴上的点沿着 x 轴的正方向无限远离原点时，曲线 $y=\arctan x$ 无限接近水平的直线 $y=\dfrac{\pi}{2}$；同样地，$\lim\limits_{x\to-\infty}\arctan x=-\dfrac{\pi}{2}$ 表示当 x 轴上的点沿着 x 轴的负方向无限远离原点时，曲线 $y=\arctan x$ 无限接近水平的直线 $y=-\dfrac{\pi}{2}$.

直线 $y=\dfrac{\pi}{2}$，$y=-\dfrac{\pi}{2}$ 都是曲线 $y=\arctan x$ 的水平渐近线.

【思考题】 根据极限 $\lim\limits_{x\to-\infty}\dfrac{1}{x^2}=0$，$\lim\limits_{x\to+\infty}e^{-x}=0$，$\lim\limits_{x\to\infty}\left(1+\dfrac{1}{x}\right)=1$，观察函数 $f(x)=\dfrac{1}{x^2}$，$g(x)=e^{-x}$，$h(x)=1+\dfrac{1}{x}$ 的渐近线.

垂直渐近线

若函数 $f(x)$ 满足

$$\lim_{x\to a}f(x)=\infty\,(+\infty\text{ 或 }-\infty)$$

或

$$\lim_{x\to a^+}f(x)=+\infty\,(\text{或 }-\infty)$$

或

$$\lim_{x\to a^-}f(x)=+\infty\,(\text{或 }-\infty)$$

则称直线 $x=a$ 为曲线 $y=f(x)$ 的垂直渐近线.

【例 2-17】 求下列极限，并指出函数的渐近线.

(1) $\lim\limits_{x\to 0}\dfrac{1}{x}$； (2) $\lim\limits_{x\to\infty}\dfrac{1}{x}$； (3) $\lim\limits_{x\to 0^+}\ln x$； (4) $\lim\limits_{x\to+\infty}\ln x$.

解：(1) 因为 $\lim\limits_{x\to 0}\dfrac{1}{x}=\infty$，所以 $y=\dfrac{1}{x}$ 有垂直渐近线 $x=0$；

(2) 因为 $\lim\limits_{x\to\infty}\dfrac{1}{x}=0$，所以 $y=\dfrac{1}{x}$ 有水平渐近线 $y=0$；

(3) 因为当 $x\to 0^+$ 时，$|\ln x|$ 无限增大，且当 $0<x<1$ 时，$\ln x<0$，则

$$\lim_{x\to 0^+}\ln x=-\infty$$

所以 $y=\ln x$ 有垂直渐近线 $x=0$；

(4) 因为 $\lim\limits_{x\to+\infty}\ln x=+\infty$，所以 $y=\ln x$ 没有水平渐近线.

根据无穷小和无穷大的定义，通过对基本初等函数图形的观察，下面一些结果在求极限时可以直接使用.

常见函数的极限

(1) $\lim\limits_{x\to\infty}C=C$（$C$ 为任意常数）.

(2) $\lim\limits_{x\to\infty}x^n=\infty$，$\lim\limits_{x\to\infty}\dfrac{1}{x^n}=0\,(n>0)$.

(3) 当 $a>1$ 时，$\lim\limits_{x\to-\infty}a^x=0$，$\lim\limits_{x\to+\infty}a^x=+\infty$；

当 $0<a<1$ 时，$\lim\limits_{x\to-\infty}a^x=+\infty$，$\lim\limits_{x\to+\infty}a^x=0$.

(4) $\lim\limits_{x\to+\infty}\ln x=+\infty$, $\lim\limits_{x\to 0^+}\ln x=-\infty$, $\lim\limits_{x\to 1}\ln x=0$.

(5) $\lim\limits_{x\to\infty}\sin x$ 不存在, $\lim\limits_{x\to\infty}\cos x$ 不存在.

(6) $\lim\limits_{x\to-\infty}\arctan x=-\dfrac{\pi}{2}$, $\lim\limits_{x\to+\infty}\arctan x=\dfrac{\pi}{2}$.

【能力训练 2.3】

(基础题)

1. 下列极限是否存在？若存在，求出其数值．

(1) $\lim\limits_{n\to\infty}\left[1+\dfrac{(-1)^n}{n}\right]$;

(2) $\lim\limits_{x\to 3}(3x+1)$;

(3) $\lim\limits_{x\to-2}\dfrac{x^2-4}{x+2}$;

(4) $\lim\limits_{x\to 0}\dfrac{x(x-2)}{x^2}$.

2. 设函数

$$f(x)=\begin{cases}x^2 & x<0\\ 2 & x=0\\ x & x>0\end{cases}$$

试求：(1) 该函数的图形；(2) $\lim\limits_{x\to 0}f(x),\lim\limits_{x\to 1}f(x),\lim\limits_{x\to-2}f(x)$.

3. 画出 $f(x)=\begin{cases}x-1 & x\geqslant 0\\ 2x & x<0\end{cases}$ 的图形，并考察 $f(x)$ 在点 $x=0$ 处是否连续？

4. 求函数 $f(x)=\dfrac{1}{\sqrt{1-x^2}}$ 的连续区间．

5. 已知函数 $f(x)=\dfrac{x+1}{x-2}$，求 $\lim\limits_{x\to\infty}\dfrac{x+1}{x-2}$, $\lim\limits_{x\to 2}\dfrac{x+1}{x-2}$，并观察曲线 $y=f(x)$ 是否有水平渐近线和垂直渐近线．

6. 求下列函数的间断点．

(1) $y=\dfrac{x^2-1}{x^2-3x+2}$;

(2) $y=\begin{cases}x-1 & x\leqslant 1\\ 3-x & x>1\end{cases}$;

(3) $y=\dfrac{\sin x}{x}$;

(4) $y=\begin{cases}\dfrac{x^2-9}{x-3} & x\neq 3\\ 2 & x=3\end{cases}$.

7. 下列叙述是否正确，说明理由．

(1) 一纳米是一米的十亿分之一（10^{-9}米），则一纳米是无穷小；

(2) 无穷小是 0；

(3) 0 是唯一可作为无穷小的常数；

(4) 无穷小是以 0 为极限的变量．

8. 函数 $f(x)=\dfrac{x+1}{x-1}$ 在什么变化过程中是无穷小量？又在什么变化过程中是无穷大量？

9. 指出下列函数在所示的变化过程中是无穷小量还是无穷大量．

(1) $10x^2+x\ (x\to 0)$; (2) $\dfrac{2}{x}\ (x\to 0)$;

(3) $\dfrac{1+2x}{x^2}\ (x\to \infty)$; (4) $\dfrac{x^2}{1+2x}\ (x\to \infty)$;

(5) $1-\cos x\ (x\to 0)$; (6) $\dfrac{x+1}{x-3}\ (x\to 3)$.

2.4 怎样计算极限

2.4.1 极限的四则运算法则

定理 2.8【极限的四则运算法则】 设 $\lim\limits_{x\to x_0}f(x)=A$ 及 $\lim\limits_{x\to x_0}g(x)=B$，则

① $\lim\limits_{x\to x_0}[f(x)\pm g(x)]=\lim\limits_{x\to x_0}f(x)\pm\lim\limits_{x\to x_0}g(x)=A\pm B$.

② $\lim\limits_{x\to x_0}[f(x)g(x)]=\lim\limits_{x\to x_0}f(x)\lim\limits_{x\to x_0}g(x)=A\cdot B$.

推论 1 $\lim\limits_{x\to x_0}[Cf(x)]=C\lim\limits_{x\to x_0}f(x)$ （C 为任意常数）.

推论 2 $\lim\limits_{x\to x_0}[f(x)]^n=[\lim\limits_{x\to x_0}f(x)]^n$（$n$ 为正整数）.

③ $\lim\limits_{x\to x_0}\dfrac{f(x)}{g(x)}=\dfrac{\lim\limits_{x\to x_0}f(x)}{\lim\limits_{x\to x_0}g(x)}=\dfrac{A}{B}$ （$\lim\limits_{x\to x_0}g(x)=B\neq 0$）.

【注】 上述极限四则运算法则对自变量在其他变化过程中（如 $x\to\infty$，$n\to\infty$ 时）的极限同样成立.

2.4.2 计算极限的基本方法

类型 1（代入法） 当 $f(x)$、$g(x)$ 有意义时，$\lim\limits_{x\to x_0}\dfrac{f(x)}{g(x)}=\dfrac{f(x_0)}{g(x_0)}$（$\lim\limits_{x\to x_0}g(x)=g(x_0)\neq 0$）

【例 2-18】 求 $\lim\limits_{x\to -1}\dfrac{2x^2+x-4}{3x^2-2}$.

解：因为 $\lim\limits_{x\to -1}(3x^2-2)=1\neq 0$，所以根据定理 2.8 ③有

$$\lim_{x\to -1}\dfrac{2x^2+x-4}{3x^2-2}=\dfrac{\lim\limits_{x\to -1}(2x^2+x-4)}{\lim\limits_{x\to -1}(3x^2-2)}=-3$$

类型 2 当 $\lim\limits_{x\to x_0}f(x)\neq 0$ 且 $\lim\limits_{x\to x_0}g(x)=0$ 时，有 $\lim\limits_{x\to x_0}\dfrac{f(x)}{g(x)}=\infty$.

【例 2-19】 求 $\lim\limits_{x\to 2}\dfrac{2x+1}{x-2}$.

解：因为 $\lim\limits_{x\to 2}(x-2)=0$，所以不能用商的极限运算法则，而 $\lim\limits_{x\to 2}\dfrac{x-2}{2x+1}=\dfrac{0}{5}=0$，根据无穷大与无穷小的关系，可得 $\lim\limits_{x\to 2}\dfrac{2x+1}{x-2}=\infty$.

类型 3（分解法） $\left(\dfrac{0}{0}\text{型}\right)$ 当 $\lim\limits_{x\to x_0}f(x)=\lim\limits_{x\to x_0}g(x)=0$ 时，通过变换为类型 1 求极限.

【例 2-20】 求 $\lim\limits_{x\to 4}\dfrac{x^2-7x+12}{x^2-5x+4}$.

解：当 $x\to 4$ 时，分子分母的极限均为 0，则该极限为 $\dfrac{0}{0}$ 型，可通过约去公因式 $x-4$ 求极限.

$$\lim_{x\to 4}\dfrac{x^2-7x+12}{x^2-5x+4} \quad \left(\dfrac{0}{0}\text{型}\right)$$
$$=\lim_{x\to 4}\dfrac{(x-3)(x-4)}{(x-1)(x-4)} \quad (\text{分解因式})$$
$$=\lim_{x\to 4}\dfrac{x-3}{x-1} \quad (\text{化为类型 1})$$
$$=\dfrac{1}{3}$$

【思考题】 为什么例 2-20 的计算中可以约去公因式 $x-4$？

【例 2-21】 求 $\lim\limits_{x\to 0}\dfrac{x}{\sqrt{1+x}-1}$.

解：$\lim\limits_{x\to 0}\dfrac{x}{\sqrt{1+x}-1}$ $\quad\left(\dfrac{0}{0}\text{型}, \text{分子分母同乘有理化因式}\sqrt{1+x}+1\right)$

$$=\lim_{x\to 0}\dfrac{x(\sqrt{1+x}+1)}{(\sqrt{1+x}-1)(\sqrt{1+x}+1)} \quad (\text{分母有理化})$$
$$=\lim_{x\to 0}\dfrac{x(\sqrt{1+x}+1)}{x} \quad (\text{化为类型 1})$$
$$=\lim_{x\to 0}(\sqrt{1+x}+1)$$
$$=2$$

类型 4(析出无穷小法) $\left(\dfrac{\infty}{\infty}\text{型}\right)$　分子、分母同除以分母的最高次幂，利用无穷小求极限．

【例 2-22】 求 $\lim\limits_{x\to\infty}\dfrac{2x^2+x-3}{3x^2-x+2}\left(\dfrac{\infty}{\infty}\text{型}\right)$.

解：当 $x\to\infty$ 时，分子、分母均趋于无穷大．这时，分子、分母同时除以分母的最高次幂 x^2，可得

$$\lim_{x\to\infty}\dfrac{2x^2+x-3}{3x^2-x+2}=\lim_{x\to\infty}\dfrac{2+\dfrac{1}{x}-\dfrac{3}{x^2}}{3-\dfrac{1}{x}+\dfrac{2}{x^2}}=\dfrac{2}{3}$$

【例 2-23】 求 $\lim\limits_{x\to\infty}\dfrac{2x^3+1}{5x^2-3}\left(\dfrac{\infty}{\infty}\text{型}\right)$.

解：分子、分母同时除以分母的最高次幂 x^2，得

$$\lim_{x\to\infty}\dfrac{2x^3+1}{5x^2-3}=\lim_{x\to\infty}\dfrac{2x+\dfrac{1}{x^2}}{5-\dfrac{3}{x^2}}=\infty$$

【注 1】 对于 $x\to\infty$ 时 $\dfrac{\infty}{\infty}$ 型的极限，可用有理函数 $\dfrac{P_n(x)}{Q_m(x)}$ 的分子、分母同时除以分母中 x 的最高次幂，再求极限．总结如下

$$\lim_{x\to\infty}\frac{P_n(x)}{Q_m(x)}=\lim_{x\to\infty}\frac{a_0x^n+a_1x^{n-1}+\cdots+a_n}{b_0x^m+b_1x^{m-1}+\cdots+b_m}=\begin{cases}\infty & m<n \\ \dfrac{a_0}{b_0} & m=n \\ 0 & m>n\end{cases}$$

【注2】 若所求函数的分子、分母的极限都为 0,这种未定式称为 $\dfrac{0}{0}$ 型;若所求函数的分子、分母都趋于无穷大,这种未定式表示为 $\dfrac{\infty}{\infty}$ 型;类似的,未定式还有 $\infty-\infty$,$0\cdot\infty$,1^∞ 等类型.

类型 5(合并法) 将 $\infty-\infty$ 型化成 $\dfrac{0}{0}$ 型或 $\dfrac{\infty}{\infty}$ 型.

【例 2-24】 求 $\lim\limits_{x\to 1}\left(\dfrac{3}{1-x^3}-\dfrac{1}{1-x}\right)$.

解:当 $x\to 1$ 时,上式两项极限均不存在(是 $\infty-\infty$ 型),先通分化为 $\dfrac{0}{0}$ 型,再求极限. 则

$$\lim_{x\to 1}\left(\frac{3}{1-x^3}-\frac{1}{1-x}\right)=\lim_{x\to 1}\frac{3-(1+x+x^2)}{(1-x)(1+x+x^2)}$$
$$=\lim_{x\to 1}\frac{(2+x)(1-x)}{(1-x)(1+x+x^2)}$$
$$=\lim_{x\to 1}\frac{2+x}{1+x+x^2}=1.$$

类型 6(重要极限公式 1) $\lim\limits_{x\to 0}\dfrac{\sin x}{x}=1\left(\dfrac{0}{0}\text{型}\right)$.

从图 2-28 中可以直观看出 $\lim\limits_{x\to 0}\dfrac{\sin x}{x}=1$.

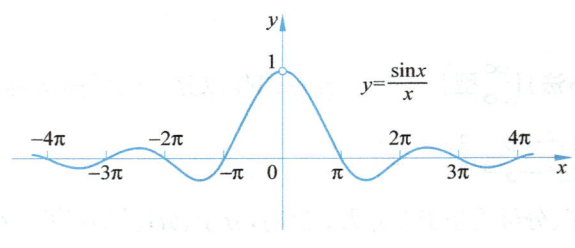

图 2-28 $y=\dfrac{\sin x}{x}$

重要极限公式 1 的运算模式:当 $\lim\limits_{x\to *}\square=0$ 时,$\lim\limits_{x\to *}\dfrac{\sin\square}{\square}=1$.

【注】 公式 $\lim\limits_{x\to 0}\dfrac{\sin x}{x}=1$ 的另一种形式为

$$\lim_{x\to\infty}x\cdot\sin\frac{1}{x}=1$$

【例 2-25】 求 $\lim\limits_{x\to 0}\dfrac{\tan x}{x}$.

解:$\lim\limits_{x\to 0}\dfrac{\tan x}{x}=\lim\limits_{x\to 0}\dfrac{\sin x}{x}\cdot\dfrac{1}{\cos x}=\lim\limits_{x\to 0}\dfrac{\sin x}{x}\cdot\lim\limits_{x\to 0}\dfrac{1}{\cos x}=1.$

【例 2-26】 求 $\lim\limits_{x\to 0}\dfrac{\sin 3x}{x}$.

解：$\lim\limits_{x\to 0}\dfrac{\sin 3x}{x}=\lim\limits_{x\to 0}\dfrac{3\sin 3x}{3x}=3\lim\limits_{x\to 0}\dfrac{\sin 3x}{3x}=3$.

一般地，有 $\lim\limits_{x\to 0}\dfrac{\sin kx}{x}=k\,(k\neq 0)$.

【例 2-27】 求 $\lim\limits_{x\to 0}\dfrac{\sin 3x}{\sin 4x}$.

解：$\lim\limits_{x\to 0}\dfrac{\sin 3x}{\sin 4x}=\lim\limits_{x\to 0}\left(\dfrac{3}{4}\cdot\dfrac{\sin 3x}{3x}\cdot\dfrac{4x}{\sin 4x}\right)=\dfrac{3}{4}\lim\limits_{x\to 0}\dfrac{\sin 3x}{3x}\cdot\lim\limits_{x\to 0}\dfrac{4x}{\sin 4x}=\dfrac{3}{4}$.

【例 2-28】 求 $\lim\limits_{x\to 0}\dfrac{1-\cos x}{x^2}$.

解：$\lim\limits_{x\to 0}\dfrac{1-\cos x}{x^2}=\lim\limits_{x\to 0}\dfrac{2\sin^2\frac{x}{2}}{x^2}=\dfrac{1}{2}\left[\lim\limits_{x\to 0}\dfrac{\sin\frac{x}{2}}{\frac{x}{2}}\right]^2=\dfrac{1}{2}$.

【例 2-29】 求 $\lim\limits_{x\to\pi}\dfrac{\sin x}{\pi-x}$.

解：$\lim\limits_{x\to\pi}\dfrac{\sin x}{\pi-x}=\lim\limits_{x\to\pi}\dfrac{\sin(\pi-x)}{\pi-x}=1$.

【例 2-30】 求 $\lim\limits_{x\to 0}\dfrac{\tan x-\sin x}{x^3}$.

解：$\lim\limits_{x\to 0}\dfrac{\tan x-\sin x}{x^3}=\lim\limits_{x\to 0}\dfrac{\tan x(1-\cos x)}{x^3}=\lim\limits_{x\to 0}\left(\dfrac{1}{\cos x}\cdot\dfrac{\sin x}{x}\cdot\dfrac{1-\cos x}{x^2}\right)$.

由例 2-28 知 $\dfrac{1-\cos x}{x^2}\to\dfrac{1}{2}\,(x\to 0)$，故 $\lim\limits_{x\to 0}\dfrac{\tan x-\sin x}{x^3}=\dfrac{1}{2}$.

【思考题】 你能用无穷小与无穷大的概念、性质及极限公式解释清楚下列极限吗？

(1) $\lim\limits_{x\to 0}\dfrac{\sin x}{x}$; (2) $\lim\limits_{x\to\infty}\dfrac{\sin x}{x}$;

(3) $\lim\limits_{x\to 0}x\sin\dfrac{1}{x}$; (4) $\lim\limits_{x\to\infty}x\sin\dfrac{1}{x}$.

类型 7（重要极限公式 2） $\lim\limits_{x\to\infty}\left(1+\dfrac{1}{x}\right)^x=\mathrm{e}$ （1^∞ 型）.

可以证明 $\lim\limits_{x\to\infty}\left(1+\dfrac{1}{x}\right)^x=\mathrm{e}$. 其中 e 是无理数，$\mathrm{e}=2.7182818284590\cdots$. 此极限可以由图 2-29 观察．

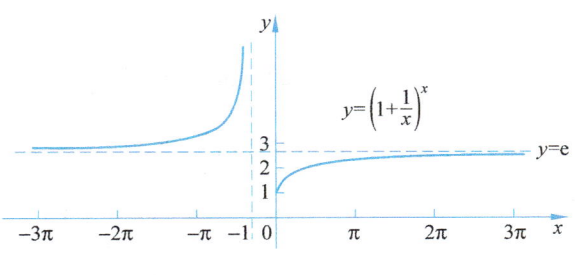

图 2-29　$y=\left(1+\dfrac{1}{x}\right)^x$

根据无穷大与无穷小的关系，$\lim\limits_{x\to\infty}\left(1+\dfrac{1}{x}\right)^x=e$ 可写成等价形式

$$\lim_{x\to 0}(1+x)^{\frac{1}{x}}=e$$

【注】 当 $x\to\infty$ 时，$\left(1+\dfrac{1}{x}\right)^x$ 呈 1^∞ 的形状，因此以上两个公式常用来求 1^∞ 型的幂指函数的极限．

重要极限公式 2 的运算模式：$\lim\limits_{\square\to\infty}\left(1+\dfrac{1}{\square}\right)^\square=e$，$\lim\limits_{\square\to 0}(1+\square)^{\frac{1}{\square}}=e.$

【例 2-31】 求极限 $\lim\limits_{x\to\infty}\left(1+\dfrac{1}{x}\right)^{2x}$．

解：由同底数幂的乘法公式 $a^{mn}=(a^m)^n$，$\left(1+\dfrac{1}{x}\right)^{2x}=\left[\left(1+\dfrac{1}{x}\right)^x\right]^2$，得

$$\lim_{x\to\infty}\left(1+\dfrac{1}{x}\right)^{2x}=\lim_{x\to\infty}\left[\left(1+\dfrac{1}{x}\right)^x\right]^2=\left[\lim_{x\to\infty}\left(1+\dfrac{1}{x}\right)^x\right]^2=e^2$$

【例 2-32】 求 $\lim\limits_{x\to\infty}\left(1-\dfrac{1}{x}\right)^{2x+5}$．

解：$\lim\limits_{x\to\infty}\left(1-\dfrac{1}{x}\right)^{2x+5}=\lim\limits_{x\to\infty}\left(1-\dfrac{1}{x}\right)^{2x}\left(1-\dfrac{1}{x}\right)^5$

$$=\lim_{x\to\infty}\left[\left(1-\dfrac{1}{x}\right)^{-x}\right]^{-2}\cdot\lim_{x\to\infty}\left(1-\dfrac{1}{x}\right)^5=e^{-2}.$$

【例 2-33】 求 $\lim\limits_{x\to\infty}\left(\dfrac{x-1}{x+1}\right)^x$．

解：$\lim\limits_{x\to\infty}\left(\dfrac{x-1}{x+1}\right)^x=\lim\limits_{x\to\infty}\left[\dfrac{\frac{x-1}{x}}{\frac{x+1}{x}}\right]^x=\lim\limits_{x\to\infty}\dfrac{\left(1-\frac{1}{x}\right)^x}{\left(1+\frac{1}{x}\right)^x}=\lim\limits_{x\to\infty}\dfrac{\left[\left(1-\frac{1}{x}\right)^{-x}\right]^{-1}}{\left(1+\frac{1}{x}\right)^x}=\dfrac{e^{-1}}{e}=e^{-2}.$

【例 2-34】 求极限 $\lim\limits_{x\to 0}(1-2x)^{\frac{3}{x}}$．

解：$\lim\limits_{x\to 0}(1-2x)^{\frac{3}{x}}=\lim\limits_{x\to 0}\left[(1-2x)^{\frac{-1}{2x}}\right]^{-6}=e^{-6}.$

【能力训练 2.4】

（基础题）

1. 求下列极限．

(1) $\lim\limits_{x\to 2}(3x^2+x-2)$；

(2) $\lim\limits_{x\to 1}\left(1+\dfrac{2}{x-3}\right)$；

(3) $\lim\limits_{x\to 2}\dfrac{x-2}{x+2}$；

(4) $\lim\limits_{x\to 2}\dfrac{x+2}{x-2}$；

(5) $\lim\limits_{x\to 1}\dfrac{x^2-3x+2}{1-x^2}$；

(6) $\lim\limits_{x\to 0}\dfrac{4x^3-2x^2+x}{3x^2-2x}$；

(7) $\lim\limits_{x\to 4}\dfrac{x^2-6x+8}{x^2-5x+4}$；

(8) $\lim\limits_{x\to\infty}\dfrac{x^2-1}{2x^2-3x+1}$；

(9) $\lim\limits_{x\to\infty}\dfrac{x^2+x}{x^3+2x^2+8}$;

(10) $\lim\limits_{x\to\infty}\dfrac{(x-1)^2}{x+1}$.

2. 利用公式 $\lim\limits_{x\to 0}\dfrac{\sin x}{x}=1$ 求下列极限.

(1) $\lim\limits_{x\to 0}\dfrac{\sin 3x}{2x}$;

(2) $\lim\limits_{x\to 0}\dfrac{\sin 5x}{\sin 2x}$;

(3) $\lim\limits_{x\to 0}\dfrac{\tan x-\sin x}{x^3}$;

(4) $\lim\limits_{x\to 0}\dfrac{1-\cos 2x}{x\sin x}$;

(5) $\lim\limits_{x\to \pi}\dfrac{\sin 3x}{x-\pi}$;

(6) $\lim\limits_{x\to 0}\dfrac{x-\sin x}{x+\sin x}$.

3. 利用公式 $\lim\limits_{x\to\infty}\left(1+\dfrac{1}{x}\right)^x=\mathrm{e}$ 和 $\lim\limits_{x\to 0}(1+x)^{\frac{1}{x}}=\mathrm{e}$ 求下列极限.

(1) $\lim\limits_{x\to\infty}\left(1+\dfrac{2}{x}\right)^x$;

(2) $\lim\limits_{x\to\infty}\left(1-\dfrac{1}{2x}\right)^{x+2}$;

(3) $\lim\limits_{x\to\infty}\left(\dfrac{x-1}{x+1}\right)^x$;

(4) $\lim\limits_{x\to 0}\left(\dfrac{3-x}{3}\right)^{\frac{3}{x}}$;

(5) $\lim\limits_{x\to 0}(1-x)^{\frac{3}{x}}$;

(6) $\lim\limits_{x\to 0}\left(\dfrac{1-x}{1+x}\right)^{\frac{1}{x}}$.

(应用题)

【产品价格预测】 设某产品的价格满足 $P(t)=20-20\mathrm{e}^{-0.5t}$（单位：元），试对该产品的长期价格做出预测.

2.5 经济中的极限问题

2.5.1 连续复利

> **引例 2-8** 【计息期无限的将来值问题】
> 设有一笔存款的现值为 PV_0，年利率为 r. 一年分 n 期计息，则 k 年后的将来值 FV_k 是多少？如果一年计息期数无限大，即结算次数无限增大，实现立即变现，则 k 年后的将来值 FV_k 又是多少？
>
> **预备知识**：重要极限公式 $\lim\limits_{x\to\infty}\left(1+\dfrac{1}{x}\right)^x=\mathrm{e}$，连续复利.

考虑到资金的周转过程是不断持续进行的，计息分期越细越合理. 若每期计息的时间间隔无限缩短，即计息期数无限大，结算次数无限增大，也就是立即产生、立即结算，从而计息次数 $n\to\infty$，这种情况称为连续复利. 则一年末的将来值为

$$\mathrm{FV}_1=\lim_{n\to\infty}\mathrm{PV}_0\left(1+\dfrac{r}{n}\right)^n=\mathrm{PV}_0\lim_{n\to\infty}\left[\left(1+\dfrac{r}{n}\right)^{\frac{n}{r}}\right]^r=\mathrm{PV}_0\mathrm{e}^r$$

t 年后的将来值为

$$\mathrm{FV}_t=\lim_{n\to\infty}\mathrm{PV}_0\left(1+\dfrac{r}{n}\right)^{nt}=\mathrm{PV}_0\lim_{n\to\infty}\left[\left(1+\dfrac{r}{n}\right)^{\frac{n}{r}}\right]^{rt}=\mathrm{PV}_0\mathrm{e}^{rt}$$

从以上情形来看,对于同样的现值,按复利计息,随着 n 增加,收益(以一年分 n 期计息为例) $\mathrm{PV}_0\left(1+\dfrac{r}{n}\right)^n - \mathrm{PV}_0$ 会缓慢地增加(但决不会无限制增加)。从极限的观点看 $\lim\limits_{n\to\infty}\left(1+\dfrac{r}{n}\right)^n = \mathrm{e}^r$。

引例 2-8 的求解

求解:(1) 一年计息一次:

1 年后的将来值 $\mathrm{FV}_1 = \mathrm{PV}_0(1+r)$,

2 年后的将来值 $\mathrm{FV}_2 = \mathrm{FV}_1(1+r) = \mathrm{PV}_0(1+r)^2$,

……

k 年后的将来值 $\mathrm{FV}_k = \mathrm{PV}_0(1+r)^k$。

(2) 一年分 n 期计息的复利:

一年中结算 n 次,年复利率仍为 r,则每期利率为 $\dfrac{r}{n}$,于是

1 年后的将来值 $\mathrm{FV}_1 = \mathrm{PV}_0\left(1+\dfrac{r}{n}\right)^n$,

2 年后的将来值 $\mathrm{FV}_2 = \mathrm{PV}_0\left(1+\dfrac{r}{n}\right)^{2n}$,

……

则 k 年后的将来值 $\mathrm{FV}_k = \mathrm{PV}_0\left(1+\dfrac{r}{n}\right)^{nk}$。

(3) 连续复利的问题:如果计息期数无限大,即结算次数无限增大,变现能立即实现,则 k 年后的将来值 FV_k 为

$$\mathrm{FV}_k = \lim_{n\to\infty} \mathrm{PV}_0\left(1+\dfrac{r}{n}\right)^{nk}$$

根据极限公式计算得

$$\mathrm{FV}_k = \lim_{n\to\infty}\mathrm{PV}_0\left(1+\dfrac{r}{n}\right)^{nk} = \mathrm{PV}_0 \lim_{n\to\infty}\left[\left(1+\dfrac{r}{n}\right)^{\frac{n}{r}}\right]^{rk} = \mathrm{PV}_0 \mathrm{e}^{rk} \tag{2-1}$$

设现值为 PV_0,年利率为 r,按连续复利计算 k 年后的将来值为 $\mathrm{FV}_k = \mathrm{PV}_0 \mathrm{e}^{rk}$。

案例 2-5 设有 100 元,年利率是 8%,按一年 1 期、2 期、4 期、12 期、365 期及连续复利计算一年后的将来值。

解:$\mathrm{PV}_0 = 100, r = 8\%, t = 1$,则

一年计息 1 期　　　$\mathrm{FV}_1 = 100 \times (1+0.08) = 108(元)$;

一年计息 2 期　　　$\mathrm{FV}_1 = 100 \times \left(1+\dfrac{0.08}{2}\right)^2 \approx 108.16(元)$;

一年计息 4 期　　　$\mathrm{FV}_1 = 100 \times \left(1+\dfrac{0.08}{4}\right)^4 \approx 108.24(元)$;

一年计息 12 期　　　$\mathrm{FV}_1 = 100 \times \left(1+\dfrac{0.08}{12}\right)^{12} \approx 108.30(元)$;

一年计息 365 期　　　$\mathrm{FV}_1 = 100 \times \left(1+\dfrac{0.08}{365}\right)^{365} \approx 108.33(元)$;

连续复利计息　　　$\mathrm{FV}_1 = 100\mathrm{e}^{0.08} \approx 108.33(元)$。

案例 2-6 若用 10000 元进行投资,年利率是 12%. 假设一年 24 期按复利计息,一年后的价值是多少?若按连续复利计算,一年后的价值又是多少?

解:$PV_0=10000$ 元,年利率 $r=12\%$,假设一年计息 24 期,$n=24$,以 $\frac{12}{24}\times100\%=0.5\%$ 为每期的利息来计算,则 1 年后的价值为

$$FV_1=10000(1+0.5\%)^{24\times1}\approx 10000\times1.127160=11271.60(元)$$

若按连续复利支付红利,则 1 年末的价值为

$$FV_1=10000e^{0.12\times1}\approx 11274.97(元)$$

2.5.2 实际利率和名义利率

引例 2-9 某企业借入 100 万元,年利率为 12%,若按每年、每半年、每季度、每月及连续复利来计息,则一年后的将来值的实际利率是多少?

预备知识:名义利率和实际利率.

在企业筹资和借贷活动中,经常遇到这种情况:给定年利率,但是计息周期是半年、季度或月,即按半年、季度或月计算复利,那么实际的年利率与给定的年利率(称为名义年利率)必然不同.

在进行复利计算时,如果计息周期都有一定的时间间隔,称为间断复利. 当复利的时间间隔趋于 0,或者式(2-2)中的 $m\to\infty$ 时,则为连续复利. 经过推导得到如下公式.

不妨假设实际年利率为 r_E,则一年后的将来值为 $FV_1=PV_0(1+r_E)$.

在名义年利率 r_N 下,若一年分 m 期复利计息,则 $FV_1=PV_0\left(1+\dfrac{r_N}{m}\right)^m$,因此有

间断复利下的实际年利率公式

$$r_E=\left(1+\frac{r_N}{m}\right)^m-1 \tag{2-2}$$

式(2-2)表明,当一年中的计息次数 m 大于 1 时,实际年利率将大于名义年利率.

在名义年利率 r_N 下,若一年按连续复利计息,则 $FV_1=PV_0e^{r_N}$,因此有

连续复利下的实际年利率公式

$$r_E=e^{r_N}-1 \tag{2-3}$$

引例 2-9 的求解

求解:$PV_0=100$(万元),$r=12\%$.

(1) 若每年计息一次,则一年后的将来值为

$$FV_1=100\times(1+0.12)^1=112(万元)$$

(2) 若每半年计息一次,则一年后的将来值为

$$FV_1=100\times\left(1+\frac{0.12}{2}\right)^2=112.36(万元)$$

根据利率的定义,名义利率为12%,按半年计息时实际年利率为

$$r_E = \frac{112.36 - 100}{100} = 12.36\%$$

(3) 每季度计息一次,一年后的将来值为

$$FV_1 = 100 \times \left(1 + \frac{0.12}{4}\right)^4 = 112.55(万元)$$

同样可计算按季度计息时,$r_E = 12.55\%$。

(4) 每月计息一次,一年后的将来值为

$$FV_1 = 100 \times \left(1 + \frac{0.12}{12}\right)^{12} = 112.68(万元)$$

同样按月计息时,$r_E = \frac{112.68 - 100}{100} = 12.68\%$。

(5) 若按连续复利计算,当 $r = 12\%$ 时,

$$r_E = e^{0.12} - 1 = 1.1275 - 1 = 12.75\%$$

2.5.3 年金和永续年金

引例 2-10 现在进行一项投资,第1年末至第4年末,每年获得收益600元,若期望的投资报酬率是10%,则(1)这一收益的现值为多少?(2)如果未来每一年都获得收益600元,这一收益的现值又是多少?

预备知识:年金,年金将来值,年金现值和永续年金现值。

1. 年金

现值和将来值的计算只发生在某一年,实际上经营组织的现金流量每年都产生,形成了一个收入或支付的序列,称为年金。以下讨论等额年金序列下的将来值和现值。

2. 年金将来值

案例 2-8 如果在第1年至第4年每年年末等额存入银行600元,年利率为10%,按年计算复利,那么在第4年末,银行存款额为多少?

逐年计算发生在不同年份的等额600元资金的将来值,然后将其累加,可得第4年末的存款总额为2784.6元,如图2-30所示。

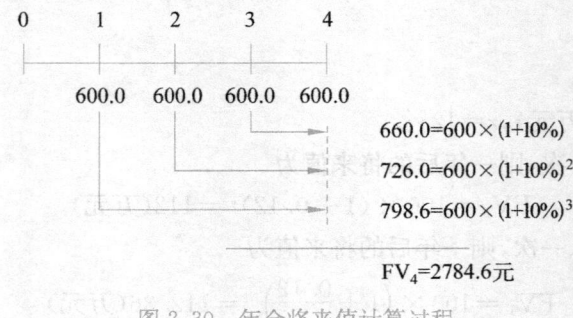

图 2-30 年金将来值计算过程

n 年后年金将来值的公式为

$$FV_n = A + A(1+r) + A(1+r)^2 + \cdots + A(1+r)^{n-1} = A\sum_{t=0}^{n-1}(1+r)^t \quad (2-4)$$

其中，FV_n 表示年金将来值；

A 表示从 1 至 n 每个周末等额资金值；

r 表示年利率；

n 表示复利周期数．

根据等比数列求和公式，式(2-4)可写成

$$FV_n = A\left[\frac{(1+r)^n - 1}{r}\right] \quad (2-5)$$

如果将案例的数据代入上式，则可得

$$FV_4 = 600 \times \left[\frac{(1+10\%)^4 - 1}{10\%}\right] = 600 \times 4.641 = 2784.6(元)$$

在式(2-5)中，$\left[\frac{(1+r)^n-1}{r}\right]$ 称为年金将来值系数，用符号记为$(FVA_{r,n})$，其所列年金将来值系数表可在表 2-2 中查到，如$(FVA_{10\%,4}) = 4.641$ 为表 2-2 中方框所示，式(2-5)也可表示为 $FV_n = A(FVA_{r,n})$．

表 2-2 年金将来值系数表

周期 n	年利率 r						
	7%	8%	9%	10%	11%	12%	13%
1	1.000	1.000	1.000	1.000	1.000	1.000	1.000
2	2.070	2.080	2.090	2.100	2.110	2.120	2.130
3	3.215	3.246	3.278	3.310	3.342	3.374	3.407
4	4.440	4.506	4.573	4.641	4.710	4.779	4.850
5	5.751	5.867	5.985	6.105	6.228	6.353	6.480
6	7.153	7.336	7.523	7.716	7.913	8.115	8.323
7	8.654	8.923	9.200	9.487	9.783	10.089	10.405
8	10.260	10.637	11.028	11.436	11.859	12.300	12.757
9	11.978	12.488	13.021	13.579	14.164	14.776	15.416
10	13.816	14.487	15.193	15.937	16.722	17.549	18.420

3. 年金现值

正如求一次支付或收入的现值一样，每年等额的支出或收入系列也需要计算现值．

引例 2-10(1)的分析和求解

分析：将图 2-30 中每年末的金额按 10% 的折现率折算到现在（图 2-31 中的第 0 年末），其累计之和就是这一系列现金流量的现值 $PV_0 = 1902$ 元．

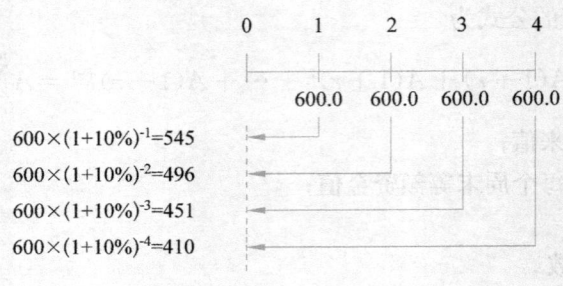

图 2-31 年金现值计算过程

从第 1 年末到第 n 年末的等额现金流量的现值公式为

$$PV_0 = \frac{A}{(1+r)} + \frac{A}{(1+r)^2} + \cdots + \frac{A}{(1+r)^n}$$

$$= A\sum_{t=1}^{n} \frac{1}{(1+r)^t} = A\left\{\frac{1-[1/(1+r)^n]}{r}\right\} \tag{2-6}$$

其中,系数 $\frac{1-[1/(1+r)^n]}{r}$ 称为年金现值系数,记为 $(PVA_{r,n})$。可在表 2-3 中查到.

式(2-6)也可表示为

$$PV_0 = A(PVA_{r,n}) \tag{2-7}$$

表 2-3 年金现值系数表

周期 n	折现率 r						
	7%	8%	9%	10%	11%	12%	13%
1	0.935	0.926	0.917	0.909	0.901	0.893	0.885
2	1.808	1.783	1.759	1.736	1.713	1.690	1.668
3	2.624	2.577	2.531	2.487	2.444	2.402	2.361
4	3.387	3.312	3.240	3.170	3.102	3.037	2.974
5	4.100	3.993	3.890	3.791	3.696	3.605	3.517
6	4.767	4.623	4.486	4.355	4.231	4.111	3.998
7	5.389	5.206	5.033	4.868	4.712	4.564	4.423
8	5.971	5.747	5.535	5.335	5.146	4.968	4.799
9	6.515	6.247	5.995	5.759	5.537	5.328	5.132
10	7.024	6.710	6.418	6.145	5.889	5.650	5.426

求解:在本引例中,$r=10\%$,$n=4$,从表 2-3 中查出 $(PVA_{10\%,4})=3.170$,代入式(2-7)得

$$PV_0 = 600 \times 3.17 = 1902(元)$$

4. 永续年金现值

大多数年金支付和收入是在有限时期内发生的,公司的经营往往具有连续性,可看成有无限寿命,产生的年金则是无限期的,称为永续年金(Prepetuities). 用公司价值进行现金流量分析时经常用到永续年金的概念.

当年金现值中的 $n \to \infty$ 时,从第 1 年末到无限期的等额现金流量的现值为

$$\text{PV}_0 = \frac{A}{(1+r)} + \frac{A}{(1+r)^2} + \frac{A}{(1+r)^3} + \cdots + \frac{A}{(1+r)^n} + \cdots \tag{2-8}$$

永续年金现值为

$$\text{PV}_{0(\text{永续年金})} = \lim_{n \to \infty} A \times \left\{ \frac{1 - [1/(1+r)^n]}{r} \right\} = A \times \frac{1}{r} \tag{2-9}$$

案例 2-9 现有每年等额支付 10000 元且终身支付的年金,年利率为 6%,求整笔收益的现值.

解:已知 $A = 10000$, $r = 6\%$.

从第 1 年末到无限期的等额收益的现值按式(2-8)计算

$$\text{PV}_0 = \frac{A}{(1+r)} + \frac{A}{(1+r)^2} + \frac{A}{(1+r)^3} + \cdots + \frac{A}{(1+r)^n} + \cdots$$

终身支付可理解为按永续年金计算,根据式(2-9)得

$$\text{PV}_{0(\text{永续年金})} = A \times \frac{1}{r} = 10000 \times \frac{1}{0.06} = 166666.67(\text{元})$$

引例 2-10(2) 的求解

求解:按永续年金计算,根据式(2-9)得

$$\text{PV}_{0(\text{永续年金})} = A \times \frac{1}{r} = 600 \times \frac{1}{0.06} = 10000(\text{元})$$

5. 复利和折现的实际应用

(1) 贷款等额摊还.

企业从银行借入的贷款有多种偿还本金和利息的方式:①贷款到期一次支付本利;②每年付息到期偿还本金;③每年偿还等额本金和贷款余额应付的利息;④每年偿还等额的本金和利息. 前三种还款方式的本金和支付的利息容易分清,而第四种方式还必须分别计算每年偿还的本金和利息.

例如,某企业借入建设银行贷款 5000 万元,年利率为 10%,在以后五年的年末等额摊还,问企业每年应还本金和利息各为多少?

首先,根据式(2-7)求出每年等额摊还金额 A.

$$5000 = A(\text{PVA}_{10\%,5})$$

$$A = \frac{5000}{\text{PVA}_{10\%,5}} = \frac{5000}{3.791} = 1319(\text{万元})$$

然后,列表计算每年支付的利息及偿还的本金. 每年末的贷款余额乘以年利率即下一年应支付的利息,等额摊还额减去利息支付即当年的还本额. 上年贷款余额减去当年还本额,则得该年末贷款余额,以此类推,逐年计算可得表 2-4 所列内容.

表 2-4　贷款等额摊还计算表　　　　　　　　　　　（单位：万元）

年末	等额摊还额	支付利息	偿还本金	年末贷款余额
1	1319	500.00	819.00	4181.00
2	1319	418.10	900.90	3280.10
3	1319	328.01	990.99	2289.11
4	1319	228.91	1090.09	1199.02
5	1319	119.90	1199.10	0

(2) 抵押贷款的分期支付.

房屋、耐用消费品抵押贷款的分期支付一般是按月等额偿还，但是按年或半年计复利．在金融市场，资金借贷一般使用名义年利率作为利率标价．因此，为计算抵押贷款月等额偿还额，必须先计算出实际月利率，然后按本节所述等额摊还方式分摊到每个月支付．实际月利率 r_{EM} 的计算公式推导如下．

由于一年中按月利率 r_{EM} 计算 12 次复利和按 $\dfrac{r_N}{m}$ 计算 m 次复利的值是相等的，即

$$(1+r_{EM})^{12}=\left(1+\frac{r_N}{m}\right)^m$$

所以，实际月利率为

$$r_{EM}=\left(1+\frac{r_N}{m}\right)^{m/12}-1 \tag{2-11}$$

每月等额支付额可按下式计算

$$PV_0=A_M\times\left\{\frac{1-[1/(1+r_{EM})^{12n}]}{r_{EM}}\right\}\text{ 或 }A_M=PV_0\cdot(PVA_{r_{EM}},12n)^{-1} \tag{2-12}$$

其中　A_M 表示月等额支付额；

n 表示抵押贷款偿还年数；

r_{EM} 表示实际月利率；

PV_0 表示现值或初始贷款额．

案例 10　某人为购买住房，向银行申请总额为 10000 元的住房抵押贷款，准备在 25 年内分期等额偿还，若年利率为 12%，每半年计复利一次，问此人每月的等额偿还额是多少？

解：首先计算实际月利率

$$r_{EM}=\left(1+\frac{0.12}{2}\right)^{2/12}-1$$
$$=\sqrt[6]{(1+0.06)}-1=0.0097588$$

代入 (2-12) 式

$$A_M=100000\times\left[\frac{1-(1/1.0097588)^{12\times25}}{0.0097588}\right]^{-1}$$
$$=100000\times 96.9087^{-1}$$
$$=1031.90(元)$$

用长期资产进行抵押的贷款，还款期一般为 10~25 年，这期间利率会有较大变动，故

通常不按固定期的利率计算,而以 6 个月至 5 年为一利率固定期.每一利率固定期的利率由借贷双方根据市场利率商定.利率改变后,未偿还的贷款余额将按新的利率计算月等额偿还额.

【能力训练 2.5】

(应用题)

1. 设本金为 10000 元,年利率 $r=10\%$,存款 1 年,分别按复利计算和连续复利计算,1 年后的将来值 FV_1 各为多少?

2. 【贷款的还款总额】某医院 2000 年 5 月 20 日从美国进口一台彩色超声波诊断仪,贷款 20 万美元,以复利计息,年利率为 4%,2009 年 5 月 20 日到期一次还本付息.若一年计息 2 期和按连续复利计息,贷款到期时还款总额分别是多少?

3. 【连续复利下的现值】设年利率为 6%,现进行投资,10 年末可得 120000 元.条件为:(1)每年计息 4 期;(2)按连续复利计算.试求:(1)这两种投资方式下的算式;(2)这两种投资方式分别要投资多少资金?

4. 【等额偿还的现值】某人希望以 8% 的年利率,按每半年付款一次的方式,在 3 年内等额偿还现有的 6000 元债务,问每次应偿还多少?

5. 【助学贷款】某大学生计划从银行贷款 10000 元,年利率为 12%,半年计息一次.这笔借款在四年内分期等额摊还,每半年还款一次.第一次还款是从今天起的 6 个月后.问:

(1)贷款的实际年利率是多少?

(2)计算每半年应付的偿还额?

(3)计算第二个半年所付的本金和利息.

6. 一个投资项目所需的即期成本为 200000 元,自第一年末起每年的净收入为 15000 元.求年利率为 9% 时的投资收益的现值,并说明为什么投资不划算,收不回成本.

学 法 建 议

微积分研究的对象是变量、微积分函数,是通过极限来研究并获知函数的许多特性的.下文介绍的微分、积分、级数等都是研究一些特殊类型的极限.可以认为极限是微积分的基础和工具.

(1)我们应理解与自变量变化趋势有关的记号,如表 2-5 所示.

表 2-5　与自变量变化趋势有关的记号

记号	含义	记号	含义
$n \to +\infty$	n 取正值无限增大	$x \to x_0$	x 可以无限趋近于 x_0
$|x| \to \infty$	x 的绝对值无限增大	$x \to x_0^+$	x 从 x_0 的右侧无限趋近于 x_0
$x \to +\infty$	x 取正值无限增大	$x \to x_0^-$	x 从 x_0 的左侧无限趋近于 x_0
$x \to -\infty$	x 取负值而绝对值无限增大		

要领会极限的真正含义,它描述的是一个变量(函数)随着另一个变量变化的趋势,是无限

地接近,永远也达不到的状态,要体会极限存在与不存在的状况.

(2) 记住一些重要的极限公式.

① $\lim\limits_{x \to 0} \dfrac{\sin x}{x} = 1.$

② $\lim\limits_{x \to \infty} \left(1 + \dfrac{1}{x}\right)^x = e,\ \lim\limits_{x \to 0}(1+x)^{\frac{1}{x}} = e.$

还要记住当 $x \to \pm\infty$ 及 $x \to 0$ 时,函数的极限,同时要利用这些函数的图形领会相应的极限计算方法.

(3) 学会利用下列内容来求极限;

① 恒等变形;

② 极限的四则运算;

③ 已知的极限公式;

④ 函数的连续性.

(4) 无穷小是讨论极限为 0 的变量,要求掌握无穷小的性质.无穷大是不取 0 的无穷小的倒数,它属于没有极限的量.

(5) 本章的重点是极限的求法及函数在一点的连续的概念,特别是求极限的方法,灵活多样.因此要掌握这部分知识,建议读者自己去总结经验,多做练习.

(6) 本章概念较多且互相联系,如极限、收敛、发散、无穷大、无穷小、连续等.只有明确它们之间的联系,才能对它们有深刻的理解,因此要注意弄清它们之间的实质关系.

(7) 要深刻理解在一点连续的概念,即极限值等于函数值才连续.特别注意判断分段函数在分段点的连续性.例如,$\lim\limits_{x \to 1} \dfrac{x^2-1}{x-1} = 2$,但函数 $f(x) = \dfrac{x^2-1}{x-1}$ 在 $x_0 = 1$ 不连续.

【综合能力训练 2】

(基础题)

1. 求下列各极限.

(1) $\lim\limits_{x \to 1} \dfrac{x^3 - 4x + 6}{3x^2 + 1}$;

(2) $\lim\limits_{x \to 1} \dfrac{x^3 - 3x^2 + 2x}{x-1}$;

(3) $\lim\limits_{x \to 0} \dfrac{x^2}{\sqrt{x^2+1} - 1}$;

(4) $\lim\limits_{x \to \infty} \dfrac{\sqrt{x^2+1}}{x+1}$;

(5) $\lim\limits_{x \to +\infty} (\sqrt{x^2+3x} - x)$;

(6) $\lim\limits_{x \to +\infty} \dfrac{(3x-1)^{20}(x+1)^{30}}{(2x-3)^{50}}$;

(7) $\lim\limits_{x \to 1} \left(\dfrac{2}{x^2-1} - \dfrac{1}{x-1}\right)$;

(8) $\lim\limits_{x \to \infty} \dfrac{\sin x}{x}$;

(9) $\lim\limits_{x \to \infty} x \sin \dfrac{1}{x}$;

(10) $\lim\limits_{x \to 0} \dfrac{\tan x - \sin x}{\sin^3 x}$;

(11) $\lim\limits_{x \to \infty} \left(1 - \dfrac{2}{x}\right)^{2x}$;

(12) $\lim\limits_{x \to \infty} \left(\dfrac{x}{1+x}\right)^x$;

(13) $\lim\limits_{x \to \infty} \left(\dfrac{x-2}{x+1}\right)^x$;

(14) $\lim\limits_{x \to 0} \left(1 - \dfrac{x}{2}\right)^{\frac{1}{x}+1}.$

2. 设函数 $f(x)=\begin{cases} x^2+1 & x\geq 0 \\ a-e^x & x<0 \end{cases}$,当 a 为何值时,函数在 $x=0$ 处连续.

3. 设函数
$$f(x)=\begin{cases} x\sin\dfrac{1}{x}+b & x<0 \\ a & x=0 \\ \dfrac{\sin x}{x} & x>0 \end{cases}$$

问:
(1) 当 a,b 为何值时,$f(x)$ 在 $x=0$ 处的极限存在;
(2) 当 a,b 为何值时,$f(x)$ 在 $x=0$ 处连续.

4. 求 $\lim\limits_{n\to+\infty} 2^n \sin\dfrac{x}{2^n}$($x$ 为非 0 常数).

(应用题)

1.【**出租维修费的现值**】某出租司机承租一台新的出租车,该司机估计新车头 2 年不需要维修,从第 3 年末开始的 10 年中,平均每年需要支付 5000 元的维修费.若折现率为 3%,问 10 年维修费的现值为多少?

2.【**借款是否合算**】有人在今后 5 年中每年末借给你 2500 元,要求你在随后的 10 年中,每年末归还 2500 元于他.若年利率为 15%,问你是否接受这笔借款?

【**数学文化聚焦**】

从哲学角度认识极限法

极限法在现代数学乃至物理、工程等学科中有着广泛的应用,这是由它本身固有的思维功能所决定的.极限法揭示了变量与常量、无限与有限的对立统一关系.借助极限法,人们可以从有限认识无限,从不变认识变,从直线形状认识曲线形状,从量变认识质变,从近似认识准确.

无限与有限有本质的区别,但两者又有联系:无限是有限的发展.无限个数的和不是一般的代数和,而是把它定义为"部分和"的极限,这就是借助极限法,从有限认识无限.

变与不变反映了事物运动变化与相对静止两种不同状态,但它们在一定条件下可以相互转化,这种转化是"数学科学的有力杠杆之一".例如,变速直线运动的瞬时速度无法用初等方法解决,困难在于求解时速度是变量.为此,人们先在小范围内用匀速代替变速,求平均速度,然后把瞬时速度定义为平均速度的极限,这也是借助极限法,从不变认识变.

曲线形状与直线形状有本质的差异,但在一定条件下也可以相互转化,正如恩格斯所说:"直线和曲线在微分中终于等同起来了".善于利用这种对立统一关系是处理数学问题的重要手段之一.初等方法容易求得直线形状的面积,却难以求得曲线形状的面积.刘徽用圆内接正多边形逼近圆,人们用小矩形的面积和逼近曲边梯形的面积,这同样是借助极限法,从直线形状认识曲线形状.

量变和质变既有区别又有联系,两者之间有着辩证关系:量变能引起质变.质和量的互变规律是辩证法的基本规律之一,在数学研究工作中起着重要作用.对于任何一个圆内接正多边形,当它的边数加倍后,得到的还是内接正多边形,是量变,不是质变.但是,不断地让边数加倍,经过无限加倍后,多边形就变成圆形,多边形面积便转化为圆面积,这仍是借助极限法,从量变认识质变.

近似与准确是对立统一关系,两者在一定条件下也可以相互转化,这种转化是数学应用于实际计算的诀窍.前面所讲的"部分和"、"平均速度"、"圆内接正多边形面积",依次是相应的无穷级数和、瞬时速度、圆面积的近似值,取极限后就可得到相应的准确值.它们全都是借助极限法,从近似认识准确的.

第3章 经济分析的基本工具——导数、微分

【本章概要】

> 微分学是微积分的两大分支之一，它的核心概念是导数和微分．导数反映了函数相对于自变量变化而变化的快慢程度，即函数的变化率，使得人们能够用这一数学工具来描述事物变化的快慢及解决一系列与之相关的问题．因此，导数在经济领域也有极其广泛的应用．微分则指当自变量有微小改变时，函数大体上改变了多少．

【学习目标】

> **知识目标：**
> - 导数的概念；
> - 导数的运算：和、差、积、商的导数，复合函数求导法；
> - 隐函数求导法；
> - 二阶导数．
>
> **能力目标：**
> - 理解导数的概念及其几何意义，会用导数描述一些简单的实际问题；
> - 熟练掌握基本初等函数的求导公式和四则运算法则；
> - 熟练掌握复合函数求导法，了解隐函数求导法；
> - 了解微分及高阶导数的概念，掌握二阶导数的求法．

> 微积分，或者数学分析，是人类思维的伟大成果之一，它处于自然科学与人文科学之间的地位，使它成为高等教育的一种特别有效的工具．遗憾的是，微积分的数学方法有时流行于机械，不能体现出这门学科乃是撼人心灵的智力奋斗的结晶；这种奋斗已经历 2500 多年之久，它深深扎根于人类活动的许多领域，并且，只要人们认识自己和认识自然的努力一日不止，这种奋斗就将继续不已．
>
> ——R. 柯朗

3.1 函数的局部变化率——导数

3.1.1 微积分的创立

常量数学（如算术、代数、几何和三角等）可以有效地描述事物和现象的相对稳定状态，却

对描述运动和变化无能为力.16世纪和17世纪,自然科学提出了大量的数学问题,大体可分为以下4种类型.

(1) 非匀速运动的速度与加速度问题.近代天文学、力学涉及的天体、落体、抛体等的运动都是非匀速的,常量数学对此无能为力.

(2) 平面曲线的切线问题.例如,望远镜的光程设计必须知道光线射入透镜的角度以便应用反射定律,光线的入射角与曲线的法线有关,而法线垂直于切线.又如,运动物体在它的轨迹上任一点处的运动方向就是轨迹的切线方向.

(3) 函数的最大值与最小值问题.寻找行星轨道的近日点和远日点,确定炮弹的最大射程等问题都涉及函数最大值和最小值的计算.

(4) 曲线长度、曲边形面积和物体重心等问题.例如,行星沿轨道运动的路程、行星矢径扫过的面积等.

这些实际问题都要求创造新的数学工具来解决.17世纪,数学研究由常量数学阶段进入变量数学阶段,直到17世纪下半叶,在前人工作成果的基础上,英国的牛顿(Isaac Newton,1643—1727)和德国的莱布尼茨(G. W. Leibniz,1646—1716)各自独立地研究和完成了微积分的创立工作,建立起微积分学的体系.微积分是继欧几里得几何学之后,整个数学发展史上伟大的创造,特别是微积分基本定理,把求切线(微分学的中心问题)与求和(积分学的中心问题)这两个貌似无关的问题联系在了一起,使得微分和积分成为一个整体,促进了一门崭新的数学学科——微积分的形成.

3.1.2 函数 $y=f(x)$ 在点 x_0 处的导数——导数值

引例 3-1 【汽车行驶的速度】

某人驾车到120km外的一个旅游景点,共用2h,汽车在这段路程的平均速度 $\bar{v}=\dfrac{120}{2}=60$km/h,然而汽车仪表盘上的速度(瞬时速度)指针却在不断地摆动,也就是说汽车的速度每时每刻都在改变,如图3-1所示,汽车此时的瞬时速度为100km/h,如何理解呢?

预备知识:导数的定义,函数的导数.

图 3-1 汽车仪表盘上的速度指针

1. 导数的定义

定义 3.1【导数】 设函数 $y=f(x)$ 在点 x_0 的附近有意义,当自变量 x 在点 x_0 处有改变量 $\Delta x(\Delta x \neq 0)$ 时,函数 $y=f(x)$ 取得相应的改变量
$$\Delta y = f(x_0+\Delta x)-f(x_0)$$

如果当 $\Delta x \to 0$ 时,极限
$$\lim_{\Delta x \to 0}\frac{\Delta y}{\Delta x}=\lim_{\Delta x \to 0}\frac{f(x_0+\Delta x)-f(x_0)}{\Delta x}$$

存在,则称 $f(x)$ 在点 x_0 处可导,并称此极限值为 $f(x)$ 在点 x_0 处的导数,记为 $f'(x_0)$,也记为
$$y'\Big|_{x=x_0} \quad \text{或} \quad \frac{\mathrm{d}y}{\mathrm{d}x}\Big|_{x=x_0} \quad \text{或} \quad \frac{\mathrm{d}f}{\mathrm{d}x}\Big|_{x=x_0}$$

即
$$f'(x_0)=\lim_{\Delta x \to 0}\frac{\Delta y}{\Delta x}=\lim_{\Delta x \to 0}\frac{f(x_0+\Delta x)-f(x_0)}{\Delta x}$$

若上述函数的极限不存在,则称 $y=f(x)$ 在点 x_0 处不可导.

2. 点 x_0 的导数定义的运算模式

$y=f(x)$ 在点 x_0 处的导数定义为

$$\lim_{\square \to 0} \frac{f(x_0+\square)-f(x_0)}{\square}=f'(x_0)$$

函数 $y=f(x)$ 在点 x_0 处的导数表示:

① $f'(x_0)$; ② $y'|_{x=x_0}$; ③ $\dfrac{dy}{dx}\Big|_{x=x_0}$; ④ $\dfrac{df}{dx}\Big|_{x=x_0}$.

【例 3-1】 根据定义求函数 $y=x^2$ 在 $x=2$ 处的导数 $y'|_{x=2}$.

解: (1) $\Delta y=(2+\Delta x)^2-2^2=4\Delta x+(\Delta x)^2$

(2) $\dfrac{\Delta y}{\Delta x}=\dfrac{4\Delta x+(\Delta x)^2}{\Delta x}=4+\Delta x$

(3) $y'|_{x=2}=\lim\limits_{\Delta x \to 0}\dfrac{\Delta y}{\Delta x}=\lim\limits_{\Delta x \to 0}(4+\Delta x)=4$

从而 $y'|_{x=2}=4$,如图 3-2 所示.

【思考题】 判断式子 $f'(2)=[f(2)]'$ 是否正确,为什么?

引例 3-1 的分析

分析: 在实际问题中,运动往往是非匀速的,要描述物体的任何时刻的运动状态,就要讨论物体在运动过程中任一时刻的速度,即**瞬时速度**.

设 s 表示一物体从某时刻开始到 t 时刻进行直线运动所经过的路程,则 s 是 t 的函数 $s=s(t)$. 现在来确定物体在某一给定时刻 t_0 的速度(瞬时速度).

当时间由 t_0 改变到 $t_0+\Delta t$ 时,物体在 Δt 时间内的平均速度为

$$\bar{v}=\dfrac{\Delta s}{\Delta t}=\dfrac{s(t_0+\Delta t)-s(t_0)}{\Delta t}$$

如图 3-3 所示.

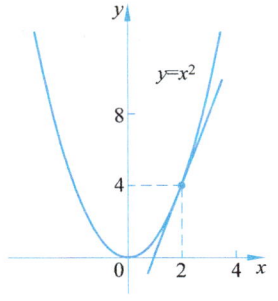

图 3-2 $y=x^2$ 在 $x=2$ 处的导数

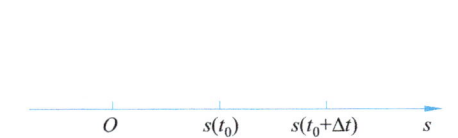

图 3-3 物体在 Δt 时间内的平均速度示意图

很明显,Δt 越小,$\bar{v}$ 就越接近物体在 t_0 时刻的瞬时速度. 当 $\Delta t \to 0$ 时,如果极限 $\lim\limits_{\Delta t \to 0}\dfrac{\Delta s}{\Delta t}$ 存在,则此极限为物体在 t_0 时刻的瞬时速度,即

$$v(t_0) = \lim_{t \to t_0} \overline{v} = \lim_{\Delta t \to 0} \frac{\Delta s}{\Delta t} = \lim_{\Delta t \to 0} \frac{s(t_0 + \Delta t) - s(t_0)}{\Delta t}$$

3.1.3 平面曲线的斜率及切线问题

引例 3-2 【制作圆形的餐桌玻璃】

一张圆形餐桌需要加装玻璃,如图 3-4 所示.根据餐桌的直径,工艺店的师傅会在一块方形的玻璃上画出一个同样大的圆形,然后沿着圆形的边缘切掉多余的玻璃,最后用砂轮在边缘上不断地打磨.当玻璃的边缘非常光滑时,一块圆形的餐桌玻璃就做好了.从数学的角度讲,工艺店的师傅打磨的过程就是在圆周上不断地进行切线的过程.曲线的切线与圆周的切线有什么关系?

图 3-4 圆形餐桌

预备知识:导数的几何意义,曲线在已知点的切线和法线.

1. 导数的几何意义

在中学的数学学习中,我们知道圆周的切线是与圆有唯一交点的直线,但是曲线 $y = f(x)$ 在某点 $(x_0, f(x_0))$ 的切线是什么样的直线?

在曲线 $y = f(x)$ 上取一点 $M_0(x_0, f(x_0))$,在曲线上再取一点 $M_1(x_0 + \Delta x, f(x_0 + \Delta x))$,$M_0 M_1$ 作为割线.当动点 M_1 沿曲线移动而趋向于 M_0 时,割线 $M_0 M_1$ 的位置也随之变动.当点 M_1 沿曲线无限接近于 M_0 时,若割线 $M_0 M_1$ 有极限位置 $M_0 T$,则直线 $M_0 T$ 为曲线 $y = f(x)$ 在点 M_0 处的切线,如图 3-5(a)所示.割线 $M_0 M_1$ 的斜率为

$$k_{M_0 M_1} = \frac{\Delta y}{\Delta x} = \frac{f(x_0 + \Delta x) - f(x_0)}{\Delta x}$$

当 $\Delta x \to 0$ 时,M_1 沿曲线 L 趋于 M_0,如图 3-5(b)所示,从而得到切线 $M_0 T$ 的斜率为

$$k_{M_0 T} = \lim_{\Delta x \to 0} \frac{\Delta y}{\Delta x} = \lim_{\Delta x \to 0} \frac{f(x_0 + \Delta x) - f(x_0)}{\Delta x}$$

函数 $y = f(x)$ 在点 x_0 处的导数 $f'(x_0)$ 在几何上表示曲线 $y = f(x)$ 在点 $(x_0, f(x_0))$ 处的切线斜率.

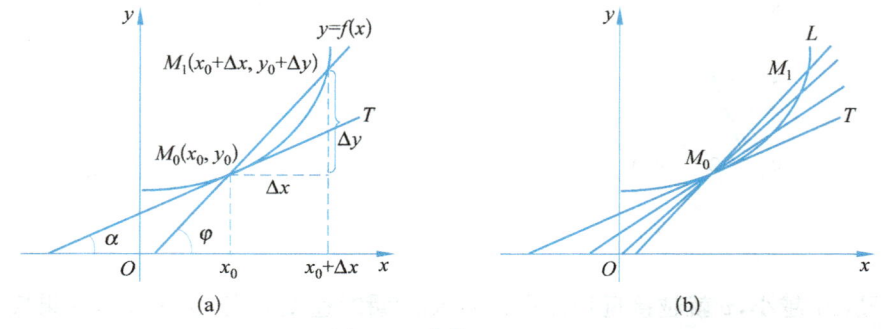

图 3-5 曲线 $y = f(x)$

2. 曲线 $y=f(x)$ 在点 $(x_0,f(x_0))$ 处的切线方程

求解曲线 $y=f(x)$ 在点 $(x_0,f(x_0))$ 处的切线方程和法线方程的过程.
(1) 找切点：$(x_0,f(x_0))$；
(2) 求斜率：先求 y'，再确定切线的斜率；
(3) 写切线方程和法线方程：
曲线 $y=f(x)$ 在点 $(x_0,f(x_0))$ 处的切线方程为
$$y-f(x_0)=f'(x_0)(x-x_0)$$
则有曲线 $y=f(x)$ 在点 $(x_0,f(x_0))$ 处的法线方程为
$$y-f(x_0)=-\frac{1}{f'(x_0)}(x-x_0) \quad (f'(x_0)\neq 0)$$

【例 3-2】 求曲线 $y=x^2$ 在 $x=2$ 处的切线方程.

解：(1) 找切点：$x=2$ 在曲线 $y=x^2$ 上的对应点即切点 $(2,4)$；
(2) 求斜率：由例 3-1 可知，$y'|_{x=2}=4$，即切线的斜率 $k=y'|_{x=2}=4$；
(3) 写切线：由直线的点斜式，给出曲线 $y=x^2$ 在 $(2,4)$ 点处的切线方程为
$$y-4=4(x-2)$$
即
$$y-4x+4=0$$

3.1.4 函数 $y=f(x)$ 在区间 (a,b) 内的导数——导函数

1. 导函数的定义

定义 3.2【函数 $y=f(x)$ 的导数】 如果函数 $y=f(x)$ 在区间 (a,b) 内任一点处都是可导的，即对每一个 $x\in(a,b)$，均有对应的导数值 $f'(x)$，则称函数 $y=f(x)$ 在区间 (a,b) 内可导，称 $f'(x)$ 为函数 $y=f(x)$ 的导函数，简称导数.

$y=f(x)$ 在区间 (a,b) 内的导（函）数的记号：
① $f'(x)$；② y'；③ $\dfrac{dy}{dx}$；④ $\dfrac{df}{dx}$.

【注 1】【导函数的直观描述】 函数 $y=f(x)$ 在区间 (a,b) 内可导，几何上即表示曲线 $y=f(x)$ 在此区间内是一条光滑的曲线.

【注 2】【关于变化率】 常常把导数 $f'(x)$ 称为局部变化率，变化率反映了因变量随着自变量在某处的变化而变化的快慢程度.

【注 3】【关于导数符号】 符号 $y'\left(\text{或}f'(x)\text{或}\dfrac{dy}{dx}\text{或}\dfrac{df}{dx}\right)$ 表示函数 $y=f(x)$ 的因变量 y 关于自变量 x 的导数，为强调对自变量 x 求导数，常常记为 y'_x. 例如，函数 $u=\varphi(t)$ 的导数可以表示成 u' 或 $\varphi'(t)$，为强调对自变量 t 求导数，可记为 u'_t.

2. 根据导数的定义求 $f'(x)$

根据导数的定义，函数 $y=f(x)$ 在点 x 处的导数可归纳为以下三个步骤：

(1) 当自变量 x 的改变量为 Δx 时,函数 $y=f(x)$ 的相应改变量 Δy 为
$$\Delta y = f(x+\Delta x) - f(x)$$
(2) 求两个改变量的比值
$$\frac{\Delta y}{\Delta x} = \frac{f(x+\Delta x) - f(x)}{\Delta x}$$
(3) 当 $\Delta x \to 0$ 时,比值 $\frac{\Delta y}{\Delta x}$ 的极限就是函数 $y=f(x)$ 的导数. 即
$$y' = f'(x) = \lim_{\Delta x \to 0} \frac{f(x+\Delta x) - f(x)}{\Delta x}$$

导数定义的运算模式
$$\lim_{\square \to 0} \frac{f(x+\square) - f(x)}{\square} = f'(x)$$

【例 3-3】 设 $y=C$(常数),根据定义求 y'.

解:因为(1) $\Delta y = f(x+\Delta x) - f(x) = C - C = 0$;

(2) $\frac{\Delta y}{\Delta x} = \frac{0}{\Delta x} = 0$;

(3) $\lim\limits_{\Delta x \to 0} \frac{\Delta y}{\Delta x} = 0$;

所以 $(C)' = 0$,常数的导数为 0.

【例 3-4】 设 $y = \ln x$,根据定义求 y'.

解:(1) $\Delta y = \ln(x+\Delta x) - \ln x = \ln\left(1+\frac{\Delta x}{x}\right)$;

(2) $\frac{\Delta y}{\Delta x} = \frac{1}{\Delta x}\ln\left(1+\frac{\Delta x}{x}\right) = \ln\left(1+\frac{\Delta x}{x}\right)^{\frac{1}{\Delta x}} = \frac{1}{x}\ln\left(1+\frac{\Delta x}{x}\right)^{\frac{x}{\Delta x}}$;

(3) 由重要极限公式 2 可得
$$y' = \lim_{\Delta x \to 0} \frac{\Delta y}{\Delta x} = \lim_{\Delta x \to 0} \frac{1}{x}\ln\left(1+\frac{\Delta x}{x}\right)^{\frac{x}{\Delta x}} = \frac{1}{x}\lim_{\Delta x \to 0}\ln\left(1+\frac{\Delta x}{x}\right)^{\frac{x}{\Delta x}} = \frac{1}{x}\ln e = \frac{1}{x}$$
即
$$(\ln x)' = \frac{1}{x}$$

【例 3-5】 根据导函数的定义求线性函数 $y = ax + b$ 的导数 y'_x.

解:(1) $\Delta y = f(x+\Delta x) - f(x) = [a(x+\Delta x) + b] - (ax+b) = a\Delta x$;

(2) $\frac{\Delta y}{\Delta x} = \frac{a\Delta x}{\Delta x} = a$;

(3) $y'_x = \lim\limits_{\Delta x \to 0} \frac{\Delta y}{\Delta x} = \lim\limits_{\Delta x \to 0} a = a$;

即 $y'_x = (ax+b)' = a$.

同样,还可以证明:

指数函数 $y = a^x (a>0, a\neq 1)$ 的导数为 $(a^x)' = a^x \ln a$;特别地,$(e^x)' = e^x$.

对数函数 $y = \log_a x (a>0, a\neq 1)$ 的导数为 $(\log_a x)' = \frac{1}{x\ln a}$;特别地,$(\ln x)' = \frac{1}{x}$.

3. 可导与连续的关系

定理 3.1 若函数 $y=f(x)$ 在点 x 处可导,则 $y=f(x)$ 在点 x 处连续.

定理 3.1 的逆命题不一定成立,即在点 x 处连续的函数未必在点 x 处可导. 例如,$y=|x|$ 和 $y=\sqrt[3]{x}$ 在 $x=0$ 处都连续但不可导.

【注】 如果函数 $y=f(x)$ 在点 x_0 处的导数是无穷大 $\left(\lim\limits_{\Delta x \to 0}\dfrac{\Delta y}{\Delta x}=\infty,\text{此时 } f(x) \text{在} x_0 \text{处不可导}\right)$,则在曲线 $y=f(x)$ 上的点 (x_0,y_0) 处的切线垂直于 x 轴,其切线方程为 $x=x_0$.

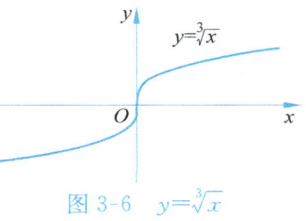

图 3-6　$y=\sqrt[3]{x}$

例如,函数 $y=\sqrt[3]{x}$ 在 $x_0=0$ 处的导数为无穷大,则在 $x_0=0$ 处的切线方程为 $x=0$. 如图 3-6 所示.

【能力训练 3.1】

1. 根据定义求下列函数的导数或导数值.
(1) $y=3x+2$,求 y';　　　　(2) $f(x)=\sqrt{x}$,求 $f'(4)$.
2. 在抛物线 $y=x^2$ 上求一点,该点处的切线平行于直线 $y=4x$,并求该点的切线方程.
3. 求下列曲线在指定点的切线方程,并画图.
(1) 双曲线 $y=\dfrac{1}{x}$ 在点 $\left(\dfrac{1}{2},2\right)$ 处;
(2) 曲线 $y=\ln x$ 在 $(e,1)$ 处.

3.2　求导数的方法

> 数学公式有其自身的独立存在性与智慧,它们比我们聪明,甚至比它们的发现者也聪明,并且我们从它们中得到的比原来注入的更多.
> ——赫兹(H. Hertz,1857—1894),德国物理学家

虽然我们知道了求导数的方法与步骤,能够通过定义求导数. 然而,对于一般的初等函数,我们仍然需要探索简化求导过程的一般方法,即常数和基本初等函数的求导公式与导数的运算法则.

3.2.1　导数基本公式

1. 导数基本公式(原形)

根据导数的定义,可以求出常数及基本初等函数的导数,作为求导的基本公式.

由导数的记号 $\dfrac{dy}{dx}$ 可知,所有函数的导数都是关于自变量求导的,认识这一点是非常重要的. 为了便于理解和应用,以标示下标为 x 的方式表示基本公式的原形即关于自变量 x 的导数.

导数基本公式(原形)

(1) 常数.

$(C)'_x = 0$(C 为常数).

(2) 幂函数.

$(x^a)'_x = ax^{a-1}$(a 为实数).

特别地:

① $(x)'_x = 1$; ② $\left(\dfrac{1}{x}\right)'_x = -\dfrac{1}{x^2}$; ③ $(\sqrt{x})'_x = \dfrac{1}{2\sqrt{x}}$.

(3) 指数函数.

$(e^x)'_x = e^x$,一般地,$(a^x)'_x = a^x \ln a$($a>0, a\neq 1$).

(4) 对数函数.

$(\ln x)'_x = \dfrac{1}{x}$,一般地,$(\log_a x)'_x = \dfrac{1}{x\ln a}$($a>0, a\neq 1$).

(5) 三角函数.

① $(\sin x)'_x = \cos x$; ② $(\cos x)'_x = -\sin x$;

③ $(\tan x)'_x = \dfrac{1}{\cos^2 x} = \sec^2 x$; ④ $(\cot x)'_x = -\dfrac{1}{\sin^2 x} = -\csc^2 x$.

(6) 反三角函数.

① $(\arcsin x)'_x = \dfrac{1}{\sqrt{1-x^2}}$; ② $(\arccos x)'_x = -\dfrac{1}{\sqrt{1-x^2}}$;

③ $(\arctan x)'_x = \dfrac{1}{1+x^2}$; ④ $(\text{arccot } x)'_x = -\dfrac{1}{1+x^2}$.

【思考题】 基本公式中的导数是关于谁求导的?即基本公式中导数是什么变量的导数?

2. 导数本质公式

我们已经知道基本公式中的导数都是关于自变量 x 求导的,为什么上述导数公式成立呢?从运算结构的角度来解释,可以说明常数和基本初等函数的导数本质公式(基本公式的推广形式).

导数本质公式

(1) 常数.

$(C)'_{\boxed{u}} = 0$ (C 为常数).

(2) 幂函数.

$(\boxed{u}^a)'_{\boxed{u}} = a\boxed{u}^{a-1}$($a$ 为实数).

一般地:

① $\left[\dfrac{1}{\boxed{u}}\right]'_{\boxed{u}} = -\dfrac{1}{\boxed{u}^2}$; ② $(\sqrt{\boxed{u}})'_{\boxed{u}} = \dfrac{1}{2\sqrt{\boxed{u}}}$.

(3) 指数函数.

$(e^{\boxed{u}})'_{\boxed{u}} = e^{\boxed{u}}$,一般地,$(a^{\boxed{u}})'_{\boxed{u}} = a^{\boxed{u}} \ln a$ ($a>0, a\neq 1$).

(4) 对数函数.

$(\ln \boxed{u})'_{\boxed{u}} = \dfrac{1}{\boxed{u}}$，一般地，$(\log_a \boxed{u})'_{\boxed{u}} = \dfrac{1}{\boxed{u}\ln a}$ $(a>0, a\neq 1)$.

(5) 三角函数.

① $(\sin \boxed{u})'_{\boxed{u}} = \cos \boxed{u}$； ② $(\cos \boxed{u})'_{\boxed{u}} = -\sin \boxed{u}$；

③ $(\tan \boxed{u})'_{\boxed{u}} = \dfrac{1}{\cos^2 \boxed{u}} = \sec^2 \boxed{u}$； ④ $(\cot \boxed{u})'_{\boxed{u}} = -\dfrac{1}{\sin^2 \boxed{u}} = -\csc^2 \boxed{u}$.

(6) 反三角函数.

① $(\arcsin \boxed{u})'_{\boxed{u}} = \dfrac{1}{\sqrt{1-\boxed{u}^2}}$； ② $(\arccos \boxed{u})'_{\boxed{u}} = -\dfrac{1}{\sqrt{1-\boxed{u}^2}}$；

③ $(\arctan \boxed{u})'_{\boxed{u}} = \dfrac{1}{1+\boxed{u}^2}$； ④ $(\text{arccot}\, \boxed{u})'_{\boxed{u}} = -\dfrac{1}{1+\boxed{u}^2}$.

【注】 理解上述公式需要把握两点：

① 每个公式中的"□"表示变量的位置，这个位置可以是单位变量，也可以是函数；

② 公式的本质体现在公式内的函数的变量位置"□"和公式外的下标中对"□"必须是一致的，基本公式才成立并可以使用.

3.2.2 导数的四则运算法则

利用导数的定义，可以证明导数的四则运算法则.

定理 3.2　设函数 $u=u(x), v=v(x)$ 在点 x 处可导，则其和、差、积、商 $u(x)\pm v(x)$，$u(x)\cdot v(x), \dfrac{u(x)}{v(x)}(v(x)\neq 0)$ 在点 x 处可导，且有：

(1) $(u\pm v)'_x = u'_x \pm v'_x$；

(2) $(u\cdot v)'_x = u'_x \cdot v + u \cdot v'_x$；

(3) $\left(\dfrac{u}{v}\right)'_x = \dfrac{u'_x \cdot v - u \cdot v'_x}{v^2}$ $(v\neq 0)$.

推论 1　由定理 3.2(2)，当 $u(x)=c$ 时，$(c\cdot v)'_x = c\cdot v'_x$（$c$ 为常数）；

推论 2　由定理 3.2(2)，$(u\cdot v\cdot w)'_x = u'_x \cdot v\cdot w + u\cdot v'_x \cdot w + u\cdot v\cdot w'_x$；

推论 3　由定理 3.2(3)，当 $u(x)=c$ 时，$\left(\dfrac{c}{v}\right)'_x = -\dfrac{c\cdot v'_x}{v^2}$ $(v\neq 0)$.

【例 3-6】 设 $y = x^3 + \dfrac{1}{x} - \sqrt{x} + \ln 2$，求 y'_x.

解：$y'_x = \left(x^3 + \dfrac{1}{x} - \sqrt{x} + \ln 2\right)'_x$

$= (x^3)'_x + \left(\dfrac{1}{x}\right)'_x - (\sqrt{x})'_x + (\ln 2)'_x$

$= 3x^2 - \dfrac{1}{x^2} - \dfrac{1}{2\sqrt{x}}$

【例 3-7】 设 $y=\sqrt{x}\cos x+3\ln x$,求 y'_x.

解：$y'_x=(\sqrt{x}\cos x)'_x+(3\ln x)'_x$
$=(\sqrt{x})'_x\cos x+\sqrt{x}(\cos x)'_x+3(\ln x)'_x$
$=\dfrac{\cos x}{2\sqrt{x}}-\sqrt{x}\sin x+\dfrac{3}{x}$

【例 3-8】 求 $y=\cot x$ 的导数 y'_x.

解：$y'_x=(\cot x)'_x=\left(\dfrac{\cos x}{\sin x}\right)'_x=\dfrac{(\cos x)'_x\sin x-\cos x(\sin x)'_x}{\sin^2 x}$
$=\dfrac{-\sin x\cdot\sin x-\cos x\cdot\cos x}{\sin^2 x}=-\dfrac{\cos^2 x+\sin^2 x}{\sin^2 x}$
$=\dfrac{-1}{\sin^2 x}=-\csc^2 x$

即

$$(\cot x)'_x=-\dfrac{1}{\sin^2 x}=-\csc^2 x$$

用类似的方法可得

$$(\tan x)'_x=\dfrac{1}{\cos^2 x}=\sec^2 x$$

【例 3-9】 设 $f(x)=\dfrac{x\sin x}{1+\cos x}$,求 f'_x.

解：$f'_x(x)=\dfrac{(x\sin x)'_x(1+\cos x)-x\sin x(1+\cos x)'_x}{(1+\cos x)^2}$
$=\dfrac{(\sin x+x\cos x)(1+\cos x)-x\sin x(-\sin x)}{(1+\cos x)^2}$
$=\dfrac{(\sin x)(1+\cos x)+x\cos x+x\cos^2 x+x\sin^2 x}{(1+\cos x)^2}$
$=\dfrac{(\sin x)(1+\cos x)+x(1+\cos x)}{(1+\cos x)^2}=\dfrac{\sin x+x}{1+\cos x}$

3.2.3 复合函数求导法则

引例 3-3 【谣言传播的速率】

在传播学中,有这样一个规律:在一定条件下,谣言的传播符合函数关系

$$p(t)=\dfrac{1}{1+ae^{-kt}}$$

其中,$p(t)$ 是 t 时刻人群中知道此谣言的人数比例,a 和 k 为正数.

求:(1) $\lim\limits_{t\to+\infty}p(t)$;(2)找出谣言传播的速率;(3)若 $a=10,k=\dfrac{1}{2}$,且时间用小时(h)计算,画出函数 $p(t)$ 的图像,并确定需要多长时间人群中有 80% 的人知道此谣言.

预备知识：复合函数的求导公式.

我们已经掌握了导数的基本公式,清楚了导数公式的本质,关键是把握两点:第一,对谁求导;第二,公式内外变量是否一致.若一致就可用公式原形.若不一致,如何计算导数？这就涉及复合函数的导数问题.

为了便于理解复合函数的求导,我们再一次回顾求导公式的本质形式,从复合函数的求导

角度进行描述,得出复合函数的求导公式.

复合函数的求导公式

(下列公式中的 u 是 x 的函数 $u=u(x)$)

(1) 幂函数.
$(u^a)'_x = (u^a)'_u \cdot (u)'_x = au^{a-1} \cdot u'_x$ (a 为实数).

特别地:① $\left(\dfrac{1}{u}\right)'_x = \left(\dfrac{1}{u}\right)'_u \cdot u'_x = -\dfrac{1}{u^2} \cdot u'_x$;② $(\sqrt{u})'_x = (\sqrt{u})'_u \cdot u'_x = \dfrac{1}{2\sqrt{u}} \cdot u'_x$.

(2) 指数函数.
$(e^u)'_x = (e^u)'_u \cdot u'_x = e^u \cdot u'_x$.
一般地,$(a^u)'_x = (a^u)'_u \cdot u'_x = a^u \ln a \cdot u'_x$ ($a>0, a \neq 1$).

(3) 对数函数.
$(\ln u)'_x = (\ln u)'_u \cdot u'_x = \dfrac{1}{u} \cdot u'_x$.

一般地,$(\log_a u)'_x = (\log_a u)'_u \cdot u'_x = \dfrac{1}{u \ln a} \cdot u'_x$ ($a>0, a \neq 1$).

(4) 三角函数.
① $(\sin u)'_x = (\sin u)'_u \cdot u'_x = u'_x \cdot \cos u$.
② $(\cos u)'_x = (\cos u)'_u \cdot u'_x = -u'_x \cdot \sin u$.
③ $(\tan u)'_x = (\tan u)'_u \cdot u'_x = \dfrac{1}{\cos^2 u} \cdot u'_x = u'_x \cdot \sec^2 u$.
④ $(\cot u)'_x = (\cot u)'_u \cdot u'_x = -\dfrac{1}{\sin^2 u} \cdot u'_x = -u'_x \cdot \csc^2 u$.

(5) 反三角函数.
① $(\arcsin u)'_x = (\arcsin u)'_u \cdot u'_x = \dfrac{u'_x}{\sqrt{1-u^2}}$.

② $(\arccos u)'_x = (\arccos u)'_u \cdot u'_x = -\dfrac{u'_x}{\sqrt{1-u^2}}$.

③ $(\arctan u)'_x = (\arctan u)'_u \cdot u'_x = \dfrac{u'_x}{1+u^2}$.

④ $(\text{arccot } u)'_x = (\text{arccot } u)'_u \cdot u'_x = -\dfrac{u'_x}{1+u^2}$.

综合上述公式,我们给出复合函数求导法则.

定理 3.3【复合函数求导法则】 设 $y=f(u)$ 在 u 处可导,$u=\varphi(x)$ 在 x 处可导,则复合函数 $y=f[\varphi(x)]$ 在 x 处也可导,且它的导数为

$$\frac{dy}{dx} = [f(u)]'_u \cdot [\varphi(x)]'_x, \quad \text{或记为} \quad \frac{dy}{dx} = \frac{dy}{du} \cdot \frac{du}{dx}, \quad \text{或记为} \quad y'_x = y'_u \cdot u'_x.$$

复合函数求导公式的一般形式

$$y'_x = \frac{dy}{dx} = \{f(\boxed{\varphi(x)})\}'_{\boxed{\varphi(x)}} \cdot [\varphi(\boxed{x})]'_{\boxed{x}}$$

在确定了复合函数的结构后,从外到内逐层求导. 接下来,通过几个例子来说明复合函数

求导的一般方法.

【例 3-10】 求 $y=\mathrm{e}^{\sqrt{x}}$ 的导数 y'_x.

解：$y'_x = (\mathrm{e}^{\sqrt{x}})'_x$ （利用本质公式(3)知 $(\mathrm{e}^{\sqrt{x}})'_{\sqrt{x}} = \mathrm{e}^{\sqrt{x}}$）

$= (\mathrm{e}^{\sqrt{x}})'_{\sqrt{x}} \cdot (\sqrt{x})'_x$ （利用基本公式(2)的③）

$= \dfrac{1}{2\sqrt{x}} \mathrm{e}^{\sqrt{x}}$

【例 3-11】 求 $y=(2x+1)^{30}$ 的导数 y'_x.

解：$y'_x = [(2x+1)^{30}]'_x = [(2x+1)^{30}]'_{(2x+1)} \cdot (2x+1)'_x$ （利用本质公式(2)）

$= 30(2x+1)^{29} \cdot 2 = 60(2x+1)^{29}$

【例 3-12】 求 $y=\ln\cos x$ 的导数 y'_x.

解：$y'_x = (\ln\cos x)'_x = (\ln\cos x)'_{\cos x} \cdot (\cos x)'_x$ （利用本质公式(4)）

$= \dfrac{1}{\cos x} \cdot (-\sin x) = -\dfrac{\sin x}{\cos x} = -\tan x$

【例 3-13】 求 $y=\dfrac{1}{1-x^2}$ 的导数 y'_x.

解：$y'_x = \left(\dfrac{1}{1-x^2}\right)'_x = \left(\dfrac{1}{1-x^2}\right)'_{(1-x^2)} \cdot (1-x^2)'_x$ （利用本质公式(2)的②）

$= \dfrac{-1}{(1-x^2)^2} \cdot (-2x) = \dfrac{2x}{(1-x^2)^2}$

【例 3-14】 求函数 $y=\sqrt{a^2-x^2}$ 的导数 y'_x.

解：$y'_x = (\sqrt{a^2-x^2})'_x = (\sqrt{a^2-x^2})'_{(a^2-x^2)} \cdot (a^2-x^2)'_x$ （利用本质公式(2)的③）

$= \dfrac{1}{2\sqrt{a^2-x^2}} \cdot (-2x) = -\dfrac{x}{\sqrt{a^2-x^2}}$

【例 3-15】 求函数 $y=\ln|x|$ 的导数 y'_x.

解：方法 1.

当 $x>0$ 时，$y=\ln|x|=\ln x$，则 $y'_x = \dfrac{1}{x}$；

当 $x<0$ 时，$y=\ln|x|=\ln(-x)$，则

$y'_x = [\ln(-x)]'_x = [\ln(-x)]'_{-x} \cdot (-x)'_x$

$= \dfrac{1}{-x} \cdot (-1) = \dfrac{1}{x}$

所以 $y'_x = (\ln|x|)'_x = \dfrac{1}{x}$.

第3章 经济分析的基本工具——导数、微分

方法 2.

$$y'_x = (\ln|x|)'_x = (\ln\sqrt{x^2})'_x = (\ln\sqrt{x^2})'_{\sqrt{x^2}} \cdot (\sqrt{x^2})'_{x^2} \cdot (x^2)'_x$$

$$= \frac{1}{\sqrt{x^2}} \cdot \frac{1}{2\sqrt{x^2}} \cdot 2x = \frac{1}{x}$$

（利用本质公式(4)）
（利用本质公式(2)的③）

> 掌握复合函数求导方法的两个关键步骤：
> ① 确定对什么变量求导．若是对变量 x 求导，则用下标 x 来标识；若是对变量 u 求导，则用下标 u 来标识．
> ② 判别函数变量与其下标是否相同．如果相同，则应用基本（或本质）公式求导；如果不同，则应用复合函数的求导公式从外到内求导．

【例 3-16】 求下列函数的导数 y'_x．

(1) $y = e^{-x^2} + \sin\dfrac{1}{x}$；

(2) $y = \dfrac{x}{\sqrt{1+x^2}}$；

(3) $y = \cos nx \cdot \sin^n x$．

解：(1) $y'_x = \left(e^{-x^2} + \sin\dfrac{1}{x}\right)'_x$

$$= (e^{-x^2})'_x + \left(\sin\dfrac{1}{x}\right)'_x$$

$$= (e^{-x^2})'_{-x^2} \cdot (-x^2)'_x + \left(\sin\dfrac{1}{x}\right)'_{\frac{1}{x}} \cdot \left(\dfrac{1}{x}\right)'_x$$

$$= e^{-x^2}(-2x) + \left(\cos\dfrac{1}{x}\right)\left(-\dfrac{1}{x^2}\right) = -2xe^{-x^2} - \dfrac{1}{x^2}\cos\dfrac{1}{x}$$

（应用运算法则 $(u+v)'_x = u'_x + v'_x$）
（分别应用复合函数求导法则）

(2) $y'_x = \left(\dfrac{x}{\sqrt{1+x^2}}\right)'_x$

$$= \dfrac{x'_x\sqrt{1+x^2} - x(\sqrt{1+x^2})'_x}{(\sqrt{1+x^2})^2}$$

$$= \dfrac{\sqrt{1+x^2} - x(\sqrt{1+x^2})'_{(1+x^2)} \cdot (1+x^2)'_x}{1+x^2}$$

$$= \dfrac{\sqrt{1+x^2} - x\dfrac{1}{2\sqrt{1+x^2}} \cdot 2x}{1+x^2}$$

$$= \dfrac{\sqrt{1+x^2} - \dfrac{x^2}{\sqrt{1+x^2}}}{1+x^2}$$

$$= \dfrac{1}{(1+x^2)\sqrt{1+x^2}}$$

（应用运算法则 $\left(\dfrac{u}{v}\right)'_x = \dfrac{u'_x \cdot v - u \cdot v'_x}{v^2}$）
（应用复合函数求导法则）

(3) $y'_x = (\cos nx \cdot \sin^n x)'_x$
$= (\cos nx)'_x \cdot \sin^n x + \cos nx \cdot (\sin^n x)'_x$
$= (\cos nx)'_{nx} (nx)'_x \cdot \sin^n x + \cos nx \cdot (\sin^n x)'_{\sin x} \cdot (\sin x)'_x$
$= -(\sin nx) \cdot n \cdot \sin^n x + (\cos nx) \cdot n\sin^{n-1} x \cdot \cos x$
$= -n\sin nx \cdot \sin^n x + n\cos nx \sin^{n-1} x \cdot \cos x$
$= n\sin^{n-1} x(-\sin nx \cdot \sin x + \cos nx \cdot \cos x)$
$= n\sin^{n-1} x \cos(n+1)x$

应用运算法则 $(u \cdot v)'_x = u'_x \cdot v + u \cdot v'_x$

分别应用复合函数求导法则

引例 3-3 的求解

解：(1) $\lim\limits_{t \to +\infty} p(t) = \lim\limits_{t \to +\infty} \dfrac{1}{1+ae^{-kt}} = 1$ (这意味着最终所有人都将知道此谣言).

(2) $p'(t) = \left(\dfrac{1}{1+ae^{-kt}}\right)'_t = -\left(\dfrac{1}{1+ae^{-kt}}\right)'_{(1+ae^{-kt})} (1+ae^{kt})'_t$

应用复合函数求导法则

$= -\dfrac{1}{(1+ae^{-kt})^2}(-ake^{-kt})' = \dfrac{ake^{-kt}}{(1+ae^{kt})^2}$

(3) 把 $p=0.8, a=10, k=\dfrac{1}{2}$，代入 $p(t) = \dfrac{1}{1+ae^{-kt}}$

得
$$0.8 = \dfrac{1}{1+10e^{-\frac{1}{2}t}}$$

则
$$1+10e^{-\frac{1}{2}t} = 1.25$$
$$10e^{-\frac{1}{2}t} = 0.25$$

两边取对数，$-\dfrac{1}{2}t = \ln 0.025$.

解得 $t = \ln 1600 \approx 7.38$(h).

$a=10, k=5, p(t)$ 的图形如图 3-7 所示，这条曲线也称为 Logistic 曲线.

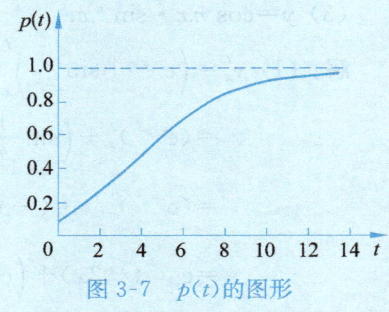

图 3-7 $p(t)$ 的图形

3.2.4 隐函数求导法

引例 3-4 【海面上油层的扩散问题】

从一艘破裂的油轮中渗漏出来的油在海面上逐渐扩散形成油层. 设在扩散的过程中，油层的形状一直是一个厚度均匀的膜状圆柱体，其体积也始终保持不变. 已知油层的厚度 h 的减少率与 h^3 成正比，试证明其半径 r 的增加率与 r^3 成反比.

预备知识：隐函数求导法.

如果变量 x, y 之间的函数关系 $y = y(x)$ 是由方程 $F(x,y) = 0$ 确定的，则称函数 $y = y(x)$ 为由方程 $F(x,y) = 0$ 确定的隐函数. 下面介绍隐函数的求导方法.

1. 隐函数求导法

方程 $F(x,y) = 0$ 两边对 x 求导，遇到含有 y 的项，把 y 看作中间变量，先对 y 求导，再乘

以 y 对 x 的导数 y'_x,得到一个含有 y'_x 的方程,从中解出 y'_x 即可.

【例 3-17】 求由单位圆的方程 $x^2+y^2=1$ 确定的隐函数 $y=y(x)$ 的导数 y'_x,并求在点 $\left(\frac{\sqrt{2}}{2},\frac{\sqrt{2}}{2}\right)$ 处的切线方程.

解:(1) 方程两边对 x 求导,得
$$(x^2)'_x+(y^2)'_x=1'_x$$
$$2x+(y^2)'_y\cdot y'_x=1'_x$$
$$2x+2yy'_x=0$$

解得 $y'_x=-\dfrac{x}{y}$.

(2) 切线的斜率为
$$k=y'_x\bigg|_{\left(\frac{\sqrt{2}}{2},\frac{\sqrt{2}}{2}\right)}=-1$$

(3) 由点斜式给出切线方程
$$y-\frac{\sqrt{2}}{2}=-\left(x-\frac{\sqrt{2}}{2}\right)$$
$$x+y=\sqrt{2}$$

【思考题】 例 3-17 中的曲线和切线的图像是怎样的?

【例 3-18】 求由方程 $x\ln y+y\ln x=0$ 确定的隐函数的导数 y'_x.

解:方程两边对 x 求导,得
$$x'_x\ln y+x(\ln y)'_x+y'_x\ln x+y(\ln x)'_x=0$$
$$\ln y+x(\ln y)'_y\cdot y'_x+y'_x\ln x+y\frac{1}{x}=0$$
$$\ln y+x\cdot\frac{1}{y}y'_x+y'_x\ln x+y\cdot\frac{1}{x}=0$$

解出 y'_x,得
$$y'_x=-\frac{y^2+xy\ln y}{x^2+xy\ln x}$$

引例 3-4 的分析和证明

分析:由条件知油层的体积 $V=\pi r^2h$,半径 r 和厚度 h 均为时间 t 的函数,即 $r=r(t)$,$h=h(t)$.在等式 $V=\pi r^2h$ 两边同时对 t 求导,由于 π 和 V 都是常数,所以有
$$2rh\frac{\mathrm{d}r}{\mathrm{d}t}+r^2\frac{\mathrm{d}h}{\mathrm{d}t}=0$$

证明:将条件 $\dfrac{\mathrm{d}h}{\mathrm{d}t}=-k_1h^3$ 代入上式,可得
$$\frac{\mathrm{d}r}{\mathrm{d}t}=-\frac{r}{2h}\cdot\frac{\mathrm{d}h}{\mathrm{d}t}=-\frac{r}{2h}(-k_1h^3)=\frac{k_1rh^2}{2}$$

再将 $h=\dfrac{V}{\pi r^2}$ 代入上式,又可得
$$\frac{\mathrm{d}r}{\mathrm{d}t}=\frac{k_1rh^2}{2}=\frac{k_1r}{2}\left(\frac{V}{\pi r^2}\right)^2=\frac{k_1V^2}{2\pi^2r^3}=\frac{k_2}{r^3}\quad\left(k_2=\frac{k_1V^2}{2\pi^2}\right)$$

即半径 r 的增加率与 r^3 成反比.

【例 3-19】 求曲线 $x^2+xy+y^2=4$ 在点 $(2,-2)$ 处的切线方程.

解：(1) 找切点,已知曲线的切点为 $(2,-2)$;

(2) 求切线的斜率,方程两边对 x 求导,得
$$(x^2)'_x + (xy)'_x + (y^2)'_x = 4'_x$$
$$(x^2)'_x + x'_x y + xy'_x + (y^2)'_y \cdot y'_x = 0$$
$$2x + y + xy'_x + 2yy'_x = 0$$

解出 y'_x,得
$$y'_x = -\frac{2x+y}{x+2y}$$

则切线的斜率为
$$k = y'_x |_{(2,-2)} = 1$$

(3) 求切线,在点 $(2,-2)$ 处的切线方程是
$$y-(-2) = 1 \cdot (x-2)$$

即
$$y-x+4=0$$

2. 幂指函数的取对数求导法

通常将形如 $y = u(x)^{v(x)}$ 的函数称为幂指函数.不能直接利用公式及运算法则求出这类函数的导数.还有另一类因子之幂的连乘积的函数,直接求导很烦琐.对这两类函数,可以利用对数的性质将其化简,先将函数两边取以 e 为底的对数,转化成隐函数形式,然后用隐函数求导方法求出导数,这种方法称为取对数求导法.现举例说明.

【例 3-20】 求函数 $y = x^x$ 的导数 y'_x.

解：函数 $y = x^x$ 为形如 $y = u(x)^{v(x)}$ 的幂指函数.先将函数两边取以 e 为底的对数,得
$$\ln y = x \ln x$$

两边对 x 求导,得
$$(\ln y)'_y \cdot y'_x = x' \ln x + x (\ln x)'_x$$
$$\frac{1}{y} y'_x = \ln x + x \cdot \frac{1}{x}$$

即有
$$y'_x = y(\ln x + 1) = x^x (\ln x + 1).$$

【例 3-21】 求 $y = \sqrt{\dfrac{(x-1)(x-2)}{x-3}}$ 的导数 y'_x.

解：若直接求导计算过程较烦琐,则先取以 e 为底的对数并化简,得
$$\ln y = \frac{1}{2} [\ln(x-1) + \ln(x-2) - \ln(x-3)]$$

两边同时对 x 求导,得
$$(\ln y)'_x = \frac{1}{2} \{ [\ln(x-1)]'_x + [\ln(x-2)]'_x - [\ln(x-3)]'_x \}$$
$$(\ln y)'_y \cdot y'_x = \frac{1}{2} \{ [\ln(x-1)]'_{(x-1)} \cdot (x-1)'_x + [\ln(x-2)]'_{(x-2)} \cdot (x-2)'_x$$
$$- [\ln(x-3)]'_{(x-3)} \cdot (x-3)'_x \}$$
$$\frac{1}{y} y'_x = \frac{1}{2} \left(\frac{1}{x-1} + \frac{1}{x-2} - \frac{1}{x-3} \right)$$

第 3 章 经济分析的基本工具——导数、微分

$$y'_x = \frac{1}{2} y \left(\frac{1}{x-1} + \frac{1}{x-2} - \frac{1}{x-3} \right)$$

因此

$$y'_x = \frac{1}{2} \sqrt{\frac{(x-1)(x-2)}{x-3}} \left(\frac{1}{x-1} + \frac{1}{x-2} - \frac{1}{x-3} \right)$$

3.2.5 高阶导数

1. 二阶导数

定义 3.3【二阶导数】 若函数 $y=f(x)$ 的一阶导数 $y'=f'(x)$ 在 x 处也可导，则将一阶导数 $f'(x)$ 的导数 $[f'(x)]'$ 称为函数 $y=f(x)$ 的二阶导数. 记为

$$f''(x) \quad \text{或} \quad y'' \quad \text{或} \quad \frac{d^2 y}{dx^2} \quad \text{或} \quad \frac{d^2 f}{dx^2}$$

即

$$y''=(y')' \quad \text{或} \quad \frac{d^2 y}{dx^2} = \frac{d}{dx}\left(\frac{dy}{dx}\right)$$

【例 3-22】 设 $f(x) = x^4 - 3x^3 + 2x^2 + x - 1$，求 $f''(x)$.

解：因为

$$f'(x) = 4x^3 - 9x^2 + 4x + 1$$

所以

$$f''(x) = 12x^2 - 18x + 4$$

【思考题】 $f''(x_0)$ 与 $[f'(x_0)]'$ 是否相等？

【例 3-23】 设 $y = e^{-x^2}$，求 y''.

解：因为

$$y'_x = (e^{-x^2})'_x = (e^{-x^2})'_{-x^2} \cdot (-x^2)'_x \quad \text{（复合函数求导）}$$
$$= -2x e^{-x^2}$$

所以

$$y'_x = (-2x e^{-x^2})'_x = (-2x)'_x \cdot e^{-x^2} - 2x(e^{-x^2})'_x \quad \text{（四则运算和复合函数混合）}$$
$$= -2 e^{-x^2} + (-2x) \cdot (-2x e^{-x^2})$$
$$= 2 e^{-x^2}(2x^2 - 1)$$

2. n 阶导数

定义 3.4【n 阶导数】 若函数 $y=f(x)$ 的 $n-1$ 阶导数仍在 x 处可导，则 $f(x)$ 的 $n-1$ 阶导数的导数称为 $f(x)$ 的 n 阶导数（$n=3,4,\cdots,n-1,n$）分别记为

$$f'''(x), f^{(4)}(x), \cdots, f^{(n-1)}(x), f^{(n)}(x)$$

或

$$y''', y^{(4)}, \cdots, y^{(n-1)}, y^{(n)}$$

或

$$\frac{d^3 y}{dx^3}, \frac{d^4 y}{dx^4}, \cdots, \frac{d^{n-1} y}{dx^{n-1}}, \frac{d^n y}{dx^n}$$

【注】 二阶及二阶以上的导数称为高阶导数.

【例 3-24】 设 $f(x) = x^2 \ln x$，求 $f'''(2)$.

解：因为
$$f'(x) = 2x\ln x + x$$
$$f''(x) = 2\ln x + 3$$
$$f'''(x) = \frac{2}{x}$$
所以
$$f'''(2) = 1$$

【例 3-25】 设 $y = x^n, y = e^x$，求 $y^{(n)}$.

解：因为 $y = x^n, y' = nx^{n-1}, y'' = n(n-1)x^{n-2}, \cdots$，一般地，$y^{(n)} = n!$；
因为 $y = e^x, y' = (e^x)' = e^x, y'' = (y')' = e^x, \cdots$，一般地，$y^{(n)} = e^x$.

【例 3-26】 设 $y = \ln(1+x)$，求 $y^{(n)}$.

解：因为
$$y' = \frac{1}{1+x} = (1+x)^{-1}$$
$$y'' = -(1+x)^{-2}$$
$$y''' = 2(1+x)^{-3}$$
$$y^{(4)} = -2 \cdot 3(1+x)^{-4} = -3!\ (1+x)^{-4} = (-1)^{4-1}(4-1)!\ (1+x)^{-4}$$
$$y^{(5)} = 2 \cdot 3 \cdot 4(1+x)^{-5} = 4!\ (1+x)^{-5} = (-1)^{5-1}(5-1)!\ (1+x)^{-5}$$
……

所以
$$y^{(n)} = (-1)^{n-1}(n-1)!\ (1+x)^{-n}$$

3.2.6　反函数的导数

指数函数和对数函数，三角函数和反三角函数都互为反函数，它们的导数之间存在什么关系呢？我们先看一个简单的例子，设 $y = 2x - 1$，则
$$y'_x = 2$$
而 $y = 2x - 1$ 的直接反函数是 $x = \frac{y+1}{2}$，这里的 y 是自变量，x 是 y 的函数。$y = 2x - 1$ 的直接反函数 $x = \frac{y+1}{2}$ 对 y 求导，得
$$x'_y = \frac{1}{2}$$

在这里我们得到 $y'_x = \frac{1}{x'_y}$.

一般地，设函数 $y = f(x)$ 在点 x 处有不等于 0 的导数 $f'(x)$，并且其直接反函数 $x = \varphi(y)$ 在相应点处连续，则反函数的导数 $\varphi'(y)$ 存在，并且有

反函数的导数公式
$$\varphi'(y) = \frac{1}{f'(x)} \quad \text{或} \quad x'_y = \frac{1}{y'_x}$$

【例 3-27】 利用反函数的导数公式，证明 $(\ln x)' = \frac{1}{x}$.

证明：对数函数 $y=\ln x$ 与指数函数 $x=e^y$ 互为反函数，而
$$x'_y=(e^y)'_y=e^y$$
根据反函数的导数公式 $y'_x=\dfrac{1}{x'_y}=\dfrac{1}{e^y}=\dfrac{1}{x}$，得
$$(\ln x)'=\dfrac{1}{x}$$

【能力训练 3.2】

1. 求下列函数的导数 $\dfrac{dy}{dx}$ 及其在 $x=1$ 点处的导数值 $\dfrac{dy}{dx}\Big|_{x=1}$.

(1) $y=x$；　　　　　　　　(2) $y=\sqrt{x}$；

(3) $y=\dfrac{1}{x}$；　　　　　　　(4) $y=\dfrac{1}{\sqrt{x}}$.

2. 求下列函数的导数 y'_x.

(1) $y=x^3+\dfrac{1}{x^3}$；　　　　　(2) $y=\sqrt{x}+\cos x-5$；

(3) $y=x\sin x-\dfrac{1}{2}\cos x$；　　(4) $y=x^2(\ln x+\sqrt{x})$；

(5) $y=x\cdot e^x\cdot \sin x$；　　　　(6) $y=\dfrac{\tan x}{x}$；

(7) $y=\dfrac{2x}{1-x^2}$；　　　　　(8) $y=\dfrac{1}{x+\sin x}$.

3. 填空题.

(1) $(e^{-x})'_{-x}=(\ \ )$，$(e^{-x})'_x=(\ \ )'_{(\ )}\cdot(\ \ )'_{(\ )}$；

(2) $(\ln 2x)'_x=(\ \ )'_{(\ )}\cdot(\ \ )'_{(\ )}=(\ \ )$；

(3) $(\cos 3x)'_{3x}=(\ \ )$，$(\cos 3x)'_x=(\ \ )'_{(\ )}\cdot(\ \ )'_{(\ )}$；

(4) $(e^{x^2})'_{x^2}=(\ \ )$，$(e^{x^2})'_x=(\ \ )'_{(\ )}\cdot(\ \ )'_{(\ )}$；

(5) $(\sin^4 x)'_x=(\sin^4 x)'_{(\ )}\cdot(\sin x)'_{(\ )}=4\sin^3 x\cdot\cos x$.

4. 求下列函数的导数 y'_x.

(1) $y=(2x-5)^3$；　　　　　(2) $y=\sin x^2$；

(3) $y=\sqrt{1+x^2}$；　　　　　(4) $y=\cos^3 x$；

(5) $y=\dfrac{1}{1+2x}$；　　　　　(6) $y=\dfrac{1}{\sqrt{3x+1}}$；

(7) $y=\ln\sin x$；　　　　　　(8) $y=e^{\sqrt{x}}$.

5. 求下列函数的导数 y'_x.

(1) $y=e^{x^2}+e^{-2x}$；　　　　(2) $y=x^2\cos\dfrac{1}{x}$；

(3) $y=\sin 2x\cdot\cos^2 x$；　　　(4) $y=\sin^2 x+\sin x^2$；

(5) $y=\dfrac{x}{\sqrt{1-x^2}}$；　　　　(6) $y=e^{\cos\frac{1}{x}}$；

(7) $y=\ln(\ln(\ln x))$；　　　　(8) $y=\sin^2(1+x^2)$；

(9) $y=\sqrt{x+\ln^2 x}$; (10) $y=\ln(x+\sqrt{a+x^2})$.

6. 求下列隐函数的导数 y'_x.

(1) $x+xy-y^2=0$; (2) $y^2=2px$;

(3) $y=1-e^y \cdot x$; (4) $\dfrac{x^2}{4}+\dfrac{y^2}{9}=1$;

(5) $\sin y+e^x-xy^2=0$.

7. 用对数求导法求下列函数的导数 y'_x.

(1) $y=x\sqrt{\dfrac{1-x}{1+x}}$; (2) $y=(\ln x)^x$;

(3) $y=\left(\dfrac{2x+1}{2x-3}\right)^x$; (4) $x^y=y^x$.

8. 求下列函数的二阶导数.

(1) $y=x^3+3x^2+2$; (2) $y=4x^2+\ln x$;

(3) $y=\sin x+\cos x$; (4) $y=x\sin x$;

(5) $y=\ln(1-x^2)$; (6) $y=e^{-x}+e^x$.

9. 求下列函数的高阶导数或指定点的高阶导数.

(1) $y=xe^x$, 求 $y^{(n)}$; (2) $y=\ln(1+x)$, 求 $y^{(4)}$;

(3) $y=x\cos x$, 求 $y'''(0)$; (4) $y=e^{2x}$, 求 $y^{(n)}$.

10. 在同一个坐标系里, 画出下列函数及其导数的图像.

(1) $y=x^2, y'=2x, y''=2$; (2) $y=\ln x, y'=\dfrac{1}{x}, y''=-\dfrac{1}{x^2}$.

3.3 微分及其计算

3.3.1 微分的定义及其计算

> **引例 3-5** 【金属薄片的面积的变化量】
> 设正方形的金属薄片受热或遇冷后边长由 x_0 变到 $x_0+\Delta x$, 问它的面积变化为多少? 如何近似表示面积的变化?
> **预备知识**: 微分的定义, 微分的计算.

1. 微分的定义

由前面的讨论可知, 导数记号 $\dfrac{dy}{dx}$ 被看成一个完整的符号, 而不是两个量的比值. 本节将介绍在微分的意义下, 导数 $\dfrac{dy}{dx}$ 可理解为微分之商.

定义 3.5【微分】 设函数 $f(x)$ 可导, 对自变量 x 取增量 Δx.

(1) 规定: 自变量的微分 dx 就是自变量的增量 Δx, 即 $dx=\Delta x$;

(2) 函数的微分 dy 或 $df(x)$ 定义为导数 $f'(x)$ 与 dx 的乘积, 即

$$dy=f'(x)dx \quad \text{或} \quad df(x)=f'(x)dx$$

【注】【导数另一种解释】 由微分公式 $dy=f'(x)\cdot dx$ 可得 $\dfrac{dy}{dx}=f'(x)$,说明函数的导数 $f'(x)$ 是函数的微分 dy 与自变量的微分 dx 之商,因此导数又称微商,可以说导数是微分的系数.

2. 微分的计算

(1) $y=f(x)$ 在点 x_0 处的微分(简称点微分).

由微分定义可知,如果函数 $y=f(x)$ 在点 x_0 处具有导数 $f'(x_0)$,对于自变量 x 的增量 Δx,函数 $y=f(x)$ 在点 x_0 处的微分记作 $dy|_{x=x_0}$ 或 $df(x_0)$,即

$$dy\Big|_{x=x_0}=df(x_0)=f'(x_0)\Delta x \tag{3-1}$$

引例 3-5 的分析

分析:事实上,金属薄片的原面积 $A_0=x_0^2$,当金属受热或遇冷后面积 $A_1=(x_0+\Delta x)^2$,面积的变化量为

$$\Delta A=(x_0+\Delta x)^2-x_0^2=2x_0\Delta x+(\Delta x)^2$$
$$\approx 2x_0\Delta x=dy$$

ΔA 近似表示为 dy,如图 3-8 所示. 面积的变化量 ΔA 主要由 $2x_0\Delta x$ 确定,而其近似值 $2x_0\Delta x$ 就是函数 $A=x^2$ 在 x_0 处的微分.

【注】 微分的几何意义.

取定 x_0 及 Δx,以及曲线 $y=f(x)$ 上的两点 $M_0(x_0,f(x_0))$ 和 $M_1(x_0+\Delta x,f(x_0+\Delta x))$,则过点 M_0 作曲线的切线 M_0T 的方程为 $y-f(x_0)=f'(x_0)(x-x_0)$. 由图 3-9 可得,$PN=\tan\alpha\cdot\Delta x=f'(x_0)dx=dy$,即 $dy=PN$. 因此在几何上,dy 表示函数 $y=f(x)$ 的增量 Δy. 在微分意义下,曲线段 M_0M_1 由直线 M_0P 来近似表示.

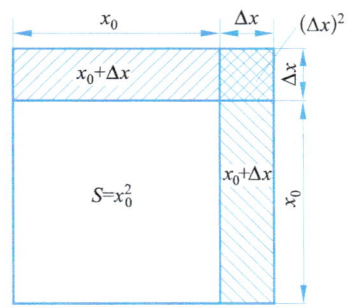

图 3-8 ΔA 近似表示为 dy

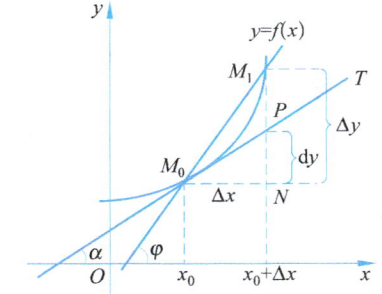

图 3-9 微分的几何意义

【例 3-28】 设函数 $y=x^2$,求:①当 $\Delta x=0.01$ 时,该函数在 $x_0=1$ 处的改变量 Δy;②微分.

解:① 当 $\Delta x=0.01$ 时,该函数在 $x_0=1$ 处的改变量为
$$\Delta y=f(1+0.01)-f(1)=(1+0.01)^2-1^2$$
$$=1.0201-1=0.0201$$

② 由式(3-1)得
$$dy\Big|_{\substack{x=1\\ \Delta x=0.01}}=f'(1)\Delta x=2x|_{x=1}\cdot 0.01=0.02$$

(2) 函数 $y=f(x)$ 在任意点的微分(简称函数的微分).

由微分定义可知,函数 $y=f(x)$ 的微分 dy 或 $df(x)$ 可用以下两种方法来计算.

> 第一种方法:先计算函数的导数 $y'_x=f'_x(x)$,再表示 $dy=f'_x(x)dx$;
>
> 第二种方法:直接计算 $d[f(x)]=[f(x)]'_x dx$. 从运算模式来看微分
> $$d[\boxed{f(x)}]=[\boxed{f(x)}]'_x dx$$

【例 3-29】 设 $y=x^3+3^x-\ln x+3^3+\ln 3$,求 dy.

解:用第一种方法求解,

因为
$$y'_x=(x^3+3^x-\ln x+3^3+\ln 3)'_x=3x^2+3^x\ln 3-\frac{1}{x}$$

所以
$$dy=y'_x dx=\left(3x^2+3^x\ln 3-\frac{1}{x}\right)dx$$

用第二种方法求解,
$$\begin{aligned}dy&=d(x^3+3^x-\ln x+3^3+\ln 3)\\&=(x^3+3^x-\ln x+3^3+\ln 3)'_x dx\\&=\left(3x^2+3^x\ln 3-\frac{1}{x}\right)dx\end{aligned}$$

【例 3-30】 设 $y=x^2\sin x$,求 dy.

解:用第一种方法求解,

因为
$$y'_x=(x^2\sin x)'_x=2x\sin x+x^2\cos x$$

所以
$$dy=y'_x dx=(2x\sin x+x^2\cos x)dx$$

用第二种方法求解,
$$\begin{aligned}dy&=d(x^2\sin x)=(x^2\sin x)'_x dx\\&=(2x\sin x+x^2\cos x)dx\end{aligned}$$

【例 3-31】 在下列等式的括号中填入适当的函数.

(1) $d(x^2+1)=($ $)dx$;

(2) $xdx=($ $)d(x^2+1)$;

(3) $d($ $)=\sin x dx$.

解:(1) 因为 $d(x^2+1)=(x^2+1)'_x dx=2xdx$,所以 $d(x^2+1)=(2x)dx$;

(2) 由于 $d(x^2+1)=2xdx$,对比等式左端可知,括号中应填 $\frac{1}{2}$,即
$$xdx=\left(\frac{1}{2}\right)d(x^2+1)$$

(3) 由于 $d(\cos x)=-\sin x dx$,对比等式左端可知
$$d(-\cos x)=\sin x dx$$

又因为 $C'=0$,因此

$$d(-\cos x + C) = \sin x dx$$

【例 3-32】 设 $y = \ln(1-x^2)$，求 dy.

解：用第一种方法求解，

因为
$$y'_x = [\ln(1-x^2)]'_x = [\ln(1-x^2)]'_{(1-x^2)} \cdot (1-x^2)'_x$$
$$= \frac{1}{1-x^2}(-2x) = \frac{-2x}{1-x^2}$$

所以
$$dy = y'_x dx = \frac{-2x}{1-x^2} dx$$

用第二种方法求解，
$$dy = d[\ln(1-x^2)] = [\ln(1-x^2)]'_x dx$$
$$= [\ln(1-x^2)]'_{(1-x^2)} \cdot (1-x^2)'_x dx$$
$$= \frac{1}{1-x^2}(-2x)dx = \frac{-2x}{1-x^2} dx$$

【注1】【微分法】 常把求导和求微分称为**微分运算**，称计算函数微分的方法为**微分法**.

【注2】【引进微分是多余的吗】 虽然可微与可导是等价的，但是引进微分并不是多余的. 这是因为，从定义可知，微分 $f'(x_0)\Delta x$ 可近似表示函数的增量 Δy，比直接计算 Δy 要方便和快捷；在积分学中，微分是表达"以直代曲"基本思想的基础，也是表达和计算不定积分的重要工具.

*3.3.2 微分的近似计算

设函数 $y = f(x)$ 在点 x_0 处可导且导数 $f'(x_0) \neq 0$，当 $|\Delta x|$ 很小时，有近似公式
$$\Delta y \approx dy$$

即函数 $y = f(x)$ 在点 x_0 处增量 Δy 的近似公式为 $f(x_0 + \Delta x) - f(x_0) \approx f'(x_0)\Delta x$，函数值 $f(x_0 + \Delta x)$ 的近似公式为 $f(x_0 + \Delta x) \approx f(x_0) + f'(x_0)\Delta x$.

在上式中，令 $x = x_0 + \Delta x$，则 $\Delta x = x - x_0$，于是
$$f(x) \approx f(x_0) + f'(x_0)(x - x_0)$$

当令 $x_0 = 0$ 时，假定 $|x|$ 是较小的数，则有函数 $f(x)$ 的近似公式 $f(x) \approx f(0) + f'(0) \cdot x$（$|x|$ 较小时）.

应用上式容易推导出如下结果.

常用的近似公式（假定 $|x|$ 是较小的数）

(1) $e^x \approx 1 + x$；

(2) $\ln(1+x) \approx x$；

(3) $\sqrt{1+x} \approx 1 + \frac{1}{2}x$；

(4) $\sin x \approx x$（x 用弧度表示）；

(5) $\tan x \approx x$（x 用弧度表示）.

【思考题】 $\Delta y \approx dy$ 成立的条件是什么？

【例 3-33】 求 $\sqrt[4]{1.02}$ 的近似值.

解：根据函数值 $f(x_0+\Delta x)$ 的近似公式，令 $f(x)=\sqrt[4]{x}$，则有 $x=1.02$，令 $x_0=1$，$\Delta x=0.02$，则

$$f(x_0+\Delta x)=\sqrt[4]{1.02}, \quad f(x_0)=f(1)=1,$$

$$f'(x)=(\sqrt[4]{x})'_x=(x^{\frac{1}{4}})'_x=\frac{1}{4}x^{-\frac{3}{4}}=\frac{1}{4\sqrt[4]{x^3}}, \quad f'(x_0)=f'(1)=\frac{1}{4}$$

因为

$$f(x_0+\Delta x)\approx f(x_0)+f'(x_0)\Delta x$$

所以

$$\sqrt[4]{1.02}=f(1+0.02)\approx f(1)+f'(1)\times 0.02$$
$$=1+\frac{1}{4}\times 0.02=1.005$$

【例 3-34】【气球的体积近似值】 一个充满气的气球半径为 5m，升空后，因外部气压降低，气球的半径增大了 10cm，问气球的体积近似增加多少？

解：气球的体积为 $V=\frac{4}{3}\pi r^3$，当半径 r 由 5m 增加到 $(5+0.1)$m 时，体积的增量为 ΔV. 根据函数增量 Δy 的近似公式 $\Delta V\approx dV$.

而 $dV=V'\Delta r=4\pi r^2\Delta r$，即 $\Delta V\approx dV=4\pi r^2\Delta r$，此处 $\Delta r=0.1$m，$r=5$m，代入上式得体积近似增加值

$$\Delta V\approx 4\times 3.14\times 5^2\times 0.1=31.4(\text{m}^3)$$

【能力训练 3.3】

1. 求下列函数的微分 dy.

(1) $y=\frac{1}{x}+2\sqrt{x}$； (2) $y=x\ln x$；

(3) $y=\frac{x}{1+x}$； (4) $y=e^x\sin 2x$；

(5) $y=\frac{1}{\sqrt{1+x^2}}$； (6) $y=[\ln(1-2x)]^2$.

2. 将适当的函数填入下列括号内，使等式成立.

(1) $d(\quad)=2dx$； (2) $d(\quad)=xdx$；

(3) $d(\quad)=\frac{1}{\sqrt{x}}dx$； (4) $d(\quad)=\frac{1}{x^2}dx$；

(5) $d(\quad)=2^x dx$； (6) $d(\quad)=2(x+1)dx$.

3. 利用微分的近似计算公式，求下列各式的近似值（保留 3 位小数）.

(1) $e^{1.01}$； (2) $\sqrt[3]{998}$； (3) $\sin 29°$.

4. 设扇形的圆心角 $\alpha=60°$，半径 $R=100$cm. 问：

(1) 如果 R 不变，α 减小 $30'$，那么扇形的面积大约改变多少？

(2) 如果 α 不变，R 增大 1cm，那么扇形的面积大约改变多少？

5.【钟摆的周期缩短】一个机械挂钟的钟摆的周期为 1s,在冬季,摆长因热胀冷缩而缩短了 0.01cm,已知钟摆的周期为 $T=2\pi\sqrt{\dfrac{l}{g}}$,其中 $g=980\text{cm/s}^2$. 问:(1)钟摆的周期缩短了多少?(2)这个钟每天大约快了多少?

3.4 二元函数的偏导数

3.4.1 空间直角坐标系与二元函数

1. 空间直角坐标系的建立

将数轴(一维)、平面直角坐标系(二维)进一步推广建立空间直角坐标系(三维).

(1)坐标轴.

过平面直角坐标系 Oxy 的原点 O 作一条垂直于 Oxy 平面的数轴——z 轴. x 轴(横轴)、y 轴(纵轴)和 z 轴(竖轴)都以点 O 为原点,且具有相同的长度单位.

在建立空间直角坐标系时,通常将 x 轴(横轴)、y 轴(纵轴)安排在水平位置,而将 z 轴(竖轴)放在铅直方向上.

(2)右手系.

3 个坐标轴方向由右手法则确定:用右手握住 z 轴,当右手的 4 个手指从正向 x 轴以 $\dfrac{\pi}{2}$ 角度转向正向 y 轴时,大拇指的指向就是 z 轴的正向,如图 3-10 所示.

(3)坐标平面.

空间直角坐标系的任意两条坐标轴确定的平面称为坐标平面. 由 x 轴与 y 轴确定的平面称为 xOy 坐标面. 类似地,有 yOz 坐标面和 zOx 坐标面. 3 个两两相互垂直的坐标平面把空间分成 8 个部分,每一部分称为一个卦限. 8 个卦限分别用 Ⅰ、Ⅱ、Ⅲ、…、Ⅷ 表示,如图 3-11 所示.

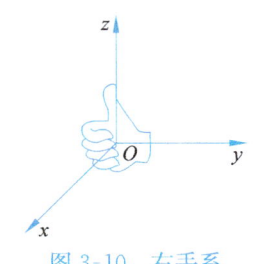

图 3-10　右手系

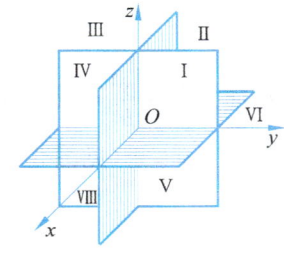

图 3-11　坐标平面

(4)空间点的坐标.

空间任意一点 M 和一个三元有序实数组 (x,y,z) 之间建立了一一对应关系,空间内任意点 M 的坐标记为 $M(x,y,z)$. 有序数组 (x,y,z) 称为点的坐标. x、y、z 分别称为点的横坐标、纵坐标、竖坐标.

【例 3-35】 指出下列各点所在卦限:$(1,-3,4),(-2,1,-1),(-2,-1,3)$.

解:点 $(1,-3,4)$ 在第四卦限,点 $(-2,1,-1)$ 在第六卦限,点 $(-2,-1,3)$ 在第三卦限.

2. 空间曲面介绍

（1）两点间距离公式．

设空间任意两点 $M_1(x_1,y_1,z_1)$、$M_2(x_2,y_2,z_2)$，则两点间距离公式为
$$|M_1M_2|=\sqrt{(x_1-x_2)^2+(y_1-y_2)^2+(z_1-z_2)^2}$$
特别地，空间任意点 $M(x,y,z)$ 与原点 $O(0,0,0)$ 的距离 $|OM|=\sqrt{x^2+y^2+z^2}$．

（2）球面．

设球心为 $P_0(x_0,y_0,z_0)$，球半径为 R，在球面上任取一点 $P(x,y,z)$，根据两点间距离公式则该球面的方程为
$$(x-x_0)^2+(y-y_0)^2+(z-z_0)^2=R^2$$
特别地，球心在原点 $O(0,0,0)$，半径为 R 的球面方程为 $x^2+y^2+z^2=R^2$．

（3）柱面．

动直线 L 沿已知曲线 C 平行移动所形成的曲面称为**柱面**，其中 L 称为柱面的**母线**，C 称为柱面的**准线**．设准线是 xOy 平面内的曲线 C，对应方程为 $F(x,y)=0$，母线 L 平行于 z 轴的柱面方程为 $F(x,y)=0$．如图 3-12 所示．

准线是二次曲线的柱面称为**二次柱面**．常见的二次柱面有以下几种．

① 椭圆柱面 $\dfrac{x^2}{a^2}+\dfrac{y^2}{b^2}=1$（见图 3-13）．

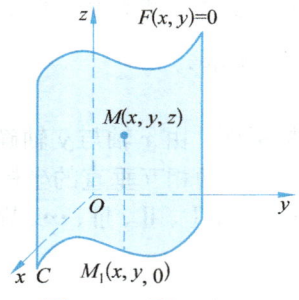

图 3-12　$F(x,y)=0$

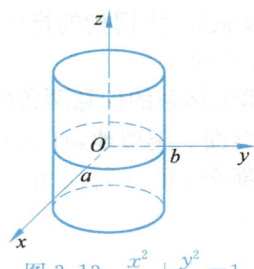

图 3-13　$\dfrac{x^2}{a^2}+\dfrac{y^2}{b^2}=1$

② 双曲柱面 $\dfrac{x^2}{a^2}-\dfrac{y^2}{b^2}=1$（见图 3-14）．

③ 抛物柱面 $y=x^2$（见图 3-15）．

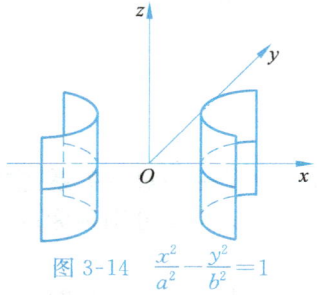

图 3-14　$\dfrac{x^2}{a^2}-\dfrac{y^2}{b^2}=1$

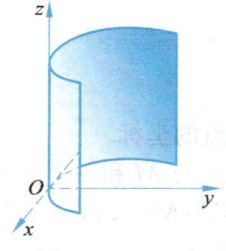

图 3-15　$y=x^2$

【例 3-36】 指出下列方程在平面直角坐标系和空间直角坐标系中所表示的图形。

（1）$x^2+y^2=1$；　　（2）$x^2-y^2=1$；　　（3）$y^2=2px(p>0)$．

解：(1) 方程 $x^2+y^2=1$ 在平面表示单位圆周方程,在空间表示圆柱面;

(2) 方程 $x^2-y^2=1$ 在平面表示双曲线,在空间表示双曲柱面;

(3) 方程 $y^2=2px(p>0)$ 在平面表示抛物线,在空间表示抛物柱面.

3. 二元函数

【**例 3-37**】 圆柱体的体积 V 和它的底半径 r、高 h 之间的关系是
$$V=\pi r^2 h$$
这里,V 随着 r 和 h 的变化而变化,当 r、h 在一定范围内($r>0,h>0$)取定一组值时,V 的对应值就随之确定.

定义 3.6 设有三个变量 x、y 和 z,当变量 x、y 在一定范围内任意取定一对数值时,变量 z 按照一定的规律 f 总有确定的数值与它们对应,则称 z 是 x、y 的二元函数记为
$$z=f(x,y)$$
其中,x,y 称为自变量,z 称为因变量.自变量 x、y 的取值范围称为函数的定义域,常用字母 D 来表示.

二元函数在点 (x_0,y_0) 处的函数值记为 $z\Big|_{\substack{x=x_0\\y=y_0}}$,或 $z\Big|_{(x_0,y_0)}$,或 $f(x_0,y_0)$.

研究二元函数,就要利用空间直角坐标系.二元函数的定义域比较复杂,可以是整个 Oxy 坐标平面,也可是 Oxy 坐标平面上的一条曲线或平面的某部分等.二元函数的图形是空间曲面.例如,$z=x^2+y^2$ 表示旋转抛物面.

【**例 3-38**】 设 $f(x,y)=x^2+xy+y^2$,求 $f(1,2)$.

解：$f(1,2)=1^2+1\times 2+2^2=7$.

【**例 3-39**】 求下列函数 $z=f(x,y)$ 的定义域,并画出定义域的图形.

(1) $z=\sqrt{R^2-x^2-y^2}$;

(2) $z=\ln(x+y)$;

(3) $z=\sqrt{4-x^2-y^2}\ln(x^2+y^2-1)$.

解：(1) 由 $R^2-x^2-y^2\geqslant 0$ 得 $x^2+y^2\leqslant R^2$,则定义域为 $D=\{(x,y)|x^2+y^2\leqslant R^2\}$,如图 3-16 所示.

(2) 函数 z 必须满足 $x+y>0$,则定义域为 $D=\{(x,y)|x+y>0\}$,如图 3-17 所示.

(3) 由 $\begin{cases}4-x^2-y^2\geqslant 0\\x^2+y^2-1>0\end{cases}$ 得 $1<x^2+y^2\leqslant 4$,则定义域为 $D=\{(x,y)|1<x^2+y^2\leqslant 4\}$,如图 3-18 所示.

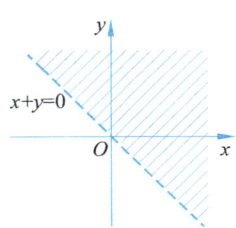 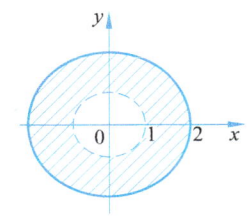

图 3-16 $D=\{(x,y)|x^2+y^2\leqslant R^2\}$ 图 3-17 $D=\{(x,y)|x+y>0\}$ 图 3-18 $D=\{(x,y)|1<x^2+y^2\leqslant 4\}$

3.4.2 二元函数的偏导数

1. 二元函数的偏导数

一元函数的导数概念可类似地推广到二元函数. 在一元函数微分学中,我们在研究函数的变化率的过程中引入了导数的概念.

定义 3.7【二元函数 $z=f(x,y)$ 对 x、y 的一阶偏导数】 设二元函数 $z=f(x,y),(x,y)\in D$,若 x 变化,自变量 y 固定,此时关于 x 的一元函数 $z=f(x,y)$ 对 x 的导数,称为二元函数 $z=f(x,y)$ 对 x 的一阶偏导函数,简称偏导数,记作

$$f'_x, z'_x \quad 或 \quad \frac{\partial f}{\partial x} \quad 或 \quad \frac{\partial z}{\partial x}$$

同理,有二元函数 $z=f(x,y)$ 对 y 的一阶偏导函数,记作

$$f'_y, z'_y \quad 或 \quad \frac{\partial f}{\partial y} \quad 或 \quad \frac{\partial z}{\partial y}$$

【例 3-40】 设 $z=x^y (x>0)$,求 $\frac{\partial z}{\partial x}, \frac{\partial z}{\partial y}$.

解: $\frac{\partial z}{\partial x}=yx^{y-1}$(将 y 看作常量,$z=x^y$ 为幂函数)

$\frac{\partial z}{\partial y}=x^y \ln x$(将 x 看作常量,$z=x^y$ 为指数函数)

由偏导数的定义可知,在求二元函数对某一自变量的偏导数时,只需要将其他自变量看成常数,用一元函数求导法则(和、差、积、商、复合函数的求导法则)即可求得.

【例 3-41】 求 $z=x^2+3xy^3+e^{x+y}$ 的偏导数 $\frac{\partial z}{\partial x}, \frac{\partial z}{\partial y}$.

解: $\frac{\partial z}{\partial x}=2x+3y^3+e^{x+y}$

$\frac{\partial z}{\partial y}=9xy^2+e^{x+y}$.

【例 3-42】 设 $f(x,y)=x^2y-\sqrt{x^2+y^2}$,求 $f'_x(3,4), f'_y(0,5)$.

解: 因为

$$f'_x(x,y)=2xy-\frac{x}{\sqrt{x^2+y^2}}, \quad f'_y(x,y)=x^2-\frac{y}{\sqrt{x^2+y^2}}$$

所以

$$f'_x(3,4)=2\times 3\times 4-\frac{3}{\sqrt{3^2+4^2}}=24-\frac{3}{5}=23\frac{2}{5}$$

$$f'_y(0,5)=0^2-\frac{5}{\sqrt{0^2+5^2}}=-1$$

2. 一元隐函数求导的另一种方法

变量 x,y 之间的函数关系 $y=y(x)$ 是由方程 $F(x,y)=0$ 确定的,方程两边对 x 求导,则有

$$F'_x(x,y)+F'_y(x,y)\cdot y'_x=0$$

$$y'_x = -\frac{F'_x(x,y)}{F'_y(x,y)}$$

因此,设有二元函数 $F(x,y)$,只要将二元函数 $F(x,y)$ 分别对 x、y 求导,则可由上式得到 y'_x.

【例 3-43】 用上述方法求由方程 $x\ln y + y\ln x = 0$ 所确定的隐函数的导数 y'_x.

解:根据方程 $x\ln y + y\ln x = 0$,设二元函数 $F(x,y) = x\ln y + y\ln x$,由

$$F'_x(x,y) = \ln y + \frac{y}{x}, \quad F'_y(x,y) = \frac{x}{y} + \ln x$$

可得

$$y'_x = -\frac{F'_x(x,y)}{F'_y(x,y)} = -\frac{\ln y + \dfrac{y}{x}}{\dfrac{x}{y} + \ln x} = -\frac{y^2 + xy\ln y}{x^2 + xy\ln x}$$

3.4.3 二元函数的二阶偏导数

定义 3.8【二阶偏导数】 二元函数 $z = f(x,y)$ 的偏导函数 $f'_x(x,y)$、$f'_y(x,y)$ 仍是以 x、y 为自变量的二元函数,如果它们关于 x、y 的偏导数存在,则称这些偏导数为函数 $f(x,y)$ 的二阶偏导数. 记作:

(1) $z = f(x,y)$ 关于 x 的二阶偏导数 $\dfrac{\partial}{\partial x}\left(\dfrac{\partial z}{\partial x}\right) = \dfrac{\partial^2 z}{\partial x^2} = f''_{xx}(x,y) = z''_{xx}$;

(2) $z = f(x,y)$ 关于 y 的二阶偏导数 $\dfrac{\partial}{\partial y}\left(\dfrac{\partial z}{\partial y}\right) = \dfrac{\partial^2 z}{\partial y^2} = f''_{yy}(x,y) = z''_{yy}$;

(3) $z = f(x,y)$ 关于 x 和 y 的二阶混合偏导数 $\dfrac{\partial}{\partial y}\left(\dfrac{\partial z}{\partial x}\right) = \dfrac{\partial^2 z}{\partial x \partial y} = f''_{xy}(x,y) = z''_{xy}$;

(4) $z = f(x,y)$ 关于 y 和 x 的二阶混合偏导数 $\dfrac{\partial}{\partial x}\left(\dfrac{\partial z}{\partial y}\right) = \dfrac{\partial^2 z}{\partial y \partial x} = f''_{yx}(x,y) = z''_{yx}$.

二阶混合偏导数 $f''_{xy}(x,y)$ 和 $f''_{yx}(x,y)$ 的区别在于先后次序不同,它们也有可能不相等. 若函数 $f(x,y)$ 的二阶混合偏导数 $f''_{xy}(x,y)$ 和 $f''_{yx}(x,y)$ 在区域 D 内连续,则

$$f''_{xy}(x,y) = f''_{yx}(x,y)$$

【例 3-44】 求 $z = x^4 + y^4 - 4x^2 y^3$ 的二阶偏导数 $z''_{xx}, z''_{xy}, z''_{yx}, z''_{yy}$.

解: $z'_x = 4x^3 - 8xy^3$, $z'_y = 4y^3 - 12x^2 y^2$,

$z''_{xx} = 12x^2 - 8y^3$, $z''_{xy} = -24xy^2$,

$z''_{yx} = -24xy^2$, $z''_{yy} = 12y^2 - 24x^2 y$.

【例 3-45】 求 $z = x\mathrm{e}^x \sin y$ 的二阶偏导数 $\dfrac{\partial^2 z}{\partial x^2}, \dfrac{\partial^2 z}{\partial x \partial y}, \dfrac{\partial^2 z}{\partial y \partial x}, \dfrac{\partial^2 z}{\partial y^2}$.

解: $\dfrac{\partial z}{\partial x} = \mathrm{e}^x \sin y + x\mathrm{e}^x \sin y = (1+x)\mathrm{e}^x \sin y$, $\quad \dfrac{\partial z}{\partial y} = x\mathrm{e}^x \cos y$,

$\dfrac{\partial^2 z}{\partial x^2} = \mathrm{e}^x \sin y + (1+x)\mathrm{e}^x \sin y$, $\quad \dfrac{\partial^2 z}{\partial x \partial y} = (1+x)\mathrm{e}^x \cos y$,

$\dfrac{\partial^2 z}{\partial y \partial x} = \mathrm{e}^x \cos y + x\mathrm{e}^x \cos y = (1+x)\mathrm{e}^x \cos y$, $\quad \dfrac{\partial^2 z}{\partial y^2} = -x\mathrm{e}^x \sin y$.

【能力训练 3.4】

1. 求下列函数的定义域,并画图.

(1) $z=\sqrt{x}+y$;   (2) $z=\ln(x+y)$;

(3) $z=\sqrt{y-x^2}$;   (4) $z=\sqrt{1-x^2-y^2}$.

2. 求下列函数的一阶偏导数.

(1) $z=15+x^2+2xy+3y^2$;   (2) $z=xy^2$;

(3) $z=e^{xy}$;   (4) $z=\ln(x^2+y^2)$;

(5) $z=\sqrt{xy}$;   (6) $z=\dfrac{x+y}{x-y}$.

3. 求下列函数的二阶偏导数或指定点的二阶偏导数.

(1) $z=x^2y^2+x+y^2$,求 $z''_{xx}, z''_{xy}, z''_{yx}, z''_{yy}$;

(2) $z=xy-\ln xy$,求 $z''_{xx}, z''_{xy}, z''_{yx}, z''_{yy}$;

(3) $z=e^{xy}+x$,求 $z''_{xx}, z''_{xy}, z''_{yx}, z''_{yy}$;

(4) $z=x^3y+\ln(x^2+y^2)$,求 $z''_{xx}, z''_{xy}, z''_{yx}, z''_{yy}, z''_{xy}(1,1)$.

学 法 建 议

1. 本章重点介绍导数的概念及其几何意义、计算导数的方法,以及初等函数的二阶导数的求法,难点是求解复合函数和隐函数的导数.

2. 要正确理解导数与微分的概念,弄清各概念之间的区别与联系.例如,可导必连续,反之,不一定成立.可导与可微是等价的.这里等价的含义是:函数在某点 x 处可导必定得出在该点可微;反之,函数在某点 x 处可微,必能推出在该点可导.但并不意味着可导与可微是同一概念.导数是函数改变量 Δy 与自变量改变量 Δx 之比的极限 $\lim\limits_{\Delta x \to 0}\dfrac{\Delta y}{\Delta x}=f'(x)$,微分是函数增量的线性主部 $\Delta y=dy+O(\Delta x)=A\cdot\Delta x+O(\Delta x)$,在概念上两者有着本质的区别.

3. 复合函数求导法既是重点,又是难点,不易掌握,怎样才能达到事半功倍的效果呢?

首先,熟记求导基本公式,理解本质公式.其次,对于求导公式 $\dfrac{dy}{dx}=\dfrac{dy}{du}\cdot\dfrac{du}{dx}$,必须弄清每一项是对哪个变量求导的.例如,$y=f[\varphi(x)]$,$y'\neq f'[\varphi(x)]$,因为 $y'=\dfrac{dy}{dx}$,$f'[\varphi(x)]=\dfrac{dy}{d\varphi(x)}$.理解公式的同时还要和微商结合起来,右边的微分约分之后必须等于左边的微商.另外,要想既迅速又准确地求导,必须多做题.最后,一定要牢记,导数是函数改变量与自变量改变量之比的极限,不能因为有了基本初等函数的求导公式及求导法则,就认为求导仅是利用这些公式与法则的某种运算而忘记导数的本质.

4. 利用导数解决实际问题,本章主要有三类题型.一类是几何应用,用来求切线,其关键是求出切线的斜率 $k=\dfrac{dy}{dx}\bigg|_{x=x_0}$ 及切点的坐标;另一类是变化率模型,在求变化率时,一定要弄清是求解哪个变量的变化率,如速度 $v=\dfrac{ds}{dt}$,加速度 $a=\dfrac{dv}{dt}=\dfrac{d^2s}{dt^2}$.再有一类是用微分近似求解

第 3 章　经济分析的基本工具——导数、微分

某个量的改变量,解决这类问题的关键是选择合适的函数关系 $y=f(x)$,以及正确选取 x_0 及 Δx,切勿用中学数学方法求问题的准确值,那是不符合题意的.

5. 在由偏导数求解时,首先要确定是对哪一个自变量的偏导数,然后按一元函数的求导方法求解.

【综合能力训练 3】

(基础题)

1. 求下列函数的导数.

(1) $y=x^3(1-\sqrt{x})$;　　　　　　　(2) $y=\ln(1-2x^2)$;

(3) $y=\sqrt{1+\ln^2 x}$;　　　　　　　(4) $y=(x+\sin^2 x)^4$;

(5) $y=\dfrac{1}{1+\sqrt{x}}-\dfrac{1}{1-\sqrt{x}}$;　　　　(6) $y=\sin^2 x+\sin x^2$;

(7) $y=\ln\sqrt{x^2+1}+\dfrac{1}{\sqrt{2+x}}$;　　　(8) $y=\left(1+\dfrac{1}{x}\right)^x$.

2. 求由下列方程所确定的函数的导数.

(1) $xe^y+ye^x=0$;　　　　　　　(2) $e^{xy}+y\ln x=\cos 2x$;

(3) $e^{x+y}-xy^2=1$.

3. 求下列函数的导数值.

(1) 设 $f(x)=\dfrac{1-\sqrt{x}}{1+\sqrt{x}}$,求 $y'(4)$;

(2) 设 $y=x\ln(x+1)$,求 $y''(1)$;

(3) 设 $y=y(x)$ 由方程 $x(1+y^2)-\ln(x^2+2y)=0$ 确定,求 $y'(0)$.

4. 求下列函数的微分 dy.

(1) $y=x^2 e^{-2x}$;　　　　　　　(2) $y=\left(\dfrac{x}{1+x}\right)^x$;

(3) $y=e^{-3\sin^2\frac{1}{x}}$;　　　　　　(4) $y=(x^2-2x+3)e^{-x}$.

5. 求下列函数的一阶偏导数.

(1) $z=e^{\frac{y}{x}}+e^{\frac{x}{y}}$;　　　　　　(2) $z=\dfrac{1}{2}\ln(1+x^2+y^2)$;

(3) $z=\sqrt{\dfrac{y}{x}}$;　　　　　　　(4) $z=x\ln\dfrac{x}{y}$.

6. 求下列函数的二阶偏导数.

(1) $z=x\ln(xy)$;　　　　　　　(2) $z=e^{x^2-y^2}$.

(应用题)

1. 【切线方程】求曲线 $\sqrt{x}+\sqrt{y}=2$ 在点 $(1,1)$ 处的切线方程.

2. 【金属圆管截面面积】金属管的内半径为 10cm,当管壁厚度为 0.05cm 时,利用微分来近似计算圆管截面面积.

3. 【球的体积的相对误差】已知测量的球的直径 D 有 1% 的相对误差,问球的体积的相对

误差是多少？

【数学文化聚焦】

贝克莱悖论与第二次数学危机

牛顿

当年牛顿在研究物体运动时，少不了要计算速度．例如，物体从 0 点出发，符合运动规律为 $s=t^2$ 的变速直线运动．其中 s 是物体走过的路程，t 是所需的时间．现在要求第 2 秒末的瞬时速度．按牛顿的算法，先给出一小段时间 Δt，那么在 Δt 内物体走过的路程为
$$\Delta s=(2+\Delta t)^2-2^2=4\Delta t+(\Delta t)^2$$
在 Δt 内物体运动的平均速度为
$$\bar{v}=\frac{\Delta s}{\Delta t}=\frac{4\Delta t+(\Delta t)^2}{\Delta t}=4+\Delta t$$

牛顿很清楚，只要 Δt 不等于 0，平均速度 $\bar{v}$ 总成不了瞬时速度 v，于是牛顿大胆地令最后结果 $4+\Delta t$ 中的 $\Delta t=0$，求出了第 2 秒末的瞬时速度为 4，令他兴奋的是这样处理求出的运动速度和实验结果相当吻合．

然而，英国哲学家贝克莱（George Berkeley，1685—1753）在 1734 年将矛头指向微积分的基础——无穷小的问题，提出了贝克莱悖论．贝克莱质疑牛顿在求瞬时速度的过程中，一方面用 Δt 除等式两边（当然作为除数的 Δt 不能等于 0）；另一方面又令结果中的 Δt 等于 0，这完全是自相矛盾的！Δt 既不等于 0 又等于 0，招之即来，挥之即去，难道"Δt 是逝去量的鬼魂"？

贝克莱

Δt 这个无穷小量究竟是不是 0？无穷小及其分析是否合理？由此而引起了数学界甚至哲学界长达一个半世纪的争论，导致了数学史上的第二次数学危机．

针对贝克莱的攻击，牛顿与莱布尼茨都曾试图通过完善自己的理论来解决，但都没有获得完全成功．这使数学家们陷入了尴尬境地．一方面微积分在应用中大获成功，另一方面其自身却存在着逻辑矛盾，即贝克莱悖论．

莱布尼茨

"向前进，向前进，你就会获得信念！"达朗贝尔吹起奋勇向前的号角，在此号角的鼓舞下，18 世纪的数学家们开始抛开基础的不严格，论证的不严密，而是更多地依赖于直观去开创新的数学领地．于是一套又一套的创新方法、新结论及新分支纷纷涌现．经过一个多世纪的漫漫征程，微积分理论获得了空前丰富．然而，微积分理论的不严密也导致越来越多的谬误．

直到 19 世纪初，情况才有所变化，法国科学学院的数学家以柯西（A. L. Cauchy，1789—1857）为首，对微积分的理论进行认真研究，建立了极限理论．后来，经德国数学家维尔斯特拉斯（K. T. W. Weierstrass，1815—1897）进一步严格化，极限理论成为微积分的坚定基础．所谓"Δt 是逝去量的鬼魂"也得到了令人满意的解释．

第4章　导数在经济上的应用问题——边际、弹性、最值、函数形态

【本章概述】

本章的主要内容有三个,第一是函数的形态分析——函数单调性和极值、凹向性和拐点、函数图像的描述;第二是导数在经济分析中的应用,它包括边际分析、弹性分析和经济中的最值问题;第三是二元函数的偏导数在经济分析中的应用,这些都是经济分析的基础.

【学习目标】

知识目标:

- 函数的形态之一——函数的单调性和极值;
- 函数的形态之二——凹向与拐点;
- 边际概念:边际成本、边际收益和边际利润;
- 弹性概念:需求弹性和收益弹性.

能力目标:

- 掌握函数的单调性和极值、凹向性及拐点的判断方法;
- 掌握经济函数的边际分析方法;
- 掌握求需求弹性和收益弹性的方法;
- 熟练掌握经济应用问题中的最大值与最小值(最大利润、最小平均成本、经济批量)的求法;
- 了解二元经济函数的极值及其求法.

微积分是近代数学中最伟大的成就,对它的重要性无论怎样的估计都不过分.

——美国杰出数学家冯·诺依曼
(John Neumann,1903—1957)

4.1 函数的形态分析——函数的单调性和极值、凹向性和拐点

4.1.1 函数的单调性

函数的导数 $f'(x)$ 与函数形态有什么联系呢?

观察单调增大的函数,如图 4-1(a)所示,可以看出函数 $f(x)$ 在某区间上的图像是随 x 的增大而上升的曲线,则曲线 $f(x)$ 上任一点处的切线与 x 轴正向的夹角为锐角,也就是曲线上各点处的切线斜率非负,即 $f'(x) \geqslant 0$.

而单调减小的函数,从图 4-1(b)可以看出,函数 $f(x)$ 在某区间上的图像是随 x 的增大而下降的曲线,则曲线 $f(x)$ 上任一点处的切线与 x 轴正向的夹角为钝角,也就是曲线上各点处的切线斜率非正,即 $f'(x) \leqslant 0$.

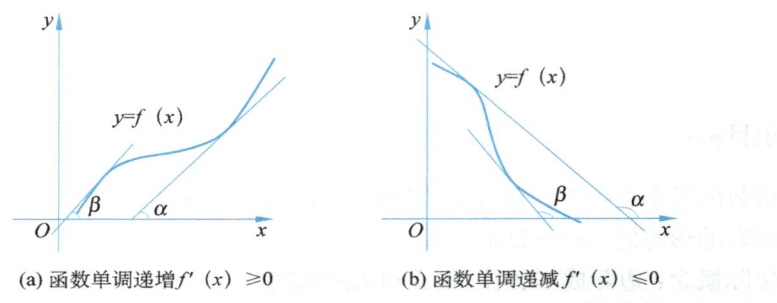

图 4-1　曲线 $f(x)$ 上任一点处的切线与 x 轴正向的夹角与函数的单调性的关系

反过来,当 $f'(x) \geqslant 0$(或者 $f'(x) \leqslant 0$)时,是否可说明函数 $f(x)$ 是单调增加(或单调减少)的呢? 关于这个问题,有如下定理.

定理 4.1　设函数 $f(x)$ 在区间 (a,b) 内可导,

(1) 如果在 (a,b) 内, $f'(x) \geqslant 0$,那么函数 $f(x)$ 在 (a,b) 内单调增加(或者说是单调递增的),如图 4-2(a)所示.

(2) 如果在 (a,b) 内, $f'(x) \leqslant 0$,那么函数 $f(x)$ 在 (a,b) 内单调减少(或者说是单调递减的),如图 4-2(b)所示.

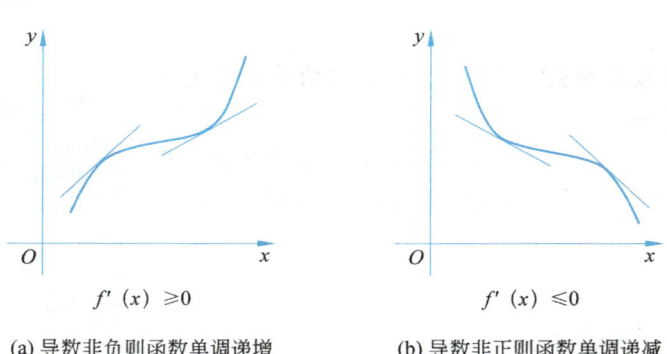

图 4-2　函数的导数与其单调性的关系

利用导数的符号来判断函数的单调性,关键在于确定函数图形上升与下降的临界点,这些临界点将把 x 轴分成若干个区间,而 $f'(x)$ 在这些区间上的符号不变.

两类临界点

(1) 驻点. 即使得 $f'(x)=0$ 的点;
(2) 不可导点. 即 $f'(x)$ 不存在的点.

【**例 4-1**】 确定函数 $f(x)=x^3-3x$ 的单调区间.

解:(1) 定义域为 $(-\infty,+\infty)$;
(2) $f'(x)=3x^2-3=3(x^2-1)=3(x+1)(x-1)$;
(3) 令 $f'(x)=0$,解得 $x_1=-1, x_2=1$;
(4) 函数的定义域区间划分见表 4-1.

表 4-1 例 4-1 中定义域区间划分

x	$(-\infty,-1)$	-1	$(-1,1)$	1	$(1,+\infty)$
$f'(x)$	$+$	0	$-$	0	$+$
$f(x)$	↗		↘		↗

则函数 $f(x)=x^3-3x$ 的单调减区间为 $(-1,1)$,单调增区间为 $(-\infty,-1)$ 和 $(1,+\infty)$,如图 4-3 所示.

【**例 4-2**】 确定函数 $f(x)=\sqrt[3]{x^2}$ 的单调区间.

解:(1) 定义域为 $(-\infty,+\infty)$;
(2) $f'(x)=\dfrac{2}{3\cdot\sqrt[3]{x}}$,在 $x=0$ 处,$f'(x)$ 不存在,下面以 $x_0=0$ 为分界点划分定义域区间.
(3) 函数的定义域区间划分见表 4-2.

表 4-2 例 4-2 中定义域区间划分

x	$(-\infty,0)$	0	$(0,+\infty)$
$f'(x)$	$-$	不存在	$+$
$f(x)$	↘		↗

由表 4-2 知,函数 $f(x)=\sqrt[3]{x^2}$ 单调减区间为 $(-\infty,0)$,单调增区间为 $(0,+\infty)$,如图 4-4 所示.

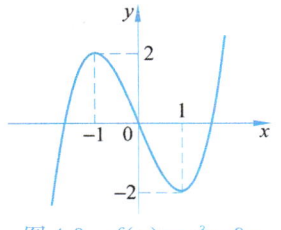

图 4-3 $f(x)=x^3-3x$

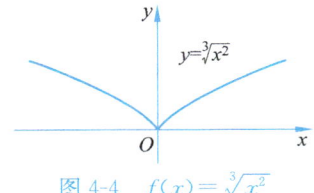

图 4-4 $f(x)=\sqrt[3]{x^2}$

4.1.2 函数的极值——函数的局部性质

1. 函数极值的概念

定义 4.1【极大值和极小值】 设函数 $f(x)$ 定义在区域 D 上, $x_0 \in D$, 若

(1) 对于以 x_0 为中心的某个开区间内的一切 $x \in D$, 有 $f(x) \leqslant f(x_0)$, 则 x_0 是极大值点, $f(x_0)$ 为极大值.

(2) 对于以 x_0 为中心的某个开区间内的一切 $x \in D$, 有 $f(x) \geqslant f(x_0)$, 则 x_0 是极小值点, $f(x_0)$ 为极小值.

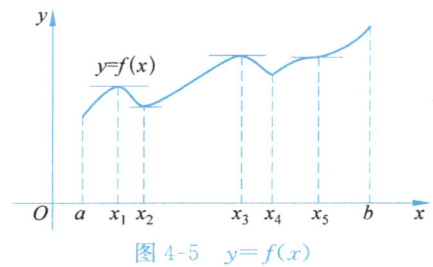

图 4-5 $y=f(x)$

函数的极大值与极小值统称极值, 取得极大值或极小值的点 x_0 称为极值点.

例如图 4-5 中, 点 x_1, x_2, x_3, x_4 为极值点, 其中 x_1, x_3 为极大值点, x_2, x_4 为极小值点. 点 x_5 处不取极值, 其中 x_4 为不可导点.

下面介绍关于函数取极值的必要条件, 即费马定理.

定理 4.2【极值存在的必要条件】 如果函数 $f(x)$ 在点 x_0 处取得极值, 且在点 x_0 处可导 ($f'(x_0)$ 存在), 则

$$f'(x_0) = 0$$

定义 4.2【驻点】 使函数 $f(x)$ 的导数 $f'(x)=0$ 的点, 称为函数 $f(x)$ 的驻点.

【注】 驻点不一定是极值点, 只有可导函数的极值才能在驻点处取得.

2. 如何求函数的极值

1) 极值点的可能情形

由函数的单调性可知, 函数在定义区间内取得极值的点, 或者是 $f'(x)$ 为零的点, 或者是 $f'(x)$ 不存在的点. 由定理 4.2 知, 在函数的极值点处, 如果一阶导数存在, 那么它一定为零. 但是导数不存在的点处也可能取到极值.

可能极值点的各类情形(在函数 $f(x)$ 定义区间内)

(1) 驻点, 即使 $f'(x)=0$ 的点 x_0, 如图 4-6～图 4-9 所示.

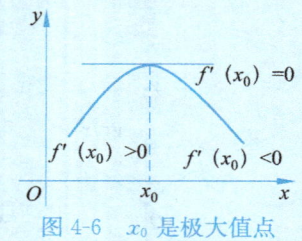

图 4-6 x_0 是极大值点

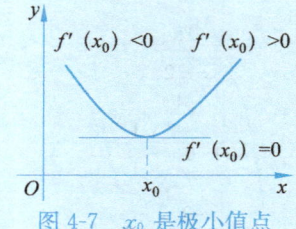

图 4-7 x_0 是极小值点

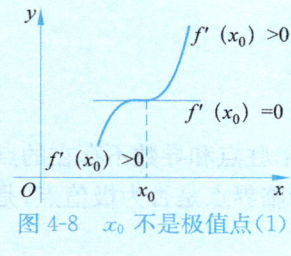
图 4-8　x_0 不是极值点(1)

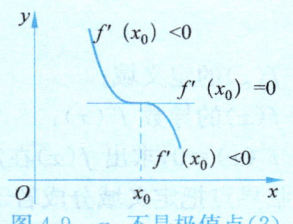
图 4-9　x_0 不是极值点(2)

(2) $f'(x)$ 不存在的点，见图 4-10～图 4-13.

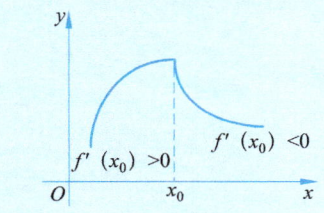
图 4-10　x_0 是极大值点(先增后减)

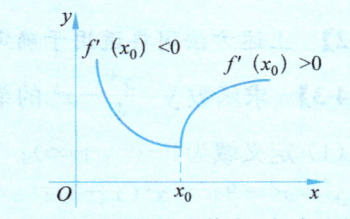
图 4-11　x_0 是极小值点(先减后增)

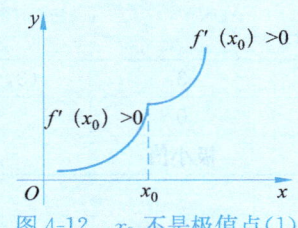
图 4-12　x_0 不是极值点(1)

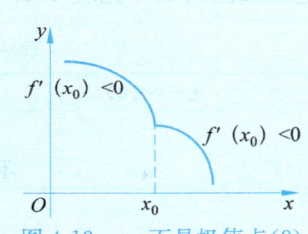
图 4-13　x_0 不是极值点(2)

【注】　对于 $f'(x)$ 不存在的点是极值点的情形，举例说明如下.

例如，$f(x)=x^{\frac{2}{3}}$，$f'(x)=\frac{2}{3}x^{-\frac{1}{3}}$，显然 $f'(0)$ 不存在，但在 $x=0$ 处却取得极小值 $f(0)=0$，如图 4-14 所示.

2) 判定极值的两种方式

定理 4.3【极值存在的判别法 I 】　设函数 $f(x)$ 在点 x_0 的邻域内连续且可导(允许 $f'(x_0)$ 不存在)，当 x 由小增大经过 x_0 点时，若

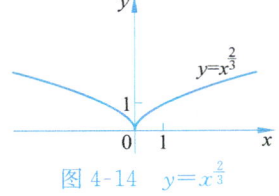
图 4-14　$y=x^{\frac{2}{3}}$

(1) $f'(x)$ 由正变负，则 x_0 是极大值点；

(2) $f'(x)$ 由负变正，则 x_0 是极小值点；

(3) $f'(x)$ 不改变符号，则 x_0 不是极值点.

【注 1】　定理 4.3 可以简单描述为，在临界点 $x=x_0$($f'(x)=0$ 的点或 $f'(x)$ 不存在的点)处：

(1) 如果 $f'(x)$ 在 $x=x_0$ 两边从负变到正，则 $f(x_0)$ 为极小值；

(2) 如果 $f'(x)$ 在 $x=x_0$ 两边从正变到负，则 $f(x_0)$ 为极大值；

(3) 如果 $f'(x)$ 在 $x=x_0$ 两边符号相同，则 $f(x_0)$ 不是极值.

求函数极值的步骤

(1) 求 $f(x)$ 的定义域；

(2) 求 $f(x)$ 的导数 $f'(x)$；

(3) 令 $f'(x)=0$，求出 $f(x)$ 在定义域内所有临界点：驻点和导数不存在的点；

(4) 用临界点把定义域分成若干个区间，列表并判断临界点是否为极值点，是极大值点还是极小值点；

(5) 确定各极值，给出结论.

【注2】 上述方法同样适用于确定函数的单调区间.

【例 4-3】 求函数 $y=\dfrac{x^4}{4}-x^3$ 的单调性与极值.

解：(1) 定义域为 $(-\infty,+\infty)$；

(2) $y'=x^3-3x^2=x^2(x-3)$；

(3) 令 $y'=0$，解得 $x_1=0,x_2=3$；

(4) 定义域区间划分见表 4-3.

表 4-3　例 4-3 中定义域区间划分

x	$(-\infty,0)$	0	$(0,3)$	3	$(3,+\infty)$
y'	$-$	0	$-$	0	$+$
y	↘	不取极值	↘	极小值	↗

由表 4-3 知，函数 $y=\dfrac{x^4}{4}-x^3$ 的单调减区间为 $(-\infty,3)$，单调增区间为 $(3,+\infty)$，极小值 $y(3)=-\dfrac{27}{4}$，如图 4-15 所示.

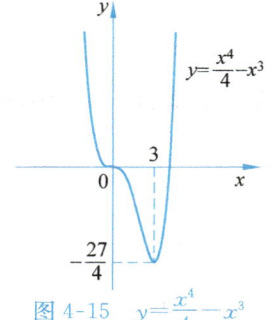

图 4-15　$y=\dfrac{x^4}{4}-x^3$

【例 4-4】 求函数 $f(x)=\dfrac{2}{3}x-(x-1)^{\frac{2}{3}}$ 的极值.

解：(1) 定义域为 $(-\infty,+\infty)$；

(2) $f'(x)=\dfrac{2}{3}-\dfrac{2}{3}(x-1)^{-\frac{1}{3}}=\dfrac{2}{3}\left(1-\dfrac{1}{\sqrt[3]{x-1}}\right)=\dfrac{2}{3}\dfrac{\sqrt[3]{x-1}-1}{\sqrt[3]{x-1}}$；

(3) 令 $f'(x)=0$，解得 $x_1=2$；当 $x_2=1$ 时，$f'(x)$ 不存在；

(4) 定义域区间划分见表 4-4.

表 4-4　例 4-4 中定义域区间划分

x	$(-\infty,1)$	1	$(1,2)$	2	$(2,+\infty)$
$f'(x)$	$+$	不存在	$-$	0	$+$
$f(x)$	↗	极大值 $\dfrac{2}{3}$	↘	极小值 $\dfrac{1}{3}$	↗

则函数极大值为 $f(1)=\dfrac{2}{3}$，极小值为 $f(2)=\dfrac{1}{3}$，如图 4-16 所示.

为了更加有效地判断驻点 $(f(x_0)'=0)$ 是否是极值点，可考虑利用函数 $y=f(x)$ 的二阶导数，它对于变化的描述更加细致.

定理 4.4【极值存在的判别法Ⅱ】 设函数 $f(x)$ 在点 x_0 处有二阶导数,且 $f'(x_0)=0$,$f''(x_0)$ 存在,则

(1) 若 $f''(x_0)<0$,则函数 $f(x)$ 在点 x_0 处取得极大值;

(2) 若 $f''(x_0)>0$,则函数 $f(x)$ 在点 x_0 处取得极小值;

(3) 若 $f''(x_0)=0$,则不能判定函数 $f(x)$ 在点 x_0 处是否取极值.

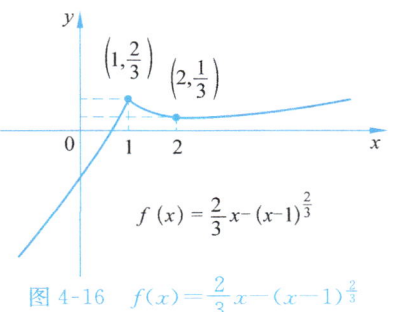

图 4-16 $f(x)=\frac{2}{3}x-(x-1)^{\frac{2}{3}}$

【注】 对于定理 4.4 中的 $f''(x_0)=0$ 的情形,$f(x_0)$ 可能是极大值或极小值,也可能不是极值. 例如:

(1) $f(x)=-x^4$,$f''(x)=-12x^2$,$f''(0)=0$,$f(0)=0$ 是极大值;

(2) $g(x)=x^4$,$g''(x)=12x^2$,$g''(0)=0$,$g(0)=0$ 是极小值;

(3) $\varphi(x)=x^3$,$\varphi''(x)=6x$,$\varphi''(0)=0$,但 $\varphi(0)=0$ 不是极值.

因此,当 $f''(x_0)=0$ 时,**极值存在的判别法Ⅱ失效,只能用判别法Ⅰ来判断.**

【例 4-5】 求函数 $f(x)=x^3-3x^2-9x+1$ 的极值.

解: (1) $f'(x)=3x^2-6x-9=3(x+1)(x-3)$

令 $f'(x)=0$,解得 $x_1=-1$,$x_2=3$.

(2) $f''(x)=6x-6$

$f''(-1)=-12<0$,所以 $x_1=-1$ 是极大值点,$f(-1)=6$ 为极大值.

$f''(3)=12>0$,所以 $x_2=3$ 是极小值点,$f(3)=-26$ 为极小值.

4.1.3 函数的最大值与最小值——函数的整体性质

1. 最大值和最小值的概念

对于一个闭区间上的连续函数 $f(x)$,它的最大值、最小值只能在极值点或端点上取得. 因此,只要求出函数 $f(x)$ 的所有极值和端点值,它们之中最大的就是最大值,最小的就是最小值.

定义 4.3【最大值和最小值】 设函数 $f(x)$ 定义在区域 D 上,对 $x_0 \in D$,若

(1) $f(x_0)$ 是区域 D 上的最大值,则对一切 $x \in D$,有 $f(x) \leqslant f(x_0)$;

(2) $f(x_0)$ 是区域 D 上的最小值,则对一切 $x \in D$,有 $f(x) \geqslant f(x_0)$.

函数的最大值和最小值统称最值,取得最大值和最小值的点 x_0 称为最值点.

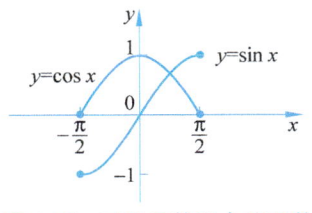

图 4-17 正弦函数和余弦函数

【例 4-6】【观察正弦函数和余弦函数的最值】 在 $\left[-\frac{\pi}{2},\frac{\pi}{2}\right]$ 上,$f(x)=\cos x$ 取到最大值 1(一次)和最小值 0(两次),$f(x)=\sin x$ 取到最大值 1 和最小值 -1,如图 4-17 所示.

由同样的规则定义的函数可以有不同的最值,这与定义域有关,请看下例.

【例 4-7】【常见幂函数的最值】 函数在其定义域上的最值可以从表 4-5 和图 4-18~图 4-21 中看出.

表 4-5　函数在其定义域上的最值

函数	定义域	定义域上的最值
(a) $y=x^2$	$(-\infty,+\infty)$	无最大值,在 $x=0$ 处取得最小值 0
(b) $y=x^2$	$[0,2]$	在 $x=2$ 处取得最大值 4,在 $x=0$ 处取得最小值 0
(c) $y=x^2$	$(0,2]$	在 $x=2$ 处取得最大值 4,无最小值
(d) $y=x^2$	$(0,2)$	既无最大值,也无最小值

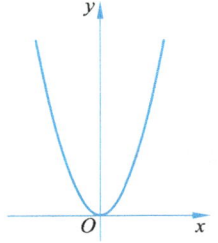

图 4-18　$y=x^2$(定义域为$(-\infty,+\infty)$)

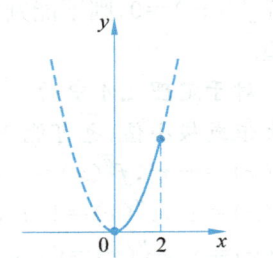

图 4-19　$y=x^2$(定义域为$[0,2]$)

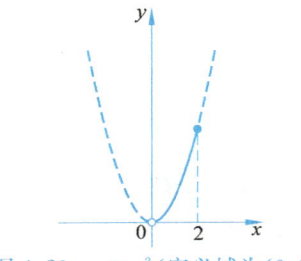

图 4-20　$y=x^2$(定义域为$(0,2]$)

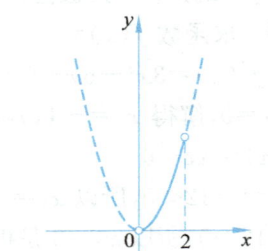

图 4-21　$y=x^2$(定义域为$(0,2)$)

定理 4.5【闭区间上连续函数的最值定理】　若 $f(x)$ 是闭区间 I 上的连续函数,则 $f(x)$ 在 I 上的某些点处能取到最大值 M 或最小值 m. 即存在 I 上的点 x_1 和 x_2,使得 $f(x_1)=m$, $f(x_2)=M$,同时对任何 $x\in I$,均有 $m\leqslant f(x)\leqslant M$.

图 4-22～图 4-25 表示函数的最大值与最小值出现的四种情形.

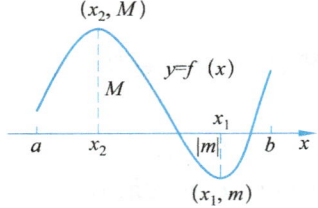

图 4-22　区间内达到最大值和最小值

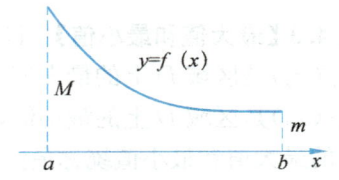

图 4-23　端点处达到最大值和最小值

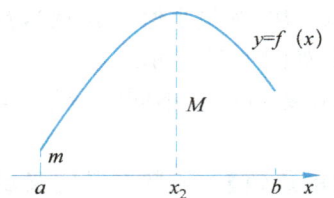

图 4-24　区间内达到最大值,端点处达到最小值

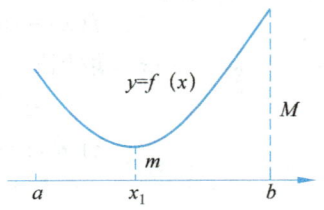

图 4-25　区间内达到最小值,端点处达到最大值

2. 函数的最大值与最小值的求法

求函数的最大值和最小值的步骤

(1) 求出 $f(x)$ 在 (a,b) 内的所有驻点和一阶导数不存在的连续点,并计算各点的函数值.

(2) 求出端点的函数值 $f(a)$ 和 $f(b)$.

(3) 比较前面求出的所有函数值,其中最大的就是 $f(x)$ 在 $[a,b]$ 上的最大值 M,最小的就是 $f(x)$ 在 $[a,b]$ 上的最小值 m.

【例 4-8】 求函数 $f(x)=x^4-2x^2+3$ 在 $[-2,2]$ 上的最大值与最小值.

解:(1) $f'(x)=4x^3-4x=4x(x+1)(x-1)$;

(2) 令 $f'(x)=0$,解得 $x_1=-1, x_2=0, x_3=1$;

(3) 计算出 $f(0)=3, f(\pm 1)=2$,再算出 $f(\pm 2)=11$;

(4) 比较这五个函数值,得出 $f(x)$ 在 $[-2,2]$ 上的最大值为 $f(\pm 2)=11$,最小值为 $f(\pm 1)=2$.

【例 4-9】 求函数 $f(x)=x^3+1$ 在 $[-1,3]$ 上的最大值与最小值.

解:(1) $f'(x)=3x^2$;

(2) 令 $f'(x)=0$,解得 $x_0=0$,计算出 $f(0)=1$,再计算出 $f(-1)=0, f(3)=28$;

(3) 比较以上三个函数值,得出 $f(x)$ 在 $[-1,3]$ 上的最大值为 $f(3)=28$,最小值为 $f(-1)=0$. 事实上,有 $f'(x)=3x^2 \geqslant 0$,故 $f(x)$ 是单调增加的,单调函数的最大值和最小值都在区间的端点处取得.

实际推断原理

一般来说,在实际应用问题中,如果确定其最值必然存在,那么对应的函数模型 $f(x)$ 在其定义区间内的唯一驻点就是 $f(x)$ 在该区间上的最大值点或最小值点.

案例 4-1【旅行社的利润】 旅行社为某旅游团包机去旅游,其中旅行社的包机费为 15000 元,旅游团中每人的飞机票按以下方式与旅行社结算:若旅游团的人数在 30 人或 30 人以下,飞机票每张收费 900 元;若旅游团的人数多于 30 人,则给予优惠,每多 1 人,每张机票减少 10 元,但旅游团的人数最多有 75 人,那么旅游团的人数为多少时,旅行社可获得的利润最大?

解:设旅游团有 x 人,每张飞机票为 y 元,依题意得:

当 $1 \leqslant x \leqslant 30$ 时,$y=900$;

当 $30<x \leqslant 75$ 时,$y=900-10(x-30)=-10x+1200$.

每张机票的价格与旅游团的人数之间的关系为

$$y=\begin{cases} 900 & 1 \leqslant x \leqslant 30 \\ -10x+1200 & 30<x \leqslant 75 \end{cases}$$

设利润为 $Q(x)$ 元,则

$$Q(x)=y \cdot x-15000=\begin{cases} 900x-15000 & 1 \leqslant x \leqslant 30 \\ -10x^2+1200x-15000 & 30<x \leqslant 75 \end{cases}$$

当 $1 \leqslant x \leqslant 30$ 时，$Q_{\max}(30) = 900 \times 30 - 15000 = 12000$；

当 $30 < x \leqslant 75$ 时，利润 Q 关于 x 的导数

$$Q'(x) = \frac{dQ}{dx} = (-10x^2 + 1200x - 15000)'_x = -20x + 1200$$

令 $Q'(x) = 0$，解得 $x_0 = 60$. $x_0 = 60$ 是 $Q(x)$ 在 $30 < x \leqslant 75$ 上的唯一驻点，$Q(60) = 21000 > 12000$. 则当旅游团人数为 60 人时，旅行社可获得最大利润 21000 元.

案例 4-2【立交桥上、下两车之间的最近距离】 某处立交桥上、下是两条互相垂直的公路，一条是东西走向的，一条是南北走向的，如图 4-26 所示. 现在有一辆汽车在桥下南方 100m 处，以 20m/s 的速度向北行驶，而另一辆汽车在桥上西方 150m 处，以同样 20m/s 速度向东行驶，已知桥高为 10m，问经过多少时间两辆汽车之间距离为最小？并求它们的最小距离.

图 4-26 案例 4-2 图

解：在时刻 t 秒两辆汽车之间的距离为 $s(t)$，则

$$s(t) = \sqrt{(100-20t)^2 + 10^2 + (150-20t)^2} = \sqrt{800t^2 - 10000t + 32600} \quad t \geqslant 0$$

距离 s 关于行驶时间 t 的函数的一阶导数为

$$s'(t) = \frac{ds}{dt} = \frac{800t - 5000}{\sqrt{800t^2 - 10000t + 32600}}$$

令 $s'(t) = 0$，可得到唯一驻点 $t_0 = 6.25$.

而两车初始的距离为

$$s(0) = \sqrt{32600} \approx 180.55 \text{m}$$

在实际情况中，两车的最小距离一定存在，所以经过 6.25s，两辆汽车之间有最小距离

$$s_{\min} = \sqrt{800 \times 6.25^2 - 10000 \times 6.25 + 32600} \approx 36.74 \text{m}$$

【注】 为了方便运算，我们可以以 $y = s^2 = 800t^2 - 10000t + 32600$ 为目标函数. 这是因为当 $s > 0$ 时，s 和 s^2 同时有最大值或最小值. 而新的目标函数 y 是一个二次函数，也可用初等数学的方法求出其最小值.

4.1.4 函数的凹向性与拐点

1. 函数的凹向性

首先观察两类曲线（函数）. 一类曲线上的任何点处的切线总位于曲线的下方（"盛得住

水"),而另一类曲线上的任何点处的切线总位于曲线的上方("盛不住水"),如图 4-27 所示. 第一类曲线称为上凹曲线,第二类曲线称为下凹曲线. 即使对于同一单调函数也会同时出现这两类曲线,它们的图像的弯曲方向是不同的,如图 4-28 和图 4-29 所示. 对于这两类函数的描述问题就是接下来要讨论的函数的凹向性.

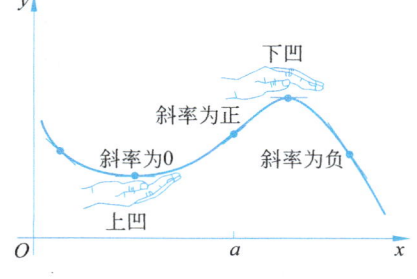

图 4-27 上凹曲线和下凹曲线

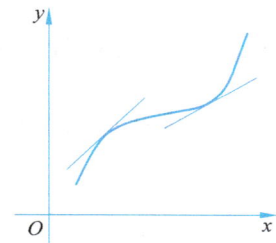

图 4-28 单调递增函数的图像的不同弯曲方向

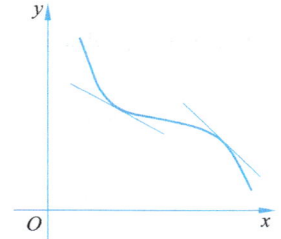

图 4-29 单调递减函数的图像的不同弯曲方向

定义 4.4【函数的凹向性】 设函数 $f(x)$ 在某区间 I 上连续,如果

(1) 曲线 $y=f(x)$ 位于其上任意一点的切线的上方,则称曲线 $y=f(x)$ 在这个区间内是上凹的,用符号"∪"来表示,如图 4-30 所示;

(2) 曲线 $y=f(x)$ 位于其上任意一点的切线的下方,则称曲线 $y=f(x)$ 在这个区间内是下凹的,用符号"∩"来表示,如图 4-31 所示.

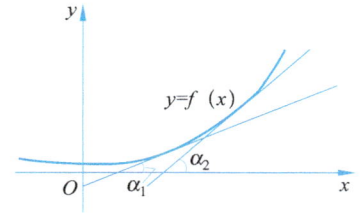

图 4-30 上凹曲线

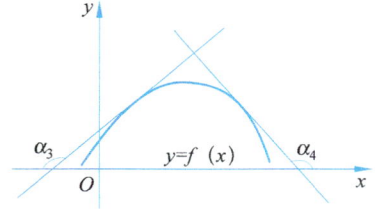

图 4-31 下凹曲线

怎样具体地判断函数的凹向性呢?借助图像,可以看到函数的一阶导数与二阶导数在几何上的表现以及可能出现的几种情况:

(1) 函数单调递增且上凹,即 $f'(x)>0, f''(x)>0$,如图 4-32 所示;

(2) 函数单调递增且下凹,即 $f'(x)>0, f''(x)<0$,如图 4-33 所示;

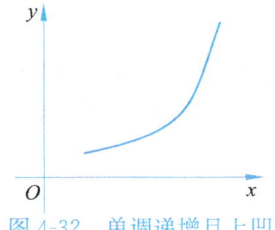

图 4-32 单调递增且上凹

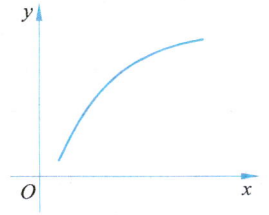

图 4-33 单调递增且下凹

(3) 函数单调递减且上凹,即 $f'(x)<0, f''(x)>0$,如图 4-34 所示;

(4) 函数单调递减且下凹,即 $f'(x)<0, f''(x)<0$,如图 4-35 所示.

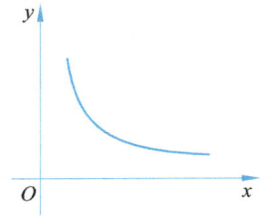

图 4-34　单调递减且上凹

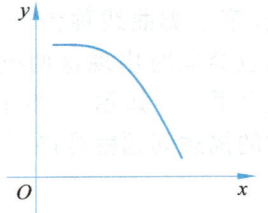

图 4-35　单调递减且下凹

定义 4.5【拐点】　如果曲线 $y=f(x)$ 上存在这样的点 $(x_0, f(x_0))$,使得曲线 $y=f(x)$ 在此点的一侧为上凹,另一侧为下凹,此分界点称为曲线的拐点.

例如,曲线 $y=x^3$ 在区间 $(-\infty, 0)$ 内是下凹的,在区间 $(0, +\infty)$ 内是上凹的,则点 $(0,0)$ 是拐点,如图 4-36 所示.

定理 4.6　设函数 $f(x)$ 在区间 (a,b) 内存在二阶导数,

(1) 若在区间 (a,b) 内 $f''(x)>0$,则曲线 $y=f(x)$ 在 (a,b) 内是上凹的;

(2) 若在区间 (a,b) 内 $f''(x)<0$,则曲线 $y=f(x)$ 在 (a,b) 内是下凹的.

观察函数 $y=x^2$(图形如图 4-37 所示),$y=x^3$(图形如图 4-36 所示)的凹向性.

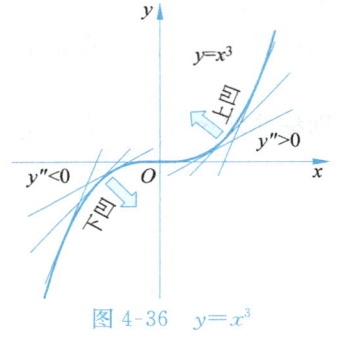

图 4-36　$y=x^3$

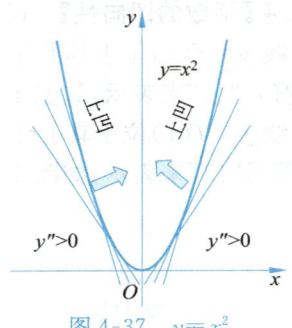

图 4-37　$y=x^2$

2. 确定函数的凹向性与拐点的一般步骤

由前面的讨论知道,极值可能点(使 $f'(x_0)=0$ 的驻点或 $f'(x_0)$ 不存在的不可导点)有可能是函数单调区间的分界点. 类似地,使二阶导数 $f''(x_0)=0$ 的点或二阶导数 $f''(x_0)$ 不存在的点可能是上凹曲线和下凹曲线的分界点(拐点).

> **确定函数 $f(x)$ 的凹向区间和拐点的步骤**
>
> (1) 求函数的二阶导数 $f''(x)$;
>
> (2) 令 $f''(x)=0$,求出全部解,并求出所有二阶导数不存在的点;
>
> (3) 对步骤(2)求出的每一个点,检查其左右两侧 $f''(x)$ 的符号,确定凹向区间. 如果某点两侧二阶导数异号,则该点为拐点;如果两侧二阶导数同号,则该点不是拐点.

【例 4-10】　求曲线 $y=(2x-1)^4+1$ 的凹向区间与拐点.

解:(1) 定义域为 $(-\infty, +\infty)$;

(2) $y'=8(2x-1)^3$, $y''=48(2x-1)^2$;

(3) 令 $y''=0$,解得 $x=\dfrac{1}{2}$;

(4) 只要 $x\neq\dfrac{1}{2}$,恒有 $y''>0$,所以曲线 $y=(2x-1)^4+1$ 没有拐点,它在整个区间 $(-\infty,+\infty)$ 内是上凹的.

【例 4-11】 确定函数 $f(x)=x^3-3x$ 的凹向区间和拐点.

解:(1) 定义域为 $(-\infty,+\infty)$;

(2) $f'(x)=3x^2-3$,$f''(x)=6x$,令 $f''(x)=0$,则有 $x_0=0$;

(3) 定义域区间划分见表 4-6.

表 4-6　例 4-11 中定义域区间划分

x	$(-\infty,0)$	0	$(0,+\infty)$
$f''(x)$	$-$	0	$+$
$f(x)$	$\cap$	拐点 $(0,0)$	$\cup$

则函数 $f(x)=x^3-3x$ 在区间 $(-\infty,0)$ 内下凹,在区间 $(0,+\infty)$ 内上凹,点 $(0,0)$ 是拐点,如图 4-38 所示.

【例 4-12】 求曲线 $y=x^4-2x^3+1$ 的凹向区间与拐点.

解:(1) 定义域为 $(-\infty,+\infty)$;

(2) $y'=4x^3-6x^2$,$y''=12x^2-12x=12x(x-1)$

令 $y''=0$,解得 $x_1=0$,$x_2=1$;

(3) 定义域区间划分见表 4-7.

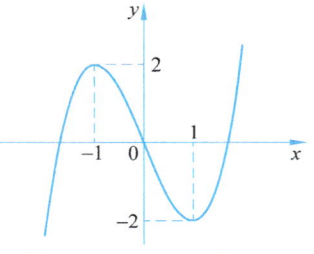

图 4-38　$f(x)=x^3-3x$

表 4-7　例 4-12 中定义域区间划分

x	$(-\infty,0)$	0	$(0,1)$	1	$(1,+\infty)$
y''	$+$	0	$-$	0	$+$
y	$\cup$	拐点 $(0,1)$	$\cap$	拐点 $(1,0)$	$\cup$

曲线 $y=x^4-2x^3+1$ 在区间 $(-\infty,0)$ 和 $(1,+\infty)$ 内上凹,在区间 $(0,1)$ 内下凹,$(0,1)$ 和 $(1,0)$ 是它的两个拐点,如图 4-39 所示.

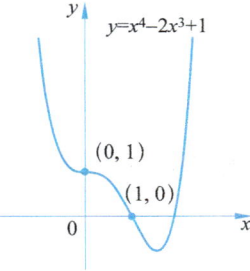

图 4-39　$y=x^4-2x^3+1$

【例 4-13】 确定标准正态分布的密度函数 $f(x)=\dfrac{1}{\sqrt{2\pi}}\mathrm{e}^{-\frac{x^2}{2}}$ 的单调性与极值及凹向区间与拐点.

解:(1) 函数的定义域为 $(-\infty,+\infty)$,且 $f(x)>0$;

(2) $f'(x)=\dfrac{1}{\sqrt{2\pi}}(\mathrm{e}^{-\frac{x^2}{2}})'=\dfrac{1}{\sqrt{2\pi}}\mathrm{e}^{-\frac{x^2}{2}}\left(-\dfrac{x^2}{2}\right)'=\dfrac{1}{\sqrt{2\pi}}\mathrm{e}^{-\frac{x^2}{2}}\cdot(-x)=-\dfrac{x}{\sqrt{2\pi}}\mathrm{e}^{-\frac{x^2}{2}}$;

(3) 令 $f'(x)=0$,得 $x_1=0$;

(4) $f''(x)=\left(-\dfrac{x}{\sqrt{2\pi}}\mathrm{e}^{-\frac{x^2}{2}}\right)'=-\dfrac{1}{\sqrt{2\pi}}\mathrm{e}^{-\frac{x^2}{2}}-\dfrac{x}{\sqrt{2\pi}}\mathrm{e}^{-\frac{x^2}{2}}\cdot(-x)=\dfrac{1}{\sqrt{2\pi}}(x^2-1)\mathrm{e}^{-\frac{x^2}{2}}$;

(5) 令 $f''(x)=0$,得 $x_2=-1$,$x_3=1$;

(6) 以 $x_1=0$,$x_2=-1$ 和 $x_3=1$ 为分界点列表分析,具体见表 4-8.该函数的曲线如图 4-40 所示.

表 4-8　例 4-13 中定义域区间划分

x	$(-\infty,-1)$	-1	$(-1,0)$	0	$(0,1)$	1	$(1,+\infty)$
$f'(x)$	+	+	+	0	−	−	−
$f''(x)$	+	0	−	−	−	0	+
$f(x)$	↗ ∪	拐点 $\left(-1,\dfrac{1}{\sqrt{2\pi e}}\right)$	↗ ∩	极大值 $f(0)=\dfrac{1}{\sqrt{2\pi}}$	↘ ∩	拐点 $\left(1,\dfrac{1}{\sqrt{2\pi e}}\right)$	↘ ∪

其中，$\dfrac{1}{\sqrt{2\pi}}\approx 0.4$，$\dfrac{1}{\sqrt{2\pi e}}\approx 0.24$.

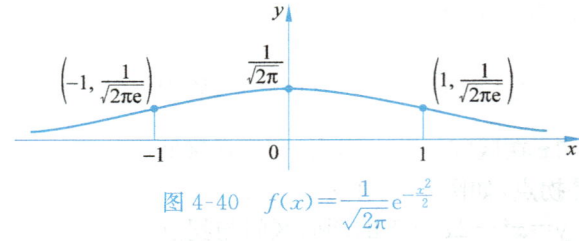

图 4-40　$f(x)=\dfrac{1}{\sqrt{2\pi}}e^{-\frac{x^2}{2}}$

4.1.5　曲线的渐近线和函数作图

1. 曲线的渐近线

定义 4.6【曲线的渐近线】　当曲线上的一点沿着曲线运动时，与某条直线的距离趋于零，则称此直线为曲线的渐近线.

（1）水平渐近线. 设曲线 $y=f(x)$，如果 $\lim\limits_{x\to\infty}f(x)=c$（或 $\lim\limits_{x\to+\infty}f(x)=c$，$\lim\limits_{x\to-\infty}f(x)=c$），则称直线 $y=c$ 为曲线 $y=f(x)$ 的水平渐近线.

（2）垂直渐近线. 若曲线 $y=f(x)$ 在点 x_0 间断，且 $\lim\limits_{x\to x_0}f(x)=\infty$（或 $\lim\limits_{x\to x_0^+}f(x)=\infty$，$\lim\limits_{x\to x_0^-}f(x)=\infty$），则称直线 $x=x_0$ 为曲线 $y=f(x)$ 的垂直渐近线.

【例 4-14】　求曲线 $y=\dfrac{1}{x-5}$ 的水平渐近线和垂直渐近线.

解：因为 $\lim\limits_{x\to\infty}\dfrac{1}{x-5}=0$，所以 $y=0$ 是曲线 $y=\dfrac{1}{x-5}$ 的水平渐近线.

又因为 $x_0=5$ 是 $y=\dfrac{1}{x-5}$ 的间断点，且 $\lim\limits_{x\to 5}\dfrac{1}{x-5}=\infty$，所以 $x=5$ 是曲线 $y=\dfrac{1}{x-5}$ 的垂直渐近线.

【例 4-15】　求曲线 $y=\dfrac{3x^2+2}{1-x^2}$ 的水平渐近线和垂直渐近线.

解：因为 $\lim\limits_{x\to\infty}y=\dfrac{3x^2+2}{1-x^2}=-3$，所以 $y=-3$ 是曲线 $y=\dfrac{3x^2+2}{1-x^2}$ 的水平渐近线.

又因为 $x_1=1$ 和 $x_2=-1$ 是 $y=\dfrac{3x^2+2}{1-x^2}$ 的间断点，且 $\lim\limits_{x\to 1}\dfrac{3x^2+2}{1-x^2}=\infty$，$\lim\limits_{x\to -1}\dfrac{3x^2+2}{1-x^2}=\infty$，所以 $x=1$ 和 $x=-1$ 是曲线 $y=\dfrac{3x^2+2}{1-x^2}$ 的垂直渐近线.

2. 函数作图

描绘函数图像的方法

（1）确定函数的定义域；
（2）确定曲线关于坐标轴的对称性；
（3）求出曲线和坐标轴的交点；
（4）判断函数的单调区间并求出极值；
（5）确定函数的凹向区间和拐点；
（6）求出曲线的渐近线；
（7）列表讨论并描绘函数的图像.

【例 4-16】 描绘函数 $y=3x^2-x^3$ 的图像.

解：（1）定义域为 $(-\infty,+\infty)$.
（2）函数不具有奇偶性，也没有关于坐标轴的对称性.
（3）令 $y=0$，得 $x_1=0, x_2=3$，则曲线与 x 轴有两个交点 $(0,0)$ 和 $(3,0)$.
（4）$y'=6x-3x^2=3x(2-x)$.
（5）令 $y'=0$，得 $x_1=0, x_3=2$.
（6）$y''=6-6x=6(1-x)$.
$y''|_{x=0}=6>0$，所以 $x_1=0$ 为极小值点，$f(0)=0$ 为极小值.
$y''|_{x=2}=-6<0$，所以 $x_3=2$ 为极大值点，$f(2)=4$ 为极大值.
（7）令 $y''=0$，得 $x_4=1$. 在 $x_4=1$ 的左侧 $y''>0$，右侧 $y''<0$，而 $f(1)=2$，所以点 $(1,2)$ 是拐点.
（8）无渐近线.
（9）以 $x_1=0, x_3=2$ 和 $x_4=1$ 为分界点列表，具体见表 4-9.

表 4-9 例 4-16 中定义域区间划分

x	$(-\infty,0)$	0	$(0,1)$	1	$(1,2)$	2	$(2,+\infty)$
y'	$-$	0	$+$	$+$	$+$	0	$-$
y''	$+$	$+$	$+$	0	$-$	$-$	$-$
y	↘ $\cup$	极小值 $f(0)=0$	↗ $\cup$	拐点 $(1,2)$	↗ $\cap$	极大值 $f(2)=4$	↘ $\cap$

函数 $y=3x^2-x^3$ 的图像如图 4-41 所示.

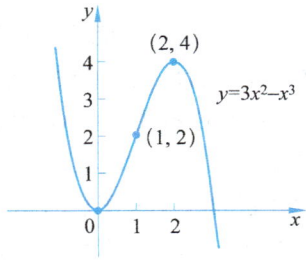

图 4-41 $y=3x^2-x^3$ 的图像

【能力训练 4.1】

(基础题)

1. 求下列函数的单调区间.
   (1) $y=2+x-x^2$;
   (2) $y=2x^2-\ln x$;
   (3) $y=x^4$;
   (4) $y=3x-x^3$.

2. 求下列函数的极值.
   (1) $y=x-\ln(1+x)$;
   (2) $y=x^3-3x^2+7$;
   (3) $y=-x^4+2x^2$;
   (4) $y=2-(x^2-1)^{\frac{2}{3}}$.

3. 利用极值判断法 II,求函数 $y=2x^3-6x^2-18x+7$ 的极值.

4. 求下列函数在指定区间上的最大值和最小值.
   (1) $y=2^x, x\in[1,5]$;
   (2) $y=\sqrt{5-4x}, x\in[-1,1]$;
   (3) $y=x^4-2x^2+5, x\in[-2,2]$;
   (4) $y=x+\sqrt{x}, x\in[0,4]$.

5. 求下列曲线的凹向区间及拐点.
   (1) $y=x^3-3x^2-x+1$;
   (2) $y=x\ln x$;
   (3) $y=x+\dfrac{1}{x}(x>0)$;
   (4) $y=\ln(1+x^2)$.

(应用题)

1. **【制作盒子】** 如图 4-42 所示,一块边长为 a 的正方形金属薄片,从四角各截去一个小方块,然后把四边翻转 $90°$,再焊接成一个无盖的盒子,问截取的小方块的边长为多少时,盒子的容量最大?

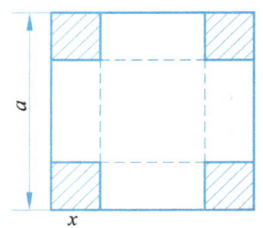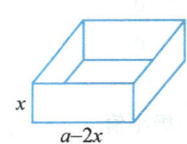

图 4-42 应用题 1 图

2. **【水池总造价】** 欲做一个容积为 $250\pi \text{m}^3$ 的无盖圆柱形蓄水池,已知圆柱底面单位造价为周围造价的两倍,问蓄水池的尺寸应怎样设计才能使总造价最低?

3. **【充分利用纸张的版面】** 现在要求设计一张单栏的竖向张贴的海报,它的印刷面积为 $128\times 10^3 \text{cm}^3$,上下空白各为 20cm,两边空白各为 10cm,如何确定报纸的尺寸使四周空白面积为最小?若报纸改为左右两栏,印刷面积增加到 $180\times 10^3 \text{cm}^3$,要求四周留下空白宽 2 分米,还要留下 10cm 宽的竖直中缝,如何设计它的尺寸可使它的总空白面积最小?

4. 问 a,b 为何值时,点 $(1,3)$ 为曲线 $y=ax^3+bx^2$ 的拐点.

4.2 边际分析

在经济学中,边际是与导数密切相关的一个经济学概念. 边际分析源于数学中的增量分析,它反映了经济函数中的一个或几个自变量发生微小变动时,因变量如何随之变动. 边际分析把导数引入了经济学,从此,许多经济现象开始由定性分析转入了定量分析. 西方经济学家非常重视边际分析方法,把边际分析方法的发现和应用看成一场"边际革命". 自 19 世纪 70 年代"边际革命"兴起后,边际概念和边际分析法得到广泛传播,并构成西方经济学的重要组成部分.

4.2.1 边际成本

定义 4.7【边际成本】 设总成本函数为 $C(q)$,称 $C'(q)$ 为其关于产量 q 的边际成本 (Marginal Cost,MC),记为 $MC(q)=C'(q)$.

边际成本 $MC(q_0)$ 的经济含义:当产量达到 q_0 时,如果再增加(或减少)1 个单位的产品,则总成本将增加(或减少)$C'(q_0)$ 个单位.

在经济学中,边际成本定义为增加 1 个单位的产量时所增加的成本. 事实上,设某产品产量为 q_0 个单位时所需的总成本为 $C(q_0)$,就有

$$C(q_0+1)-C(q_0)=\Delta C(q_0)\approx dC(q_0)=C'(q_0)\Delta q=C'(q_0) \quad (其中 \Delta q=1)$$

【例 4-17】 某产品产量为 q(吨)时的总成本函数 $C(q)=1000+7q+50\sqrt{q}$(元). 求:
(1) 产量为 100 吨时的总成本;
(2) 产量为 100 吨时的平均成本;
(3) 产量从 100 吨增加到 225 吨时总成本的平均变化率;
(4) 产量为 100 吨时总成本的变化率(边际成本).

解:(1) 产量为 100 吨时的总成本为
$$C(100)=1000+7\times 100+50\sqrt{100}=2200(元)$$

(2) 产量为 100 吨时的平均成本为
$$AC(100)=\frac{C(100)}{100}=22(元/吨)$$

(3) 产量从 100 吨增加到 225 吨时,总成本的平均变化率为
$$\frac{\Delta C}{\Delta q}=\frac{C(225)-C(100)}{225-100}=\frac{3325-2200}{125}=9(元/吨)$$

(4) 产量为 100 吨时,总成本的变化率(边际成本)为
$$MC(100)=(1000+7q+50\sqrt{q})'\Big|_{q=100}=\left(7+\frac{25}{\sqrt{q}}\right)\Big|_{q=100}=9.5(元)$$

这个结论的经济含义是:当产量为 100 吨时,再增加(或减少)1 吨的产量,总成本将增加(或减少)9.5 元.

4.2.2 边际收益

定义 4.8【边际收益】 设收益函数为 $R=R(q)$,称 $R'(q)$ 为其关于销售量 q 的边际收益

(Marginal Revenue, MR),记为 $MR(q)=R'(q)$.

边际收益 $MR(q_0)$ 的经济含义：当销售量达到 q_0 时，如果再增加（或减少）1 个单位的商品，则收益将增加（或减少）$R'(q_0)$ 个单位.

【例 4-18】 设某产品的需求函数为 $Q=100-5p$，求边际收益函数，以及需求量分别为 20、50 和 70 时的边际收益.

解：（1）因为需求函数为 $Q=100-5p$，则价格函数为 $P=\frac{1}{5}(100-q)$.

（2）收益函数为
$$R(q)=P(q)\cdot q=\frac{1}{5}(100-q)\cdot q=\frac{1}{5}(100q-q^2)$$

（3）边际收益函数为 $MR(q)=R'(q)=\frac{1}{5}(100-2q)$，则有

$MR(20)=R'(20)=12$，经济含义是，当销售量 $q_0=20$ 时，如果再增加（或减少）1 个单位的商品，则收益将增加（或减少）12 个单位.

$MR(50)=R'(50)=0$，经济含义是，当销售量 $q_0=50$ 时，如果再增加（或减少）1 个单位的商品，则收益不变.

$MR(70)=R'(70)=-8$，经济含义是，当销售量 $q_0=70$ 时，如果再增加（或减少）1 个单位的商品，则收益将减少（或增加）8 个单位.

4.2.3 边际利润

定义 4.9【边际利润】 设利润函数为 $L=L(q)$，称 $L'(q)=R'(q)-C'(q)$ 为销售量为 q 时的边际利润（Marginal Lucre, ML），记为 $ML(q)=L'(q)$. 边际利润为边际收益与边际成本之差.

边际利润 $ML(q_0)=L'(q_0)$ 的经济含义：当产量达到 q_0 时，如果再增加（或减少）1 个单位的产品，则利润将增加（或减少）$L'(q_0)$ 个单位.

【例 4-19】 已知某产品的成本函数为 $C(q)=100+2q^2$，收益函数为 $R(q)=75q-q^2$，求 $q_0=10$ 时的边际成本、边际收益和边际利润.

解：（1）先求边际函数.

边际成本　$MC=C'(q)=4q$

边际收益　$MR=R'(q)=75-2q$

边际利润　$ML=L'(q)=R'(q)-C'(q)=(75-2q)-4q=75-6q$

（2）当 $q_0=10$ 时，则有

边际成本 $MC(10)=C'(10)=40$，其经济含义是，当产量 $q_0=10$ 时，如果再增加（或减少）1 个单位的产品时，总成本将增加（或减少）40 个单位.

边际收益 $MR(10)=R'(10)=75-2\times10=55$，其经济含义是，当销售量 $q_0=10$ 时，如果再增加（减少）1 个单位的商品，收益将增加（或减少）55 个单位.

边际利润 $ML(10)=L'(10)=75-6\times10=15$，其经济含义是，当产量 $q_0=10$ 时，如果再增加（或减少）1 个单位的产品，利润将增加（或减少）15 个单位.

【能力训练 4.2】

1. 设生产某产品 q 个单位的成本函数为

$$C(q) = 1100 + \frac{1}{1200}q^2$$

求生产 900 个单位产品时的边际成本,并说明其经济含义.

2. 设生产某产品 q 个单位的收益函数为
$$R(q) = 200q - 0.01q^2$$
求:(1) 生产 50 个单位产品时的收益;
(2) 生产 50 个单位产品时的边际收益,并说明其经济含义.

3. 生产某种产品每天的收益函数为 $R(q)=250q$(单位:收益 R 为元,产量 q 为千克),成本函数 $C(q)=5q^2$(单位:成本 C 为元,产量 q 为千克),分别求生产 20 千克、25 千克、30 千克时的边际利润,并分别说明其经济含义.

4.3 弹 性 分 析

边际分析中考虑的是经济函数的绝对增量与绝对变化率,但在研究实际问题时这是远远不够的. 我们有必要研究经济函数的相对增量与相对变化率.

引例 4-1 【保健品的价格降低对需求量的影响有多大】
某连锁药店搞促销活动,对某种保健品的价格进行了调整,根据销售记录,调价前后的需求量数据见表 4-10.

表 4-10 调价前后的需求量数据

调价前		调价后	
单价/(元/克)	需求量/克	单价/(元/克)	需求量/克
100	350	95	420

问:(1)分别表示价格和需求量的绝对改变量和相对改变量;(2)计算需求量的相对改变量与价格相对改变量的比值.

引例 4-1 的求解
解:(1) 价格的绝对改变量和相对改变量为
$$\Delta p = 95 - 100 = -5(元), \quad \frac{\Delta p}{p} = \frac{-5}{100} = -0.05$$
需求量的绝对改变量和相对改变量为
$$\Delta Q = 420 - 350 = 70(元), \quad \frac{\Delta Q}{Q} = \frac{70}{350} = 0.2$$
这表明降价 5%,保健品的需求量增加了 20%.
(2) 需求量的相对改变量与价格相对改变量的比值为
$$\frac{\Delta Q}{Q} \Big/ \frac{\Delta p}{p} = \frac{0.2}{-0.05} = -4$$

可见,需求量的变动幅度是价格变动幅度的 4 倍,也就是说,当价格平均变动 1%时,需求量将随之变动 4%(价格上浮,需求量减少;价格下调,需求量增加).

显然,需求量的相对改变量对于价格相对改变量的比值,能够比较精确地描述保健品价格波动对需求量变化的影响程度.这就是弹性分析方法.推广到更一般的情形中去,就可以得到"需求量的价格弹性"(简称"需求弹性")的概念及相关理论.

4.3.1 需求弹性

1. 需求弹性的相关概念

定义 4.10【需求弹性系数】 设商品的需求函数为 $Q=Q(p)$,称 $\dfrac{\Delta Q}{Q_0}\Big/\dfrac{\Delta p}{p_0}$ 为该商品在 p_0 与 $p_0+\Delta p$ 两点间的需求价格弹性系数,简称需求弹性系数,记为 $E_{d'}$,即

$$E_{d'}=\frac{\text{需求量变动的百分比}}{\text{价格变动的百分比}}=\frac{\Delta Q}{Q_0}\Big/\frac{\Delta p}{p_0}$$

它表示在区间 $[p_0,p_0+\Delta p]$ 上,价格波动 1%,需求量平均变动 $|E_{d'}|\%$.需求价格弹性系数是需求量变动的百分比(或比率)与价格变动的百分比(比率)之比,表示商品的需求量变动对其价格变动作出反应的程度.需求弹性系数一般为负数,因为需求量与价格的变动方向是相反的.

定义 4.11【需求弹性】 设商品的需求函数为 $Q=Q(p)$,当 $\Delta p \to 0$ 时,如果 $\dfrac{\Delta Q}{Q}\Big/\dfrac{\Delta p}{p}$ 的极限存在,则称此极限为该商品的**需求价格弹性**(Price Elasticity of Demand),简称**需求弹性**,记为 E_d,即

$$E_d=\lim_{\Delta p\to 0}\frac{\Delta Q}{Q}\Big/\frac{\Delta p}{p}=\lim_{\Delta p\to 0}\frac{\Delta Q}{\Delta p}\times\frac{p}{Q}=\frac{p}{Q(p)}Q'(p)$$

根据 $E_d=\dfrac{p}{Q(p)}Q'(p)$ 及导数定义,有

$$E_d=\frac{p}{Q}\times\frac{dQ}{dp}=\frac{dQ}{Q}\Big/\frac{dp}{p}\approx\frac{\Delta Q}{Q}\Big/\frac{\Delta p}{p}$$

则

$$\frac{\Delta Q}{Q}\approx E_d\frac{\Delta p}{p} \tag{4-1}$$

价格为 p_0 时的需求弹性也称点弹性,即

$$E_d\Big|_{p=p_0}=\frac{p}{Q(p)}Q'(p)\Big|_{p=p_0} \text{ 或 } E_d(p_0)=\frac{p_0}{Q(p_0)}Q'(p_0)$$

它表示当价格为 p_0 时,价格波动 1%,需求量变动 $|E_d|\%$.

【注1】【弧弹性】 设商品的需求函数为 $Q=Q(p)$,价格在 p_1,p_2 两点间的弹性 E_d 称为弧弹性(Arc Elasicity),即

$$E_d=\frac{\Delta Q}{Q}\Big/\frac{\Delta p}{p}=\frac{\Delta Q}{\dfrac{Q_1+Q_2}{2}}\Big/\frac{\Delta p}{\dfrac{p_1+p_2}{2}}=\frac{\Delta Q}{Q_1+Q_2}\Big/\frac{\Delta p}{p_1+p_2}$$

【注2】 一般来说,当价格波动较小时用点弹性进行分析,而当价格波动较大时则用弧弹性分析.

【注3】 当 Δp 变动很小时,有 $E_d\approx\dfrac{\Delta Q}{Q}\Big/\dfrac{\Delta p}{p}$.

可见,需求弹性表示某种商品需求量对价格变化的敏感程度.因为需求函数为价格的递减

函数,即需求弹性一般为负值.

2. 需求弹性的三种常见情况

(1) 当 $E_d=-1$($|E_d|=1$)时,称为**单位弹性**,即商品需求量的相对变化与价格的相对变化基本相等,通常指日用品.

(2) 当 $E_d<-1$($|E_d|>1$)时,称为**富有弹性**,即商品需求量的相对变化大于价格的相对变化,此时价格的变化对需求量的影响较大. 换句话说,适当降价会使需求较大幅度上升,从而增加收益,通常指高档消费品、奢侈品等.

(3) 当 $-1<E_d<0$($|E_d|<1$)时,称为**缺乏弹性**,即商品需求量的相对变化小于价格的相对变化,此时价格的变化对需求量的影响较小。 换句话说,适当涨价后,不会使需求量有太大的下降,从而可以使收益增加,通常指生活必需品.

【**注 1**】 需求弹性的特殊情况.

(1) $|E_d|=0$,称为完全无弹性,即价格再怎样变动,需求量都不会变动(如殡葬服务、特效药品等).

(2) $|E_d|=\infty$,称为弹性无穷大,即在既定价格上,需求量无限(如古董).

【**注 2**】 利用供给函数 $S=S(p)$,同样定义供给弹性 $E_s=\dfrac{p}{S}\dfrac{\mathrm{d}S}{\mathrm{d}p}=\dfrac{p}{S}S'$.

【**例 4-20**】 设某商品的需求函数为 $Q=3000\mathrm{e}^{-0.02p}$,求价格为 100 时的需求弹性,并解释其经济含义.

解:因为

$$E_d=\frac{p}{Q(p)}Q'(p)=\frac{p}{3000\mathrm{e}^{-0.02p}}(3000\mathrm{e}^{-0.02p})'$$
$$=\frac{p\cdot 3000\mathrm{e}^{-0.02p}(-0.02)}{3000\mathrm{e}^{-0.02p}}=-0.02p$$

所以 $E_d(100)=-2$.

又因为$|E_d(100)|=|-2|=2>1$,表示这种商品的需求对价格富有弹性,即价格的变化对需求量有较大的影响. 也就是说,当价格为 100 时,若价格上涨(或下降)1%,商品的需求量将减少(或增加)2%.

【**例 4-21**】【**应提价多少才能压缩到目标销售量**】 某高档商品,因出口需要,拟用提价的方法压缩国内销售量的 20%,该商品的需求弹性在 -2~-1.5 之间,问应提价多少?

解:因为 -2 和 -1.5 都是需求对价格的点弹性,所以 $E_d\approx\dfrac{\Delta Q}{Q}\Big/\dfrac{\Delta p}{p}$,即

$$\frac{\Delta p}{p}\approx\frac{\Delta Q}{Q}\Big/E_d$$

又已知 $\dfrac{\Delta Q}{Q}=-20\%$,则

当 $E_d=-2$ 时,$\dfrac{\Delta p}{p}\approx\dfrac{-20\%}{-2}=10\%$;

当 $E_d=-1.5$ 时,$\dfrac{\Delta p}{p}=\dfrac{-20\%}{-1.5}\approx 13.3\%$.

因此,应提价 10%~13.3%.

【**例 4-22**】 设某商品的需求函数为 $Q=150-2p^2$($0<p<8$).

(1) 求需求弹性；

(2) 讨论当价格为多少时，弹性分别是缺乏弹性、单位弹性、富有弹性？

解：(1) $E_d = \dfrac{p}{Q(p)} Q'(p) = \dfrac{p(150-2p^2)'}{150-2p^2} = \dfrac{-4p^2}{150-2p^2} = \dfrac{-2p^2}{75-p^2}$

(2) 令 $E_d = -1$，即 $\dfrac{-2p^2}{75-p^2} = -1$，$2p^2 = 75 - p^2$，解得 $p=5$.

即当价格 $p=5$ 时，$|E_d|=1$ 是单位弹性.

当令 $|E_d|<1$ 时，解得 $0<p<5$，即当价格 p 满足 $0<p<5$ 时，$|E_d|<1$，是缺乏弹性.

当令 $|E_d|>1$ 时，解得 $5<p<8$，即当价格 p 满足 $5<p<8$ 时，$|E_d|>1$，是富有弹性.

4.3.2 收益弹性

收益 R 是商品价格 p 与销售量 Q 的乘积. 为了讨论价格变化对收益的影响，将收益表示为价格的函数，若已知需求函数 $Q=Q(p)$，则收益 R 是价格 p 的函数，即

$$R(p) = p \cdot Q(p)$$

则

$$R'(p) = (p \cdot Q(p))' = Q(p) + p \cdot Q'(p)$$
$$= Q(p)\left(1 + Q'(p)\dfrac{p}{Q(p)}\right) = Q(p)(1 + E_d)$$

即有

$$R'(p) = Q(p)(1 - |E_d|)$$

所以收益对价格的弹性（Price Elasticity of Revenue）为

$$E_r = \dfrac{p}{R(p)} R'(p) = \dfrac{p}{R(p)} Q(p)(1-|E_d|)$$
$$= \dfrac{p}{p \cdot Q(p)} Q(p)(1-|E_d|) = 1 - |E_d|$$

这样，就得到了收益弹性与需求弹性的关系：收益弹性与需求弹性之和等于1. 即

$$|E_d| + E_r = 1$$

收益弹性的计算公式为

$$E_r = 1 - |E_d|$$

根据 $R'(p) = Q(p)(1-|E_d|)$ 及导数定义，有

$$\dfrac{\Delta R}{\Delta p} \approx Q(p)(1-|E_d|), \quad \dfrac{\Delta R}{R} \approx \dfrac{Q(p)(1-|E_d|)\Delta p}{pQ(p)}$$

则

$$\dfrac{\Delta R}{R} \approx (1-|E_d|) \dfrac{\Delta p}{p} \tag{4-2}$$

收益对价格的弹性变化有以下三种情况：

(1) 当收益弹性 $E_r > 0$ 时，需求对价格缺乏弹性，即 $|E_d|<1(-1<E_d<0)$ 时，收益随价格同向变动，价格提升，收益增长，应采用提价策略.

(2) 当收益弹性 $E_r < 0$ 时，需求对价格富有弹性，即 $|E_d|>1(E_d<-1)$ 时，收益随价格反向变动，价格降低，收益增长，应采用降价策略.

(3) 当收益弹性 $E_r = 0$ 时，需求对价格是单位弹性，即 $|E_d|=1(E_d=-1)$ 时，价格下降（上

涨)1%,收益不变,即收益不随价格的变动而变动,因此不需要调整价格,此时获得的收益最大.

【例 4-23】 设某商品的需求函数为 $Q=16-\dfrac{p}{3}$,求:

(1) 需求弹性函数;
(2) $p=8$ 时的需求弹性;
(3) $p=8$ 时若价格上涨 1%,需求增加还是减少?将变化多少?
(4) $p=8$ 时若价格上涨 1%,收益增加还是减少?将变化多少?

解:(1) $E_d=\dfrac{p}{Q(p)}Q'(p)=\dfrac{p}{16-\dfrac{p}{3}}\left(16-\dfrac{p}{3}\right)'=\dfrac{p}{16-\dfrac{p}{3}}\left(-\dfrac{1}{3}\right)=\dfrac{-p}{48-p}$

(2) $E_d(8)=\dfrac{-8}{48-8}=-\dfrac{1}{5}$

(3) $|E_d(8)|=\left|-\dfrac{1}{5}\right|=\dfrac{1}{5}<1$,即缺乏弹性. 所以当 $p=8$ 时,价格上涨 1%,需求将减少 0.2%.

(4) 由需求弹性可得收益弹性

$$E_r(8)=1-|E_d(8)|=1-\left|-\dfrac{1}{5}\right|=1-\dfrac{1}{5}=\dfrac{4}{5}=0.8$$

所以当 $p=8$ 时,价格上涨 1%,收益将增加 0.8%.

【例 4-24】 已知某公司生产的某种电器的需求弹性在 $-3.5\sim-1.5$ 之间,如果该公司计划在下一年度内将价格降低 10%,试问这种电器的销售量将会增加多少?收益将会增加多少?

解:由式(4-1)和式(4-2)得

(1) 当需求弹性 $E_d=-1.5$ 和 $\dfrac{\Delta p}{p}=-0.1$ 时,

$$\dfrac{\Delta Q}{Q}\approx -1.5\times(-0.1)=0.15=15\%$$

$$\dfrac{\Delta R}{R}\approx (1-1.5)\times(-0.1)=5\%$$

(2) 当需求弹性 $E_d=-3.5$ 和 $\dfrac{\Delta p}{p}=-0.1$ 时,

$$\dfrac{\Delta Q}{Q}\approx -3.5\times(-0.1)=0.35=35\%$$

$$\dfrac{\Delta R}{R}\approx (1-3.5)\times(-0.1)=25\%$$

综上所述,在下一年度内将价格降低 10% 后,该公司这种电器的销售量将增加 15%~35%,收益将会增加 5%~25%.

【例 4-25】【如何定价收益最大】 若某商品由某企业垄断生产,产品的需求函数为 $Q=12-0.5p$,在 $p=6$ 和 $p=18$ 时,若价格上涨 2%,收益如何变化?价格为多少时,收益最大?

解:价格上涨 2%,相应的收益增加或减少多少个百分点的问题就是求收益弹性的问题. 由需求弹性 $E_d=\dfrac{p}{Q(p)}Q'(p)$ 和式(4-2),则

(1) $E_d(6)=\dfrac{6}{12-0.5\times 6}\times(-0.5)\approx -0.3,\dfrac{\Delta R}{R}\approx(1-0.3)\times 0.02=0.014=1.4\%$,即

当价格为 6 时,价格上涨 2%,收益增加 1.4%.

(2) $E_d(18) = \dfrac{18}{12-0.5\times 18}\times(-0.5)\approx -3$, $\dfrac{\Delta R}{R}\approx(1-3)\times 0.02=-0.04=-4\%$, 即当价格为 18 时,价格上涨 2%,收益减少 4%.

(3) 当 $E_r = 1-|E_d|=0$ 时,总收益最大,即
$$1+\dfrac{p}{Q(p)}Q'(p)=0$$
$$1+\dfrac{-0.5p}{12-0.5p}=0$$

解得 $p=12$,则当价格为 12 时,总收益最大.

【能力训练 4.3】

1. 设某商品需求量 Q 与价格 p 的函数关系为
$$Q=1600\mathrm{e}^{-0.03p}$$
求:(1)需求弹性函数;(2)当价格 $p=100$ 时的需求弹性,并说明其经济含义.

2. 某城市乘客对公交车票价需求的价格弹性为 -0.6;票价 1 元,日乘客量为 55 万人. 为降低车厢内的拥挤程度、提高乘客的舒适度,公交车公司计划提价后,净减少的日乘客量控制在 10 万人,则新的票价应为多少?

3. 【运输价格应提升还是下调】某城市大量运输的需求价格弹性估计为 -1.6,若运输部门希望增加大量运输的收益,应增加还是降低运输价格?

4. 设某商品需求量 Q 与价格 p 的函数关系为
$$Q=75-p^2$$
求:(1) $p=4$ 时的边际需求,并说明其经济含义;
(2) $p=4$ 时的需求弹性,并说明其经济含义;
(3) $p=4$ 时,若价格上涨 1%,收益增加还是减少?将变化多少?
(4) $p=6$ 时,若价格上涨 1%,收益增加还是减少?将变化多少?

4.4 经济中的最优化问题

4.4.1 最大利润问题

设产品的需求函数为 $Q=Q(p)$(其中,Q 表示需求量,p 表示产品的价格)或价格函数 $P=P(q)$,成本函数为 $C=C(q)$. 假定产品可以全部售出,则产品的收益函数为
$$R(q)=P(q)\cdot q$$
利润函数为
$$L(q)=R(q)-C(q)$$
利润函数的导数(边际利润)为
$$L'(q)=R'(q)-C'(q)$$
令 $L'(q)=0$,则在驻点处有
$$R'(q)=C'(q)$$
因此,当产品的利润达到最大时,产品的边际收益应等于边际成本.

如果 $L(q)$ 的驻点 q_0 是唯一的,而利润函数的二阶导数存在 $L''(q)=R''(q)-C''(q)$,且有
$$L''(q_0)=R''(q_0)-C''(q_0)<0$$
根据实际推断原理,$L(q)$ 在点 q_0 处取得最大值. 此时产品的利润确实达到最大.

【例 4-26】 某厂生产某种产品,其固定成本为 3 万元,每生产 1 百件产品,成本增加 2 万元. 其总收益 R(单位:万元)是产量 q(单位:百件)的函数. $R(q)=5q-\frac{1}{2}q^2$,求达到最大利润时的产量.

解:(1) 成本函数为 $C(q)=3+2q$,收益函数为 $R(q)=5q-\frac{1}{2}q^2$.

(2) 利润函数为 $L(q)=R(q)-C(q)=-3+3q-\frac{1}{2}q^2$.

(3) $L'(q)=3-q$,令 $L'(q)=0$,得 $q_0=3$.

又 $L''(3)=-1<0$,所以当 $q_0=3$ 时,函数取得极大值,因为 $q_0=3$ 是唯一的极值点,所以就是最大值点. 即产量为 3 百件时取得最大利润.

【例 4-27】 设某种产品的需求函数为 $Q=1200-5p$,成本函数为 $C(q)=2000+80q$(单位:产量 q 为件,成本 C 为元),求产量和价格分别为多少时,该产品的利润最大,并求最大利润.

解:(1) 因为需求函数为 $Q=1200-5p$,则价格函数为 $P=240-0.2q$.
该产品的收益函数为
$$R(q)=P(q) \cdot q=(240-0.2q)q=240q-0.2q^2$$
(2) 利润函数为
$$L(q)=R(q)-C(q)=(240q-0.2q^2)-(2000+80q)=-0.2q^2+160q-2000$$
(3) 边际利润 $L'(q)$ 为
$$L'(q)=(-0.2q^2+160q-2000)'=-0.4q+160$$
令 $L'(q)=0$,即 $-0.4q+160=0$,得唯一驻点 $q_0=400$.
(4) $L''(400)=-0.4<0$,可知产量为 $q_0=400$ 时取得最大值. 最大利润为
$$L(400)=-0.2\times400^2+160\times400-2000=30000(元)$$
再将 $q_0=400$ 代入价格函数 $P=240-0.2q$ 中,则最大利润时的价格为
$$P=240-0.2\times400=160(元/件)$$

因此,当产量为 400 件时,该产品的利润最大,最大利润为 30000 元,此时价格为 160 元/件.

4.4.2 最小平均成本问题

设成本函数为 $C(q)$(其中,C 表示总成本函数,q 表示产量),则平均成本函数为
$$AC(q)=\frac{C(q)}{q}$$
平均成本 $AC(q)$ 的导数
$$[AC(q)]'=\left[\frac{C(q)}{q}\right]'=\frac{qC'(q)-C(q)}{q^2}$$
令 $[AC(q)]'=0$,可知在平均成本 $AC(q)$ 的驻点 q_0 处有 $\frac{qC'(q)-C(q)}{q^2}=0$,即

$$qC'(q) - C(q) = 0$$

解得

$$C'(q) = \frac{C(q)}{q} = \mathrm{AC}(q)$$

因此,当产品的平均成本 $\mathrm{AC}(q)$ 达到最小值时,产品的边际成本应等于平均成本.

【例 4-28】 已知某个产品的成本函数为 $C(q) = 0.5q^2 + 20q + 3200$.其中:成本 C(单位:千元),产量 q(单位:吨).求当产量为多少时,该产品的平均成本最小,并求出最小平均成本.

解:(1) 该产品的平均成本函数为

$$\mathrm{AC}(q) = \frac{C(q)}{q} = \frac{0.5q^2 + 20q + 3200}{q} = 0.5q + 20 + \frac{3200}{q}$$

(2) $[\mathrm{AC}(q)]' = \left(0.5q + 20 + \frac{3200}{q}\right)' = 0.5 - \frac{3200}{q^2}$

(3) 令 $[\mathrm{AC}(q)]' = 0$,即 $0.5 - \frac{3200}{q^2} = 0$,$q^2 = 6400$,解得唯一驻点 $q_0 = 80$,$q = -80$ 舍去.

(4) 又 $[\mathrm{AC}(q)]'' = \left(0.5 - \frac{3200}{q^2}\right)' = \frac{6400}{q^3}$,则 $[\mathrm{AC}(80)]'' = \frac{6400}{80^3} > 0$,因而平均成本 $\mathrm{AC}(q)$ 在 $q_0 = 80$ 处取得最小值为

$$\mathrm{AC}(80) = 0.5 \times 80 + 20 + \frac{3200}{80} = 100(\text{千元/吨})$$

因此,当产量为 80 吨时,该产品的平均成本最小,最小平均成本为 100 千元/吨.

*4.4.3 允许缺货的批量问题

> **引例 4-2** 【经济批量函数】
> 某厂生产摄像机,年产量 1000 台,每台成本 800 元,每一季度每台摄像机的库存费是成本的 5%;工厂分批生产,每批生产准备费为 5000 元;市场对产品的需求一致,不许缺货,产品整批存入仓库.试确定经济批量及一年最小存货总费用.
> 从实际情况分析,每批生产过多或过少,都不会使总费用最小.只有建立总费用和批量间的函数关系,才能确定总费用最小的批量.
> **预备知识**:库存问题、成批到货的库存模型.

1. 库存问题

库存或存储无论是在生产环节或商业环节,还是在各个经济系统中都是一个重要的问题.需求量可由库存来提供和满足,库存也需要由进货来维持和补充.在供给与需求、生产与销售之间,库存起到调节的作用.

通常的库存问题是库存数量为多少时,存货总费用最低.一般的,存货总费用包括如下两个方面.

(1) 生产准备费或订购费:工厂生产产品是成批投产的,每次投产要支付生产准备费;商店向外订货,每次订货都要支付订购费.假设每次投产的准备费或每次的订购费与投产或订货数量无关.

(2) 货物的库存费：货物存放仓库的保管费．假设在某一时间内单位产品的库存费不变．另外，还假设需求是连续的、均匀的，即单位时间内的需求是常数，因而在一个计划期内需求的总量是已知的．简言之，需求是已知的，这是确定性库存模型．在此只讨论成批到货的库存模型．

2. 成批到货的库存模型

所谓成批到货，不允许短缺，就是每批产品或每次订购的货物整批存入仓库，由仓库均匀提取（因需求是一致的）投放市场，当前一批库存提取完后，下一批货物立即补足．

在这种理想情况下，库存水平变动情况如图 4-43 所示，库存量由最高水平逐渐（或线性）地减少到 0，然后库存水平又立即达到最高水平，再循环前一过程．这样，在一个计划期内，平均库存量可以认为是最高库存量的一半．图中的 t 表示一个存储循环延续的时间．

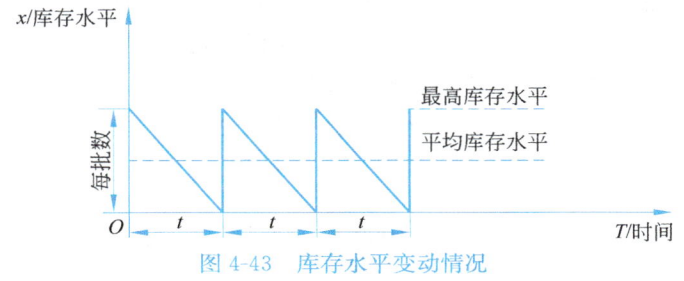

图 4-43　库存水平变动情况

由于在一个计划期内需求量是固定的，在这个计划期内，如果每批投产或每次订购量多，库存量自然多，因而库存费多；但因投产或订购的次数少，因此生产准备费或订购费少．相反，如果每批投产或每次订购量少，库存费减少，但因投产或订购的次数多，自然，生产准备费或订购费增多．在这两种费用一多一少的情况下，我们的问题是，如何确定每批投产或每次订购的数量，即选择最优批量以使这两项费用之和最小．

假设，

a 为一个计划期内的需求数量，即生产或订货的总量；

b 为每批生产准备费或每次订购费；

c 为一个计划期内每件产品所付的库存费；

x 为每批投产或每次订货的数量，即批量；

C 为一个计划期内存货总费用，即生产准备费或订购费与库存费之和．

这样，按图 4-43 分析，在一个计划期内，自始至终库存数量应认为是 $\dfrac{x}{2}$，即库存量恰是批量之半，所以库存费为 $\dfrac{c}{2}x$；生产次数或订购次数，即批数应为 $\dfrac{a}{x}$，因此，生产准备费或订购费为 $b\cdot\dfrac{a}{x}$．于是，存货总费用 C 与每批数量 x 的函数关系为

$$C=C(x)=\frac{c}{2}x+\frac{ba}{x},\quad x\in(0,a]$$

现在的问题是：求解变量 x，使目标函数 $C=C(x)$ 取最小值．根据前面关于最值的讨论，可利用导数进行求解．

$$C'(x)=\left(\frac{c}{2}x+\frac{ba}{x}\right)'=\frac{c}{2}-\frac{ba}{x^2}$$

令 $C'(x)=0$，得唯一驻点

$$x_{\min}=\sqrt{\frac{2ab}{c}} \tag{4-3}$$

结合实际情况，当批量 $x_{\min}=\sqrt{\frac{2ab}{c}}$ 时，总费用最小，其值为

$$C_{\min}=\frac{c}{2}\sqrt{\frac{2ab}{c}}+ba\sqrt{\frac{c}{2ab}}=\sqrt{2abc} \tag{4-4}$$

这就得到了求最优批量及最小总费用的一般表达式．

引例 4-2 的分析和求解

分析：引例 4-2 提出的问题属于成批到货的库存模型．

求解：由题设知，$a=1000$ 台，$b=5000$ 元，每年每台库存费为

$$c=800\times 5\%\times 4=160(元)$$

存货总费用 C 与每批生产台数 x 的函数关系为

$$C(x)=\frac{160}{2}x+\frac{1000\times 5000}{x}$$

由式(4-3)，经济批量为

$$x_{\min}=\sqrt{\frac{2\times 1000\times 5000}{160}}=250(台)$$

由式(4-4)，一年最小存货总费用为

$$C_{\min}=\frac{160\times 250}{2}+\frac{1000\times 5000}{250}=40000(元)$$

库存费用曲线与生产准备费用曲线如图 4-44 所示，其中，$C_1=\frac{160}{2}x$，$C_2=\frac{1000\times 5000}{x}$．交点的横坐标就是经济批量，其纵坐标刚好是存货总费用的一半．

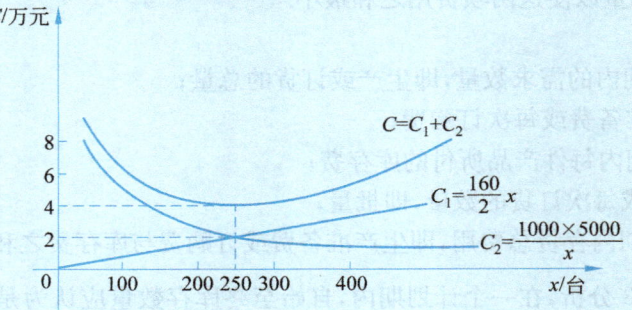

图 4-44 库存费用曲线与生产准备费用曲线

【例 4-29】 某工厂生产某商品，年销售量为 100 万件，每批生产需要增加准备费 1000 元，而每件商品的年库存费为 0.05 元，如果销售量是均匀的，且上一批售完，立即生产下一批，每批数量相同．问全年应组织几批生产可使得生产准备费与库存费之和为最小？

解：设批量为 x 件，则批次为 $\frac{1000000}{x}$，总费用为 C．

由题设知 $a=1000000$ 件，$b=1000$ 元，$c=0.05$ 元，则总费用和批量间的函数为

$$C(x)=\frac{0.05}{2}x+\frac{1000000\times 1000}{x}$$

由式(4-3)，经济批量

$$x_{\min}=\sqrt{\frac{2\times 1000000\times 1000}{0.05}}=200000(件)$$

此时的批次为

$$\frac{1000000}{200000}=5$$

全年应组织 5 批生产可使得生产准备费与库存费之和最小．

【能力训练 4.4】

1. 设某产品产量为 q（百台）时的成本为 $C(q)=q^3-6q^2+15q$（万元），试问：
(1) 产量为多少时，该产品的平均成本最小？
(2) 最小平均成本是多少？

2. 设某厂每天生产某产品 q 个单位时的总成本函数为 $C(q)=0.5q^2+36q+9800$，问每天生产多少单位时，其平均成本最低？

3. 生产某种产品，每批 q 个单位的总成本为 $C(q)=3+q$（单位：百元），可得的收益 $R(q)=6q-q^2$（单位：百元），问每批生产多少个单位的该产品时，才能使利润最大？最大利润是多少？

4. 设某产品的需求函数为 $Q=1000-100p$（单位：Q 为件，p 为元），成本函数为 $C(q)=5q+200$（元）．试问：
(1) 产量为多少时，该产品的利润最大？
(2) 最大利润是多少？

5. 某药店常年经销某类药品，年销售量 300 箱，每箱进货价 800 元．如果考虑按平均库存量占用资金，该资金每年应付贷款利率为 7.5%．为了保证供应，要有计划地进货，假设销售量是均匀的，每批进货量相同．已知每进一批货需要手续费 50 元，而库存费为每箱每年 10 元．因此库存总费用由三部分构成：进货费、库存费和货款利息．试问：
(1) 分别表示这三部分的费用；
(2) 求总费用 C 与进货批量 x 之间的函数关系．
(3) 经济批量是多少？

4.5　偏导数在经济分析中的应用

4.5.1　偏边际成本

定义 4.12　设某企业生产 A、B 两种产品，产量分别为 x,y 时的总成本函数为
$$C=C(x,y)$$
那么总成本 $C=C(x,y)$ 对产量 x 和对产量 y 的偏导数 $C'_x(x,y)$ 和 $C'_y(x,y)$ 就是总成本 $C=C(x,y)$ 的偏边际成本．

偏导数 $C'_x(x,y)$ 和 $C'_y(x,y)$ 的经济含义：

(1) 偏导数 $C'_x(x,y)$ 表示总成本 $C=C(x,y)$ 对产量 x 的**边际成本**，它表示在两种产品的产量分别为 x,y 的基础上，再多生产 1 个单位的 A 产品时总成本 $C=C(x,y)$ 的改变量．

(2) 偏导数 $C_y'(x,y)$ 表示总成本 $C=C(x,y)$ 对产量 y 的**边际成本**,它表示在两种产品的产量分别为 x,y 的基础上,再多生产 1 个单位的 B 产品时总成本 $C=C(x,y)$ 的改变量.

【例 4-30】 设生产 A、B 两种产品的产量分别为 x,y 时的总成本函数为

$$C(x,y)=300+\frac{1}{2}x^2+4xy+\frac{3}{2}y^2$$

求:(1) 总成本 $C(x,y)$ 对产量 x 和对产量 y 的边际成本函数;
(2) 当 $x=50,y=50$ 时的边际成本,并解释其经济含义.

解:(1) 总成本 $C(x,y)$ 对产量 x 的边际成本函数为

$$C_x'(x,y)=\left(300+\frac{1}{2}x^2+4xy+\frac{3}{2}y^2\right)_x'=x+4y$$

总成本 $C(x,y)$ 对产量 y 的边际成本函数为

$$C_y'(x,y)=\left(300+\frac{1}{2}x^2+4xy+\frac{3}{2}y^2\right)_y'=4x+3y$$

(2) 当 $x=50,y=50$ 时,总成本 $C(x,y)$ 对产量 x 的边际成本为

$$C_x'(50,50)=50+4\times50=250$$

$C_x'(50,50)$ 的经济含义:当两种产品的产量都为 50 单位时,再多生产一个单位的 A 产品时,总成本将增加 250 单位.

当 $x=50,y=50$ 时,总成本 $C(x,y)$ 对产量 y 的边际成本为

$$C_y'(50,50)=4\times50+3\times50=350$$

$C_y'(50,50)$ 的经济含义:当两种产品的产量都为 50 单位时,再多生产一个单位的 B 产品时,总成本将增加 350 单位.

4.5.2 二元经济函数的极值

1. 二元经济函数的无条件极值

在求函数 $f(x,y)$ 的极值时,如果没有其他任何限制条件,则此极值问题称为无条件极值问题.

定义 4.13 设二元函数 $z=f(x,y)$ 在点 (x_0,y_0) 某一邻域内有定义,如果对邻域内的任意异于 (x_0,y_0) 的点 (x,y),有

$$f(x,y)<f(x_0,y_0)(f(x,y)>f(x_0,y_0)),\quad (x,y)\neq(x_0,y_0)$$

则称 $f(x_0,y_0)$ 是函数 $f(x,y)$ 的极大值(极小值).

函数 $f(x,y)$ 的极大值和极小值统称为极值,使 $f(x,y)$ 取得极值的点称为极值点.

【例 4-31】 求 $f(x,y)=\sqrt{4-x^2-y^2}$ 的极值.

解:$f(x,y)=\sqrt{4-x^2-y^2}$ 对任意的点 $(x,y)\neq(0,0)$,有

$$f(x,y)=\sqrt{4-x^2-y^2}<\sqrt{4}=2=f(0,0)$$

所以,函数 $f(x,y)$ 在 $(0,0)$ 处有极大值 $f(0,0)=2$.

定理 4.7【二元函数极值存在的必要条件】 如果函数 $f(x,y)$ 在点 (x_0,y_0) 处有极值,且在 (x_0,y_0) 处存在一阶偏导数,且

$$f_x'(x_0,y_0)=f_y'(x_0,y_0)=0$$

则称使各一阶偏导数等于零的点 (x_0,y_0) 为驻点.

【注】 根据定理 4.7,当函数存在一阶偏导数时,极值点必为驻点. 但是,驻点未必是极值点,这与一元函数极值的有关结论是十分相似的.

定理 4.8【二元函数极值存在的充分条件】 如果函数 $z=f(x,y)$ 在点 (x_0,y_0) 的某一邻域内有二阶连续偏导数,且 $f'_x(x_0,y_0)=0, f'_y(x_0,y_0)=0$. 记

$$A=f''_{xx}(x_0,y_0), \quad B=f''_{xy}(x_0,y_0), \quad C=f''_{yy}(x_0,y_0)$$

则:(1) 当 $B^2-AC>0$ 时,$f(x_0,y_0)$ 不是极值;

(2) 当 $B^2-AC<0$,且 $A<0$ 时,$f(x_0,y_0)$ 是极大值;

(3) 当 $B^2-AC<0$,且 $A>0$ 时,$f(x_0,y_0)$ 是极小值;

(4) 当 $B^2-AC=0$ 时,不能判定 $f(x_0,y_0)$ 是否为极值.

【例 4-32】 求函数 $z=x^3+y^3-3xy$ 的极值.

解:(1) $z'_x=3x^2-3y, z'_y=3y^2-3x$.

(2) 令 $z'_x=z'_y=0$,即解

$$\begin{cases} 3x^2-3y=0 \\ 3y^2-3x=0 \end{cases}$$

可得驻点 $(0,0)$ 和 $(1,1)$.

(3) 又

$$z''_{xx}=6x, \quad z''_{xy}=-3, \quad z''_{yy}=6y$$

(4) 对于驻点 $(0,0)$,$A=z''_{xx}(0,0)=0, B=z''_{xy}(0,0)=-3, C=z''_{yy}(0,0)=0$. 所以

$$B^2-AC=(-3)^2=9>0$$

根据定理 4.8,点 $(0,0)$ 不是极值点.

对于驻点 $(1,1)$,$A=z''_{xx}(1,1)=6>0, B=z''_{xy}(1,1)=-3, C=z''_{yy}(1,1)=6$. 所以

$$B^2-AC=(-3)^2-6\times 6=-27<0$$

根据定理 4.8,函数在点 $(1,1)$ 处取得极小值 $z(1,1)=-1$.

2. 经济函数的条件极值

在求函数 $z=f(x,y)$ 的极值时,如果自变量 x、y 必须满足一定的条件 $g(x,y)=0$,则称这样的极值问题为**条件极值问题**. 由约束条件或约束方程 $g(x,y)=0$ 求出的函数 $z=f(x,y)$ 的极值称为条件极值.

求解条件极值问题的方法——拉格朗日乘数法

(1) 构造拉格朗日函数:

$$L(x,y,\lambda)=f(x,y)+\lambda g(x,y)$$

其中,λ 称为拉格朗日乘数.

(2) 分别求 $L(x,y,\lambda)$ 的关于 x,y,λ 的偏导数,并令它们等于零.

(3) 求解方程组:

$$\begin{cases} L'_x=f'_x(x,y)+\lambda g'_x(x,y)=0 \\ L'_y=f'_y(x,y)+\lambda g'_y(x,y)=0 \\ L'_\lambda=g(x,y)=0 \end{cases}$$

此方程组的解 (x_0,y_0) 就是可能的极值点.

(4) 判别 (x_0,y_0) 是否为极值点. 一般可以根据问题的实际背景直接判定.

【例4-33】 某化妆品公司可以通过报纸和电视台做销售化妆品的广告. 根据统计资料，销售收益 R（百万元）与报纸广告费用 x_1（百万元）和电视广告费用 x_2（百万元）之间的关系有如下的经验公式：

$$R(x_1, x_2) = 15 + 14x_1 + 32x_2 - 8x_1x_2 - 2x_1^2 - 10x_2^2$$

求：（1）如果不限制广告费用的支出，求最优广告策略.

（2）如果可供使用的广告费用为 150 万元，求相应的最优广告策略.

解：（1）无条件极值问题.

设该公司的净销售收益为

$$z = f(x_1, x_2) = 15 + 14x_1 + 32x_2 - 8x_1x_2 - 2x_1^2 - 10x_2^2 - (x_1 + x_2)$$
$$= 15 + 13x_1 + 31x_2 - 8x_1x_2 - 2x_1^2 - 10x_2^2$$

令

$$\begin{cases} z'_{x_1} = 13 - 8x_2 - 4x_1 = 0 \\ z'_{x_2} = 31 - 8x_1 - 20x_2 = 0 \end{cases}$$

得驻点 $x_1 = 0.75, x_2 = 1.25$. 又

$$A = z''_{x_1x_1} = -4 < 0, \quad B = z''_{x_1x_2} = -8, \quad C = z''_{x_2x_2} = -20$$

所以，在点 (0.75, 1.25) 处，有

$$B^2 - AC = (-8)^2 - (-4) \times (-20) < 0$$

根据定理 4.8，函数 $z = f(x_1, x_2)$ 在点 (0.75, 1.25) 处有极大值，因极大值点唯一，故在 (0.75, 1.25) 处也取得最大值，即最优广告策略的报纸广告费为 75 万元，电视广告费为 125 万元.

（2）条件极值问题.

如果广告费用限定为 150 万元，则求函数 $f(x_1, x_2)$ 在条件 $x_1 + x_2 = 1.5$ 下的条件极值. 设

$$L(x_1, x_2, \lambda) = 15 + 13x_1 + 31x_2 - 8x_1x_2 - 2x_1^2 - 10x_2^2 + \lambda(x_1 + x_2 - 1.5)$$

$$\begin{cases} L'_{x_1} = -4x_1 - 8x_2 + 13 + \lambda = 0 \\ L'_{x_2} = -8x_1 - 20x_2 + 31 + \lambda = 0 \\ L'_\lambda = x_1 + x_2 - 1.5 = 0 \end{cases}$$

得 $x_1 = 0, x_2 = 1.5$.

根据问题的实际意义，在点 (0, 1.5) 处 $f(x_1, x_2)$ 有条件极值. 即将广告费用全部用于电视广告，可使净收益最大.

【能力训练 4.5】

1. 求函数 $z = x^2 + y^2 - 2\ln x - 2\ln y$ 的极值，其中 $x > 0, y > 0$.

2. 根据某家具公司最近几年的生产情况，发现该公司每年获得的利润可以用下式表示

$$L(x, y) = -22x^2 + 22xy - 11y^2 + 110x - 44y - 23$$

这里 x（单位：千件）表示依正常销售渠道销售的家具，y（单位：千件）表示按投标形式销售的家具. $L(x, y)$ 表示每年获得的利润（单位：万元）. 试求当 x, y 为何值时取得最大利润，并求其最大值.

3. 求下列条件极值：

(1) 求函数 $z=x^2+y^2$ 在条件 $x+y=1$ 下的极值；

(2) 求函数 $z=xy$ 在条件 $x+y=2$ 下的极值.

4. 设生产某产品的数量 z 与所用两种原料 A、B 的数量 x,y 有如下关系：
$$z=0.005x^2y$$
现打算用 150 元购买原料，已知 A、B 原料的单价分别为 1 元、2 元. 问购进两种原料各多少时，才可使生产的数量最多？

4.6 计算未定式极限的一般方法——洛必达法则

在同一变化过程中，两个无穷小之比"$\frac{0}{0}$"型与两个无穷大之比"$\frac{\infty}{\infty}$"型的极限，有的存在，有的不存在. 通常称这类极限为"$\frac{0}{0}$"型或"$\frac{\infty}{\infty}$"型未定式的极限，下面介绍利用导数求解这类极限的方法——洛必达法则.

定理 4.9【洛必达法则】 如果函数 $f(x)$ 与 $g(x)$ 满足以下三个条件：

(1) $\lim\limits_{x \to x_0} f(x)=0, \lim\limits_{x \to x_0} g(x)=0$；

(2) 函数 $f(x)$ 与 $g(x)$ 在 x_0 的某个邻域内（点 x_0 可除外）可导，且 $g'(x) \neq 0$；

(3) $\lim\limits_{x \to x_0} \dfrac{f'(x)}{g'(x)}=A$（其中，$A$ 可以是有限数，也可以是 ∞、$+\infty$ 或 $-\infty$），则
$$\lim_{x \to x_0} \frac{f(x)}{g(x)} = \lim_{x \to x_0} \frac{f'(x)}{g'(x)} = A$$

【注】 上述定理对于 $x \to \infty$ 时的"$\frac{0}{0}$"型未定式同样适用，对于 $x \to x_0$ 或 $x \to \infty$ 时的"$\frac{\infty}{\infty}$"型未定式也适用.

【例 4-34】 求 $\lim\limits_{x \to 0} \dfrac{1-\cos x}{x^2}$.

解：这是"$\frac{0}{0}$"型未定式，由洛必达法则
$$\lim_{x \to 0} \frac{1-\cos x}{x^2} = \lim_{x \to 0} \frac{(1-\cos x)'}{(x^2)'} = \lim_{x \to 0} \frac{\sin x}{2x} = \frac{1}{2}$$

【例 4-35】 求 $\lim\limits_{x \to 1} \dfrac{x^3-3x+2}{x^3-x^2-x+1}$.

解：这是"$\frac{0}{0}$"型未定式，由洛必达法则
$$\lim_{x \to 1} \frac{x^3-3x+2}{x^3-x^2-x+1} = \lim_{x \to 1} \frac{3x^2-3}{3x^2-2x-1} = \lim_{x \to 1} \frac{6x}{6x-2} = \frac{6}{4} = \frac{3}{2}$$

【注】 本题连续两次使用洛必达法则.

【例 4-36】 求 $\lim\limits_{x \to 0} \dfrac{x-\sin x}{x-x\cos x}$.

解：这是"$\frac{0}{0}$"型未定式，由洛必达法则

$$\lim_{x\to 0}\frac{x-\sin x}{x-x\cos x}=\lim_{x\to 0}\frac{1-\cos x}{1-\cos x+x\sin x} \quad \text{(第一次使用洛必达法则)}$$

$$=\lim_{x\to 0}\frac{\sin x}{\sin x+\sin x+x\cos x} \quad \text{(第二次使用洛必达法则)}$$

$$=\lim_{x\to 0}\frac{\cos x}{2\cos x+\cos x-x\sin x} \quad \text{(第三次使用洛必达法则)}$$

$$=\frac{1}{3}$$

【例 4-37】 求 $\lim\limits_{x\to +\infty}\dfrac{\ln x}{x^n}$.

解： 这是"$\dfrac{\infty}{\infty}$"型未定式，由洛必达法则

$$\lim_{x\to +\infty}\frac{\ln x}{x^n}=\lim_{x\to +\infty}\frac{\frac{1}{x}}{nx^{n-1}}=\lim_{x\to +\infty}\frac{1}{nx^n}=0$$

【例 4-38】 求 $\lim\limits_{x\to +\infty}\dfrac{e^x}{x^n}$.

解： 这是"$\dfrac{\infty}{\infty}$"型未定式，由洛必达法则

$$\lim_{x\to +\infty}\frac{e^x}{x^n}=\lim_{x\to +\infty}\frac{e^x}{nx^{n-1}}=\lim_{x\to +\infty}\frac{e^x}{n(n-1)x^{n-2}}=\cdots$$

$$=\lim_{x\to +\infty}\frac{e^x}{n!}=+\infty$$

【注】 除"$\dfrac{0}{0}$"型和"$\dfrac{\infty}{\infty}$"型之外，还有 $0\cdot\infty, \infty-\infty, 0^0, 1^\infty, \infty^0$ 等未定式．它们都可以转化成"$\dfrac{0}{0}$"型或"$\dfrac{\infty}{\infty}$"型，然后用洛必达法则求极限．

【例 4-39】 $\lim\limits_{x\to 0}\left[\dfrac{1}{x}-\dfrac{1}{x^2}\ln(1+x)\right]$.

解： 这是"$\infty-\infty$"型未定式，先变形为"$\dfrac{0}{0}$"型，再用洛必达法则．

$$\lim_{x\to 0}\left[\frac{1}{x}-\frac{1}{x^2}\ln(1+x)\right]=\lim_{x\to 0}\frac{x-\ln(1+x)}{x^2}=\lim_{x\to 0}\frac{1-\frac{1}{1+x}}{2x}$$

$$=\lim_{x\to 0}\frac{1+x-1}{2x(1+x)}=\lim_{x\to 0}\frac{1}{2(1+x)}=\frac{1}{2}$$

运用洛必达法则时的注意事项

(1) 洛必达法则可以连续使用，但每次使用前，必须检验是否满足洛必达法则的条件，若不满足，就不能使用洛必达法则；

(2) 如果有可约因子，或有非零极限的乘积因子，可先约去或提出，以简化演算；

(3) 当 $\lim\dfrac{f'(x)}{g'(x)}$ 不存在时，并不能断定 $\lim\dfrac{f(x)}{g(x)}$ 也不存在，可尝试用其他方法求极限．

【能力训练 4.6】

利用洛必达法则求下列极限.

(1) $\lim\limits_{x\to 0}\dfrac{2^x-1}{x}$；

(2) $\lim\limits_{x\to 0}\dfrac{\ln(1+x)}{x}$；

(3) $\lim\limits_{x\to 0}\dfrac{\sqrt{a+x}-\sqrt{a-x}}{x}\ (a>0)$；

(4) $\lim\limits_{x\to 0}\dfrac{e^x-e^{-x}}{x}$；

(5) $\lim\limits_{x\to 0}\dfrac{x-\sin x}{x^3}$；

(6) $\lim\limits_{x\to a}\dfrac{\sin x-\sin a}{x-a}$；

(7) $\lim\limits_{x\to +\infty}\dfrac{\ln x}{x+2\sqrt{x}}$；

(8) $\lim\limits_{x\to 0}\left(\dfrac{1}{x}-\dfrac{1}{e^x-1}\right)$.

学 法 建 议

1. 本章的中心问题

本章以导数在经济分析中的应用为中心,重点是利用工具——导数来判定函数的单调性、极值、函数的最大值与最小值与凹向及拐点,解决经济中的常见问题——边际、弹性、最优化问题、库存问题等.

2. 函数的形态

利用函数的形态可直观地认识函数. 它包括函数的定义域、对称性和周期性、单调性、极值、最值、凹向与拐点、渐近线等.

3. 导数在经济分析中的应用

学习导数在经济分析中的应用时,要重点理解它们的经济含义.

(1) 最大利润.

产品的最大利润在边际利润为零时达到,即产品的边际收益应等于边际成本
$$MR(q)=MC(q)$$

(2) 最小平均成本.

当产品的平均成本 $AC(q)$ 达到最小值时,产品的边际成本等于平均成本.
$$MC(q)=AC(q)$$

(3) 边际分析.

必须清楚边际分析时,$MC(q_0)$、$MR(q_0)$ 和 $ML(q_0)$ 的含义是产量是第 q_0+1 时的经济函数的变化.

边际成本 $MC(q_0)$ 的经济含义:当产量达到 q_0 时,如果再增加(或减少)1 个单位的产品,则总成本将增加(或减少)$MC(q_0)$ 个单位.

边际收益 $MR(q_0)$ 的经济含义:当销售量达到 q_0 时,如果再增加(或减少)1 个单位的商品,则收益将增加(或减少)$MR(q_0)$ 个单位.

边际利润 $ML(q_0)$ 的经济含义:当产量达到 q_0 时,如果再增加(减少)1 个单位的产品,则利润将增加(或减少)$ML(q_0)$ 个单位.

(4) 需求弹性.

需求弹性公式：$E_d = \dfrac{p}{Q(p)} Q'(p)$.

需求弹性 E_d 表示需求量对价格变化的敏感程度.

需求弹性 E_d 一般为负值,其经济含义为：当价格为 p_0 时,价格上涨(或下降)1%,需求量将减少(或增加)$|E_d|\%$.

需求弹性与需求量的相对变化及价格的相对变化之间的关系为 $E_d \approx \dfrac{\Delta Q}{Q} \Big/ \dfrac{\Delta p}{p}$.

需求弹性有以下三种情况：

① 当 $E_d = -1(|E_d|=1)$ 时,称为单位弹性；
② 当 $E_d < -1(|E_d|>1)$ 时,称为富有弹性；
③ 当 $-1 < E_d < 0(|E_d|<1)$ 时,称为缺乏弹性.

(5) 收益弹性.

收益弹性与需求弹性的关系为 $E_r = 1 - |E_p|$.

收益对价格的弹性受需求弹性影响后的三种类型：

① 当 $|E_d|<1$ 即缺乏弹性$(-1<E_d<0)$时,需求量变动的幅度小于价格变动幅度,则收益弹性 $E_r > 0$,即价格上涨(或下降)1%,收益增加(或减少)$1-|E_d|\%$；
② 当 $|E_d|>1$ 即富有弹性$(E_d<-1)$时,需求量变动的幅度大于价格变动幅度,则收益弹性 $E_r < 0$,即价格下降(或上涨)1%,收益增加(或减少)$1-|E_d|\%$；
③ 当 $|E_d|=1$ 即单位弹性$(E_d=-1)$时,需求量变动的幅度与价格变动的幅度基本相等,则收益弹性 $E_r = 0$,即价格下降(或上涨)1%,收益不变.

4. 偏导数在经济分析中的应用

(1) 偏导数 $C'_x(x,y)$ 和 $C'_y(x,y)$ 的经济含义.

① 偏导数 $C'_x(x,y)$ 表示总成本 $C=C(x,y)$ 对产量 x 的**边际成本**,它表示在两种产品的产量分别为 x,y 的基础上,再多生产 1 个单位的 A 产品时,总成本 $C=C(x,y)$ 的改变量.

② 偏导数 $C'_y(x,y)$ 表示总成本 $C=C(x,y)$ 对产量 y 的**边际成本**,它表示在两种产品的产量分别为 x,y 的基础上,再多生产 1 个单位的 B 产品时,总成本 $C=C(x,y)$ 的改变量.

(2) 二元经济函数的极值.

① 二元经济函数的无条件极值可根据二元函数极值存在的充分条件定理判断；
② 经济函数的条件极值.

由约束条件或约束方程 $g(x,y)=0$ 求出的函数 $z=f(x,y)$ 的极值称为条件极值. 关键在于构造拉格朗日函数 $L(x,y,\lambda) = f(x,y) + \lambda g(x,y)$ 和解方程组

$$\begin{cases} L'_x = f'_x(x,y) + \lambda g'_x(x,y) = 0 \\ L'_y = f'_y(x,y) + \lambda g'_y(x,y) = 0 \\ L'_\lambda = g(x,y) = 0 \end{cases}$$

极值结果可根据问题的实际背景进行判定.

5. 洛必达法则

洛必达法则是求极限的一般方法,用于求未定式的极限,建议和本书第 2 章介绍的求极限的方法结合起来使用.

【综合能力训练4】

1. 求函数 $y=(x-2)\sqrt[3]{x^2}$ 的极值.
2. 求函数的 $y=e^{-x^2}$ 的单调区间和极值、凹向区间和拐点,并画出其图像.
3. 设某产品的售价为 200 元/单位,成本函数是
$$C(q)=5000-60q+\frac{1}{20}q^2$$
当 $q=100$ 单位时,求:
(1) 边际成本,并说明其经济含义;
(2) 边际收益,并说明其经济含义;
(3) 边际利润,并说明其经济含义.
4. 设某商品的需求量 Q 与价格 p 的函数关系为 $Q=60-3p^2$. 求:
(1) 需求弹性函数;
(2) 当 $p=3$ 时的需求弹性,并说明其经济含义;
(3) 当 $p=2$ 时,若价格上涨 1%,收益增加还是减少?将变化多少?
(4) 当 $p=4$ 时,若价格上涨 1%,收益增加还是减少?将变化多少?
5. 某商品滞销,拟用降价的方法扩大销路,若该产品需求弹性在 $-2\sim-1.5$ 之间,试问当降价 10% 时,销售量能增加多少?
6. 设生产某一批产品的固定成本为 5000 元,每多生产一个产品,成本增加 40 元,该商品的需求函数为 $Q=1000-10p$(p 为价格,单位为元/个). 试求:
(1) 产量为多少时,利润最大?
(2) 获得最大利润时的价格.
7. 求下列极限
(1) $\lim\limits_{x\to 0}\dfrac{1-\cos 2x}{x\sin x}$;
(2) $\lim\limits_{x\to 0}\dfrac{\sin 4x}{\sqrt{x+4}-2}$;
(3) $\lim\limits_{x\to +\infty}\dfrac{x}{x+\sqrt{x}}$;
(4) $\lim\limits_{x\to +\infty}\dfrac{x+\ln x}{x\ln x}$;
(5) $\lim\limits_{x\to 0}\left(\dfrac{1}{\sin^2 x}-\dfrac{1}{x^2}\right)$;
(6) $\lim\limits_{x\to 1}\left(\dfrac{x}{x-1}-\dfrac{1}{\ln x}\right)$.

【数学文化聚焦】

将数学引入经济学的第一人——保罗·萨缪尔森

保罗·萨缪尔森

保罗·萨缪尔森(Paul A. Samuelson,1915—2009),1970 年诺贝尔经济学奖获得者,当

代凯恩斯主义的集大成者,被称为经济学界的最后一个通才.

2009年12月13日,保罗·萨缪尔森在其位于美国马塞诸塞州的家中逝世.美国国家经济研究局主席詹姆斯·波特巴对萨缪尔森的悼词如是说道:他将数学分析方法引入经济学,帮助经济困难中上台的肯尼迪政府制定了著名的"肯尼迪减税方案",并且写出了一部被数百万大学生奉为经典的教科书.如果经济学没有萨缪尔森,人们就会像在牛顿出现之前处理力学问题那样,茫然无措,艰辛无比.

回顾萨缪尔森的一生,可谓与经济学结下了不解之缘.与经济学的第一次亲密接触是在1931年,世界正处于大萧条之中;最后一次与经济学会面是在2009年,遭遇2008年经济危机后的世界经济复苏曙光初现,"生于危机,故于危机",为经济而生的萨缪尔森真正做到了善始善终.

1970年,萨缪尔森成为获得诺贝尔经济学奖的第一位美国经济学家.他用数理经济学的方法几乎把整个经济学重写了一遍,大大提高了经济科学中的分析水平和方法论水平,使人们感到经济学中萨缪尔森几乎无处不在.

萨缪尔森自己说:他是一个出生了三次的经济学家.

第一次当然还是他的自然出生,其后的两次都跟经济学息息相关.

1931年,16岁的萨缪尔森考上芝加哥大学经济系,在大学期间,他高效率地利用时间学习,博览群书,课余时间常把做高等数学习题作为自我消遣.这为他以后在经济学中将数学运用自如打下了坚实基础.在此期间,萨缪尔森将自己的出生日期改为1932年1月2日,因为这一天是芝加哥大学开学的日期,也是这位伟大的经济学家与经济学这个伟大的学科邂逅的日子.那天早晨8点,当萨缪尔森第一次走在芝加哥大学讲堂时,讲座的主题刚好是马尔萨斯的人口理论,天才少年立刻被神奇的经济学所吸引.那一刻,经济学选择了他,他也选择了经济学.

随后他进入哈佛大学继续学习.在哈佛大学,萨缪尔森的眼界大为开阔,这里的学术思想与芝加哥大学迥然不同.面对着各种学术流派,他更加刻苦地研究、类比各种学说的异同,找出他们的不足.1936年,也就是来到哈佛大学一年后,萨缪尔森获得了硕士学位,并以敏捷的思维、广博的知识及实干精神,赢得了哈佛大学经济学权威人士阿尔文·汉森教授的青睐.汉森让萨缪尔森做自己的助手,这使他对各种学派的研究更为深入.他不断地探讨汉森的学术思想,继续攻读博士学位,同时也为自己选择研究的主攻方向.

萨缪尔森的第三次出生是在麻省理工学院.

1940年,萨缪尔森进入麻省理工学院任教,在那里度过了他全部的职业生涯,并用他的经济学思维开创了该校经济系的新气象.在他的带领下,麻省理工学院经济系从1940年时一个尚未招收研究生的教学型小系,成为当今经济学界顶礼膜拜的圣地.学生包括克莱因、默顿、阿克洛夫、恩格尔、斯蒂格利茨、克鲁格曼等诺贝尔经济学奖获得者,以及美联储主席伯南克、美国总统经济顾问委员会主席克里斯蒂娜·罗默.

萨缪尔森曾说过:"如果说经济学是为我而设的,也可以说我是为经济学而出现的."他甚至在演讲中以第三人称描述经济学与自己的关系:"经济学这一行,天造地设般地适合他,仿佛是历史经商先祖的基因找到了命定的归宿."而他也不枉负"天造地设"这个词,他对经济学研究具有别人无法想象的热忱,"说他做梦都在思考也不为过."外人看来枯燥乏味的工作在他眼里却是另一番景象:"让我干这么好玩的工作,还要付给我这么多钱,我真是捡了大便宜了!"

他所著的《经济学》出版于1947年,迄今已出了19版,被翻译成40多种语言,单是英文版的全球销量就超过400万本.可以说,《经济学》是每一个步入经济学殿堂人的必备钥匙.从这个角度讲,可以毫不夸张地说,所有经济学人士都是萨缪尔森的学生.

第二模块 一元函数积分学及其经济应用

主要内容

- 不定积分的概念及其性质
- 不定积分的计算及其经济应用
- 定积分的概念及其性质
- 定积分的计算及其经济应用

第 5 章 微分的逆运算问题——不定积分

【本章概述】

通过前面的学习,我们知道如何求给定函数 $f(x)$ 的导数 $f'(x)$ 和微分 $\mathrm{d}y$. 现在来考虑一个相反的问题:如果已知函数的导数 $f'(x)$ 或微分 $\mathrm{d}y$,如何求此函数 $f(x)$ 呢?这就是不定积分问题(导数的逆运算问题).

从本章开始,我们将在微分学的基础上学习一元函数积分学. 本章重点介绍不定积分的概念、不定积分的基本公式、不定积分的换元法和分部积分法.

【学习目标】

知识目标:

- 原函数与不定积分;
- 不定积分的基本性质;
- 基本积分公式与本质公式;
- 不定积分的运算性质.

能力目标:

- 理解不定积分的概念及其几何意义;
- 掌握基本积分公式、本质公式以及不定积分的运算性质;
- 掌握不定积分的基本方法——直接积分法;
- 掌握不定积分的凑微分法和分部积分法.

数学在用最不显然的方式证明最显然的事情.
——波利亚(George Polya,1887—1985)
美国著名数学家和数学教育家

5.1 不定积分及其性质

5.1.1 积分学的创立

积分学的起源要比微分学早得多. 自古以来,面积和体积的计算一直是数学家们感兴趣的问题. 在古代希腊、中国和印度数学家们的著述中,不乏用无限小求和的方法来计算特殊形状的面积、体积和曲线长的例子,他们的工作是建立一般积分学的基础. 在欧洲,对此类问题的研究兴起于 17 世纪,其中德国的莱布尼茨接受了意大利数学家卡瓦列里(F. B. Cavalieri, 1598—1647)不可分量的原理,将曲边形看成无穷多个宽度为无穷小的矩形之和,从而产生了积分. 牛顿从另一途径引出积分的概念,他从确定面积的变化率(导数)入手,通过求变化率的逆过程(反导数)来计算面积. 两人都得到了解决计算特殊形状的面积问题的普遍算法——积分计算法,又几乎同时互相独立地得出了积分和微分的互逆关系,由此创立了积分学. 但是,他们的积分概念缺少逻辑基础,严格的定积分的定义是由 19 世纪的柯西和黎曼建立的.

5.1.2 逆向思维又一例——原函数与不定积分的概念

> **引例 5-1** 【由边际成本函数求成本函数】
> 假设某产品的边际成本函数为 $C'(q)=2q+3$(万元)(其中 q 是产量),已知生产该产品的固定成本为 2 万元,求该产品的成本函数 $C(q)$.
> **预备知识**:原函数、不定积分、不定积分的性质.

1. 原函数

在经济和管理中的许多问题,由于经济函数 $y=F(x)$ 未知,不可能求它的边际,即不能进行微分运算(导数或微分),但有可能得到这个经济函数的导数 $F'(x)$ 或微分 $\mathrm{d}F(x)$,并通过它们来求经济函数 $y=F(x)$.

这类问题也是积分学的基本问题,如下式所示.

$$F(x)+C \xrightleftharpoons[\text{积分}]{\text{求导}} F'(x)=f(x)$$

定义 5.1【原函数】 设函数 $f(x)$ 在区间 (a,b) 上有定义,若存在函数 $F(x)$,使得对任意的 $x\in(a,b)$,都有

$$F'(x)=f(x) \text{ 或 } \mathrm{d}F(x)=f(x)\mathrm{d}x$$

则称 $F(x)$ 为 $f(x)$ 在 (a,b) 上的一个原函数.

【例 5-1】 求函数 $f(x)=\sin x$ 的原函数.

解:因为 $(-\cos x)'=\sin x$,根据定义 5.1 知,$-\cos x$ 是 $\sin x$ 的一个原函数. 又因为 $(-\cos x+1)'=\sin x$,$(-\cos x-1)'=\sin x$,则 $-\cos x+1$ 与 $-\cos x-1$ 也是 $\sin x$ 的原函数. 一般的,$-\cos x+C$(其中 C 为任意常数)都是 $\sin x$ 的原函数.

因此,如果 $F(x)$ 是 $f(x)$ 的一个原函数,则 $F(x)+C$ 也是 $f(x)$ 的原函数.

2. 不定积分

引进了原函数的概念后,上述问题可以简单描述为:已知函数 $f(x)$,要求出它的原函数

$F(x)$. **求给定函数的原函数是积分学中的基本问题**,也是本章所涉及的中心问题.

理解原函数的概念要把握两点:

(1) **原函数的个数问题**:如果 $f(x)$ 的原函数 $F(x)$ 存在,则原函数有无穷多个.

(2) **原函数的一般表达式**:若 $F(x)$ 是 $f(x)$ 的一个原函数,则 $f(x)$ 的全部原函数可以表示成 $F(x)+C$,其中 C 为任意常数.

定义 5.2【不定积分】 若 $f(x)$ 有原函数,则称 $f(x)$ 的全体原函数 $F(x)+C$ 为 $f(x)$ 的不定积分,记作

$$\int f(x)\mathrm{d}x = F(x)+C$$

其中,$f(x)$ 称为被积函数,$f(x)\mathrm{d}x$ 称为被积表达式,x 称为积分变量,C 称为积分常数,$\int$ 称为积分号. 它们的关系如下.

积分与微分的关系

$$[F(x)]' = f(x) \qquad \mathrm{d}[F(x)] = f(x)\mathrm{d}x$$

$$\int f(x)\,\mathrm{d}x = F(x)+C \qquad \int f(x)\mathrm{d}x = F(x)+C$$

由定义 5.2 知,求函数 $f(x)$ 的不定积分,只需求出 $f(x)$ 的一个原函数,然后加上积分常数 C 即可.

【例 5-2】 求 $\int x^2 \mathrm{d}x$.

解:由于 $\left(\dfrac{x^3}{3}\right)' = x^2$,因此 $\dfrac{x^3}{3}$ 是 x^2 的一个原函数,即

$$\left[\dfrac{x^3}{3}\right]' = x^2 \qquad \mathrm{d}\left(\dfrac{x^3}{3}\right) = x^2 \mathrm{d}x$$

或

$$\int x^2\,\mathrm{d}x = \dfrac{x^3}{3}+C \qquad \int x^2\mathrm{d}x = \dfrac{x^3}{3}+C$$

于是

$$\int x^2 \mathrm{d}x = \dfrac{x^3}{3}+C$$

【例 5-3】 求函数 $f(x)=\mathrm{e}^{-x}$ 的不定积分.

解:因 $(-\mathrm{e}^{-x})' = \mathrm{e}^{-x}$,所以

$$(-\mathrm{e}^{-x})' = \mathrm{e}^{-x}$$

$$\int \mathrm{e}^{-x}\,\mathrm{d}x = -\mathrm{e}^{-x}+C$$

即

$$\int \mathrm{e}^{-x}\mathrm{d}x = -\mathrm{e}^{-x}+C$$

【注】 已知函数 y 的导数 $y'=f(x)$，求该函数 y 的关键在于利用如下关系：

$$\boxed{y}' = \boxed{f(x)}$$
$$y = \int \boxed{f(x)} \mathrm{d}x = F(x) + C$$

【例 5-4】 设曲线通过点 $(1,2)$，且其上任一点的切线斜率等于该点横坐标的 2 倍，求此曲线的方程.

解：设此曲线方程为 $y=F(x)$，依题意，曲线上任一点 (x,y) 处的切线斜率为
$$y'=2x$$
则
$$\boxed{y}' = \boxed{2x}$$
$$y = \int \boxed{2x} \mathrm{d}x = x^2 + C$$

得 $y=x^2+C$，由于曲线过 $(1,2)$ 点，故
$$2=1^2+C$$
得 $C=1$，则所求曲线为 $y=x^2+1$.

引例 5-1 的求解

求解：已知 $MC=C'(q)=2q+3$，由不定积分的定义
$$[\boxed{C(q)}]' = \boxed{2q+3}$$
$$\boxed{C(q)} = \int \boxed{(2q+3)} \mathrm{d}q = q^2+3q+C$$

即 $C(q)=q^2+3q+C$，又 $C(0)=2$，得
$$C=2$$
因此，该产品的成本函数为 $C(q)=q^2+3q+2$.

5.1.3 不定积分的性质与基本积分公式

1. 不定积分的基本性质

性质 1 $\left[\int f(x)\mathrm{d}x\right]' = f(x), \quad \mathrm{d}\left[\int f(x)\mathrm{d}x\right] = f(x)\mathrm{d}x$

先积分后求导（微分），结果两种运算抵消.

性质 2 $\int f'(x)\mathrm{d}x = f(x)+C, \quad \int \mathrm{d}f(x) = f(x)+C$

先求导（微分）后积分，结果相差一个常数.

2. 不定积分的几何意义

$f(x)$ 的一个原函数 $F(x)$ 所确定的曲线称为函数的**积分曲线**，它的方程是 $y=F(x)$. 由 $f(x)$ 的不定积分 $\int f(x)\mathrm{d}x=F(x)+C$，根据 C 的不同取值可以得到相应的积分曲线. 因此，不

定积分 $\int f(x)dx$ 表示 $f(x)$ 的一簇积分曲线. 又因为 $(F(x)+C)'=f(x)$, 所以积分曲线上横坐标相同的点处的切线斜率 $F'(x)$ 均相等, 即这些切线是互相平行的(见图 5-1).

【思考题】 不定积分 $\int f(x)dx$ 所表示的积分曲线簇 $F(x)+C$ 的图像是什么？

观察例 5-4 中 $\int 2xdx=x^2+C$ 的积分曲线簇, 如图 5-2 所示.

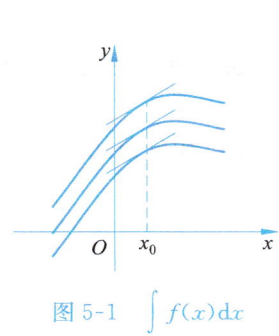

图 5-1 $\int f(x)dx$

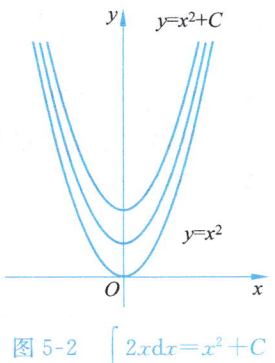

图 5-2 $\int 2xdx=x^2+C$

3. 基本积分公式

由于求不定积分的运算是微分运算的逆运算, 因此从基本初等函数的导数公式可以得到相应的不定积分公式. 例如, $\left(\dfrac{x^{a+1}}{a+1}\right)'=x^a$, 所以有

$$\int x^a dx = \dfrac{x^{a+1}}{a+1}+C \quad (a\neq -1)$$

对于常数和其他基本初等函数, 类似地可以得到其积分公式.

基本积分公式	导数公式
(1) $\int kdx=kx+C$ (k 为常数)	$(kx+C)'=k$
(2) $\int x^a dx=\dfrac{x^{a+1}}{a+1}+C(a\neq -1)$	$(x^a)'=ax^{a-1}$
(3) $\int \dfrac{1}{x}dx=\ln|x|+C$	$(\ln|x|)'=\dfrac{1}{x}$
(4) $\int e^x dx=e^x+C$	$(e^x)'=e^x$
$\int a^x dx=\dfrac{a^x}{\ln a}+C$	$(a^x)'=a^x\ln a$
(5) $\int \sin xdx=-\cos x+C$	$(\cos x)'=-\sin x$
$\int \cos xdx=\sin x+C$	$(\sin x)'=\cos x$

(6) $\int \dfrac{1}{\cos^2 x}\mathrm{d}x = \int \sec^2 x\,\mathrm{d}x = \tan x + C$ $(\tan x)' = \dfrac{1}{\cos^2 x} = \sec^2 x$

$\int \dfrac{1}{\sin^2 x}\mathrm{d}x = \int \csc^2 x\,\mathrm{d}x = -\cot x + C$ $(\cot x)' = \dfrac{-1}{\sin^2 x} = -\csc^2 x$

(7) $\int \dfrac{\mathrm{d}x}{\sqrt{1-x^2}} = \arcsin x + C$ $(\arcsin x)' = \dfrac{1}{\sqrt{1-x^2}}$

$\int \dfrac{\mathrm{d}x}{1+x^2} = \arctan x + C$ $(\arctan x)' = \dfrac{1}{1+x^2}$

基本积分公式是求不定积分最基本的公式，必须牢记且学会熟练运用它们去求一些简单的不定积分，并由此解决更复杂的积分问题．

【思考题】 观察基本积分公式表，哪些基本初等函数没有基本积分公式？为什么？

4. 不定积分的运算性质

性质 1　被积函数中的常数因子可以移到积分号的外面，即

$$\int k f(x)\mathrm{d}x = k\int f(x)\mathrm{d}x \quad (k \neq 0)$$

性质 2　两个函数的代数和的不定积分等于这两个函数不定积分的代数和，即

$$\int [f(x) \pm g(x)]\mathrm{d}x = \int f(x)\mathrm{d}x \pm \int g(x)\mathrm{d}x$$

上式可推广到有限多个函数的代数和的情况，即

$$\int [f_1(x) \pm f_2(x) \pm \cdots \pm f_n(x)]\mathrm{d}x = \int f_1(x)\mathrm{d}x \pm \int f_2(x)\mathrm{d}x \pm \cdots \pm \int f_n(x)\mathrm{d}x$$

5.1.4　求不定积分的基本方法

1. 直接积分法——利用基本积分公式和运算性质求不定积分

直接利用基本积分公式和不定积分的性质，可以计算一些比较简单的不定积分，这种方法称为直接积分法．

【例 5-5】 求 $\int \dfrac{\mathrm{d}x}{x^3}$．

解：$\int \dfrac{1}{x^3}\mathrm{d}x = \int x^{-3}\mathrm{d}x = \dfrac{x^{-3+1}}{-3+1} + C = -\dfrac{1}{2x^2} + C$

【例 5-6】 求 $\int (x^2 - x + 2)\mathrm{d}x$．

解：$\int (x^2 - x + 2)\mathrm{d}x = \int x^2\mathrm{d}x - \int x\,\mathrm{d}x + \int 2\,\mathrm{d}x = \dfrac{x^3}{3} - \dfrac{x^2}{2} + 2x + C$

【例 5-7】 求 $\int (\mathrm{e}^x - 3\sin x)\mathrm{d}x$．

解：$\int (\mathrm{e}^x - 3\sin x)\mathrm{d}x = \int \mathrm{e}^x\mathrm{d}x - 3\int \sin x\,\mathrm{d}x = \mathrm{e}^x + 3\cos x + C$

【例 5-8】 求 $\int \left(\dfrac{x-1}{x} + \sin x\right)\mathrm{d}x$．

解：$\int \left(\dfrac{x-1}{x}+\sin x\right)\mathrm{d}x = \int \left(1-\dfrac{1}{x}+\sin x\right)\mathrm{d}x = \int 1\mathrm{d}x - \int \dfrac{1}{x}\mathrm{d}x + \int \sin x\mathrm{d}x$

$\qquad = x - \ln|x| - \cos x + C$

2. 化简积分法——利用恒等变形求积分

【例 5-9】 求 $\int \sin^2 \dfrac{x}{2}\mathrm{d}x$.

解：$\int \sin^2 \dfrac{x}{2}\mathrm{d}x = \int \dfrac{1-\cos x}{2}\mathrm{d}x = \dfrac{1}{2}\left(\int 1-\cos x\mathrm{d}x\right)$

$\qquad = \dfrac{1}{2}\left(\int 1\mathrm{d}x - \int \cos x\mathrm{d}x\right)$

$\qquad = \dfrac{1}{2}(x - \sin x) + C$

【例 5-10】 求 $\int \dfrac{1-x^2}{1+x^2}\mathrm{d}x$.

解：$\int \dfrac{1-x^2}{1+x^2}\mathrm{d}x = \int \dfrac{2-(1+x^2)}{1+x^2}\mathrm{d}x = 2\int \dfrac{1}{1+x^2}\mathrm{d}x - \int 1\mathrm{d}x$

$\qquad = 2\arctan x - x + C$

【例 5-11】 求 $\int 2^x \mathrm{e}^x \mathrm{d}x$.

解：$\int 2^x \mathrm{e}^x \mathrm{d}x = \int (2\mathrm{e})^x \mathrm{d}x = \dfrac{1}{\ln(2\mathrm{e})}(2\mathrm{e})^x + C = \dfrac{2^x \mathrm{e}^x}{1+\ln 2} + C$

【能力训练 5.1】

（基础题）

1. 填空题

(1) $(\quad)' = 3$，$\int 3\mathrm{d}x = (\quad)$；

(2) $(\quad)' = 3x^2$，$\int 3x^2 \mathrm{d}x = (\quad)$；

(3) $(\quad)' = \sin x$，$\int \sin x\mathrm{d}x = (\quad)$；

(4) $(\quad)' = \dfrac{1}{x^2}$，$\int \dfrac{1}{x^2}\mathrm{d}x = (\quad)$；

(5) x^3 的原函数是（　　）；

(6) 在积分曲线簇 $\int x\mathrm{d}x$ 中，过点 $(0,1)$ 的积分曲线是（　　）．

2. 选择题

(1) 函数 $f(x), g(x)$ 在区间 (a,b) 内可导，且 $f'(x) = g'(x)$，则（　　）．

    A. $f(x) = g(x)$ B. $f(x) = g(x) + C$

    C. $f(x) = g(x) = R$(常数)   D. 不能确定

(2) $\int (\cos x - \sin x)\mathrm{d}x = (\quad) + C$．

    A. $\sin x + \cos x$ B. $\sin x - \cos x$

C. $-\sin x + \cos x$ D. $-\sin x - \cos x$

3. 求下列不定积分.

(1) $\int \dfrac{dx}{x^2}$;

(2) $\int x\sqrt{x}\, dx$;

(3) $\int \dfrac{dx}{x\sqrt{x}}$;

(4) $\int 5x^4\, dx$;

(5) $\int (3x^2 - 2x + 1)\, dx$;

(6) $\int 3(x+1)^2\, dx$;

(7) $\int (x + \sqrt{x} + 1)(\sqrt{x} - 1)\, dx$;

(8) $\int \dfrac{1-x^2}{x}\, dx$;

(9) $\int \left(2e^x - \dfrac{3}{x}\right) dx$;

(10) $\int a^x e^x\, dx$.

4. 求下列不定积分.

(1) $\int \left(3\cos x - \dfrac{2}{\sqrt{x}} + \dfrac{5}{x^2}\right) dx$;

(2) $\int \dfrac{2x^3 e^x - x^2 + 1}{x^3}\, dx$;

(3) $\int \dfrac{dh}{\sqrt{2gh}}$;

(4) $\int \left(1 - \dfrac{1}{\sqrt[3]{y}}\right)^2 dy$;

(5) $\int \cos^2 \dfrac{x}{2}\, dx$;

(6) $\int \left(\sin \dfrac{\theta}{2} + \cos \dfrac{\theta}{2}\right)^2 d\theta$;

(7) $\int (2^x + 3^x)^2\, dx$;

(8) $\int \dfrac{x^4}{1+x^2}\, dx$.

(应用题)

1. 已知一曲线过点 $(1,2)$, 且任意一点的切线斜率为 $3x^2$, 求此曲线方程.

2. 某工厂生产某种产品的边际成本函数 $C'(q) = 14q - 280$ (单位: 元/件), 已知该产品的固定成本为 4300 元, 求该产品的成本函数 $C(q)$.

3. 某商场销售某种商品的边际收入为 $R'(q) = 7q + 2$ (其中 q 是销售量), 试求收入函数 $R(q)$.

4. 某工厂生产某种产品, 每日生产的产品的成本 $C(q)$ 的变化率(边际成本)是产量 q 的函数 $C'(q) = 7 + \dfrac{25}{\sqrt{q}}$, 已知固定成本为 1000 元, 求成本函数.

5. 某种产品的销售收入是销售量 q 的函数 $R(q)$, 已知销售总收入对销售量的变化率(边际收入)为 $R'(q) = 300 - 0.4q$, 求销售量由 100 增加到 400 时所得到的销售收入.

5.2 凑 微 分 法

学习数学要多做习题, 边做边思索. 先知其然, 然后知其所以然.
——中国杰出的数学家苏步青

仅仅利用基本积分公式和不定积分的性质,能求出的不定积分是很有限的.由复合函数的求导法则,可以得到求不定积分的最为灵活和最为重要的积分法——凑微分法(第一换元法).

积分的本质公式

(1) $\int \boxed{u}^a \, d\boxed{u} = \dfrac{\boxed{u}^{a+1}}{a+1} + C \,(a \neq -1)$

(2) $\int \dfrac{1}{\boxed{u}} \, d\boxed{u} = \ln |\boxed{u}| + C$

(3) $\int e^{\boxed{u}} \, d\boxed{u} = e^{\boxed{u}} + C$ $\qquad \int a^{\boxed{u}} \, d\boxed{u} = \dfrac{a^{\boxed{u}}}{\ln a} + C$

(4) $\int \sin \boxed{u} \, d\boxed{u} = -\cos \boxed{x} + C$ $\qquad \int \cos \boxed{u} \, d\boxed{u} = \sin \boxed{u} + C$

(5) $\int \dfrac{1}{\cos^2 \boxed{u}} \, d\boxed{u} = \int \sec^2 \boxed{u} \, d\boxed{u} = \tan \boxed{u} + C$

$\int \dfrac{1}{\sin^2 \boxed{u}} \, d\boxed{u} = \int \csc^2 \boxed{u} \, d\boxed{u} = -\cot \boxed{u} + C$

(6) $\int \dfrac{d\boxed{u}}{\sqrt{1-\boxed{u}^2}} = \arcsin \boxed{u} + C$ $\qquad \int \dfrac{1}{1+\boxed{u}^2} \, d\boxed{u} = \arctan \boxed{u} + C$

考察积分的本质公式(3):

$$\int e^u \, du = e^u + C$$

注意公式中的变量 u:

$$\int e^{\boxed{u}} \, d\boxed{u} = e^{\boxed{u}} + C$$

当 $u = 2x$,下列式子自然成立:

$$\int e^{\boxed{2x}} \, d(\boxed{2x}) = e^{\boxed{2x}} + C$$

利用微分公式可知 $d(e^{2x}) = e^{2x} d(2x) = e^{2x} (2x)' dx$,即

$$\int e^{2x} (2x)' \, dx = \int e^{2x} \, d(2x) = e^{2x} + C$$

【例 5-12】 求 $\int e^{2x} \, dx$.

解: $\int e^{2x} \, dx = \int e^{2x} \dfrac{1}{2} (2x)' \, dx$

$= \dfrac{1}{2} \int e^{2x} (2x)' \, dx$

$= \dfrac{1}{2} \boxed{\int e^{2x} \, d(2x)}$ ← 本质公式 $\int e^{\boxed{u}} \, d\boxed{u} = e^{\boxed{u}} + C$

$= \dfrac{1}{2} e^{2x} + C$

一般的,有下面定理.

定理 5.1【复合导数的积分】 若 $u=\varphi(x)$ 在 $[a,b]$ 内可导，且 $\alpha\leqslant\varphi(x)\leqslant\beta$，如果对于任意的 $u\in[\alpha,\beta]$，有 $\int f(u)\mathrm{d}u=F(u)+C$，则

$$\int f[\varphi(x)]\mathrm{d}\varphi(x)=F[\varphi(x)]+C$$

应用定理 5.1，求复合函数 $g(x)$ 的不定积分可归结为以下步骤：

$$\int g(x)\mathrm{d}x \xrightarrow{恒等变形} \int f[\varphi(x)]\varphi'(x)\mathrm{d}x \xrightarrow{凑微分} \int f[\varphi(x)]\mathrm{d}\varphi(x)$$

$$\xrightarrow{换元\ u=\varphi(x)} \int f(u)\mathrm{d}u \xrightarrow{积分} F(u)+C \xrightarrow{回代\ u=\varphi(x)} F[\varphi(x)]+C$$

从例 5-13 可以看出，使用凑微分法求积分，就是把 $\int g(x)\mathrm{d}x$ 中的被积表达式"凑"成另一个微分形式 $f(u)\mathrm{d}u$，其中 $u=\varphi(x)$，目标是使 $\int f(u)\mathrm{d}u$ 能够用基本积分公式积出来。使用此方法比较熟练后，不妨省去换元的步骤。

> **凑微分法**
> $$\int g(x)\mathrm{d}x=\int f[\varphi(x)]\varphi'(x)\mathrm{d}x=\int f[\varphi(x)]\mathrm{d}\varphi(x)=F[\varphi(x)]+C$$
> 其中，$F(u)$ 是 $f(u)$ 的原函数。

【例 5-13】 求 $\int \cos 2x \mathrm{d}x$。

解：
$$\begin{aligned}\int \cos 2x \mathrm{d}x &= \int (\cos 2x)\cdot \frac{1}{2}\cdot (2x)'\mathrm{d}x\\ &=\frac{1}{2}\int \cos 2x \mathrm{d}(2x)\\ &=\frac{1}{2}\sin 2x + C\end{aligned}$$

本质公式 $\int \cos\boxed{u}\,\mathrm{d}\boxed{u}=\sin\boxed{u}+C$

【例 5-14】 求 $\int \mathrm{e}^{-3x}\mathrm{d}x$。

解：
$$\begin{aligned}\int \mathrm{e}^{-3x}\mathrm{d}x &= \int \mathrm{e}^{-3x}\left(-\frac{1}{3}\right)(-3x)'\mathrm{d}x\\ &=-\frac{1}{3}\int \mathrm{e}^{-3x}\mathrm{d}(-3x)\\ &=-\frac{1}{3}\mathrm{e}^{-3x}+C\end{aligned}$$

本质公式 $\int \mathrm{e}^{\boxed{u}}\mathrm{d}\boxed{u}=\mathrm{e}^{\boxed{u}}+C$

【例 5-15】 求 $\int \sqrt{2x-1}\,\mathrm{d}x$。

解：
$$\begin{aligned}\int \sqrt{2x-1}\,\mathrm{d}x &= \int (2x-1)^{\frac{1}{2}}\cdot \frac{1}{2}\cdot (2x-1)'\mathrm{d}x\\ &=\frac{1}{2}\int (2x-1)^{\frac{1}{2}}\mathrm{d}(2x-1)\\ &=\frac{1}{2}\cdot \frac{2}{3}(2x-1)^{\frac{3}{2}}+C\\ &=\frac{1}{3}(2x-1)^{\frac{3}{2}}+C\end{aligned}$$

本质公式 $\int \boxed{u}^a\,\mathrm{d}\boxed{u}=\dfrac{\boxed{u}^{a+1}}{a+1}+C$

第 5 章 微分的逆运算问题——不定积分

【例 5-16】 求 $\int \dfrac{1}{ax+b} dx$.

解：
$$\int \dfrac{1}{ax+b} dx = \int \dfrac{1}{ax+b} \cdot \dfrac{1}{a} \cdot (ax+b)' dx$$
$$= \dfrac{1}{a} \int \dfrac{1}{ax+b} d(ax+b)$$
$$= \dfrac{1}{a} \ln|ax+b| + C$$

> 本质公式 2 $\int \dfrac{1}{\boxed{u}} d\,\boxed{u} = \ln|\boxed{u}| + C$

【例 5-17】 求 $\int 2x e^{x^2} dx$.

解： $\int 2x e^{x^2} dx = \int e^{x^2} \cdot (x^2)' dx = \int e^{x^2} dx^2 = e^{x^2} + C$

【例 5-18】 求 $\int x\sqrt{1+x^2}\, dx$.

解：
$$\int x\sqrt{1+x^2}\, dx = \int (1+x^2)^{\frac{1}{2}} \cdot \dfrac{1}{2} \cdot (1+x^2)' dx$$
$$= \dfrac{1}{2} \int (1+x^2)^{\frac{1}{2}} d(1+x^2)$$
$$= \dfrac{1}{2} \cdot \dfrac{2}{3} (1+x^2)^{\frac{3}{2}} + C$$
$$= \dfrac{1}{3} (1+x^2)^{\frac{3}{2}} + C$$

【例 5-19】 求 $\int \tan x\, dx$.

解：
$$\int \tan x\, dx = \int \dfrac{\sin x}{\cos x} dx = \int \dfrac{1}{\cos x} (-1)(\cos x)' dx$$
$$= -\int \dfrac{1}{\cos x} d(\cos x) = -\ln|\cos x| + C$$

【例 5-20】 求 $\int \dfrac{1}{x(1+2\ln x)} dx$.

解：
$$\int \dfrac{1}{x(1+2\ln x)} dx = \int \dfrac{1}{1+2\ln x} \cdot \dfrac{1}{2} \cdot (1+2\ln x)' dx = \dfrac{1}{2} \int \dfrac{1}{1+2\ln x} d(1+2\ln x)$$
$$= \dfrac{1}{2} \int \dfrac{1}{1+2\ln x} d(1+2\ln x) = \dfrac{1}{2} \ln|1+2\ln x| + C$$

为了熟练地掌握不定积分的凑微分法，总结应用凑微分法的常见积分类型：

(1) $\int f(ax+b) dx = \dfrac{1}{a} \int f(ax+b) d(ax+b)$（如本节例 5-12～例 5-16）

(2) $\int x f(ax^2+b) dx = \dfrac{1}{2a} \int f(ax^2+b) d(ax^2+b)$（如本节例 5-17、例 5-18）

(3) $\int e^x f(e^x) dx = \int f(e^x) d(e^x)$

(4) $\int \dfrac{1}{x} f(\ln x) dx = \int f(\ln x) d(\ln x)$（如本节例 5-20）

(5) $\int \cos x f(\sin x) \mathrm{d}x = \int f(\sin x) \mathrm{d}(\sin x)$

$\int \sin x f(\cos x) \mathrm{d}x = -\int f(\cos x) \mathrm{d}(\cos x)$（如本节例 5-20）

(6) $\int \dfrac{1}{\cos^2 x} f(\tan x) \mathrm{d}x = \int f(\tan x) \mathrm{d}(\tan x)$

$\int \dfrac{1}{\sin^2 x} f(\cot x) \mathrm{d}x = -\int f(\cot x) \mathrm{d}(\cot x)$

(7) $\int \dfrac{1}{\sqrt{1-x^2}} f(\arcsin x) \mathrm{d}x = \int f(\arcsin x) \mathrm{d}(\arcsin x)$

$\int \dfrac{1}{x^2+1} f(\arctan x) \mathrm{d}x = \int f(\arctan x) \mathrm{d}(\arctan x)$

【例 5-21】 求 $\int \dfrac{1}{x^2+a^2} \mathrm{d}x$.

解：$\int \dfrac{1}{x^2+a^2} \mathrm{d}x = \dfrac{1}{a^2} \int \dfrac{1}{1+\left(\dfrac{x}{a}\right)^2} \mathrm{d}x = \dfrac{1}{a^2} \int \dfrac{1}{1+\left(\dfrac{x}{a}\right)^2} \cdot a \cdot \left(\dfrac{x}{a}\right)' \mathrm{d}x$

$= \dfrac{1}{a} \int \dfrac{1}{1+\left(\dfrac{x}{a}\right)^2} \mathrm{d}\left(\dfrac{x}{a}\right) = \dfrac{1}{a} \arctan \dfrac{x}{a} + C$

【例 5-22】 求 $\int \dfrac{1}{x^2-a^2} \mathrm{d}x$.

解：先对被积函数进行恒等变形

$$\dfrac{1}{x^2-a^2} = \dfrac{1}{2a}\left(\dfrac{1}{x-a} - \dfrac{1}{x+a}\right)$$

于是

$\int \dfrac{1}{x^2-a^2} \mathrm{d}x = \dfrac{1}{2a} \int \left(\dfrac{1}{x-a} - \dfrac{1}{x+a}\right) \mathrm{d}x = \dfrac{1}{2a}\left(\int \dfrac{1}{x-a} \mathrm{d}x - \int \dfrac{1}{x+a} \mathrm{d}x\right)$

$= \dfrac{1}{2a}\left[\int \dfrac{1}{x-a}(x-a)' \mathrm{d}x - \int \dfrac{1}{x+a}(x+a)' \mathrm{d}x\right]$

$= \dfrac{1}{2a}\left[\int \dfrac{1}{x-a} \mathrm{d}(x-a) - \int \dfrac{1}{x+a} \mathrm{d}(x+a)\right]$

$= \dfrac{1}{2a}(\ln|x-a| - \ln|x+a|) + C$

$= \dfrac{1}{2a} \ln \left|\dfrac{x-a}{x+a}\right| + C$

第二换元法. 我们用凑微分法解决了一些不定积分问题，但有些不定积分，如 $\int \dfrac{\mathrm{d}x}{1+\sqrt[3]{x}}$，$\int \dfrac{\mathrm{d}x}{\sqrt{x^2+a^2}}(a \neq 0)$ 等，就难以用凑微分法来解决，下面通过作变量代换 $x = \varphi(t)$，即第二换元法来求解. 在此只举 2 个例子来说明此种方法（详细内容，读者可查《高等数学》（上册，第四版，同济大学数学教研室主编，高等教育出版社））.

*****【例 5-23】** 求 $\int \dfrac{1}{1+\sqrt{1+x}} \mathrm{d}x$.

解：令 $\sqrt{1+x}=t$，则 $x=t^2-1$，$\mathrm{d}x=2t\mathrm{d}t$，于是

$$\int \frac{1}{1+\sqrt{1+x}}\mathrm{d}x = \int \frac{2t}{1+t}\mathrm{d}t = 2\int \frac{t+1-1}{1+t}\mathrm{d}t$$

$$= 2\left(\int 1\mathrm{d}t - \int \frac{\mathrm{d}t}{1+t}\right) = 2t - 2\ln|1+t| + C$$

$$= 2\sqrt{1+x} - 2\ln(1+\sqrt{1+x}) + C$$

*【例 5-24】 求 $\int \frac{x^2}{\sqrt{1-x^2}}\mathrm{d}x$.

解：设 $x=\sin t$，则 $\mathrm{d}x=\cos t\mathrm{d}t$；

当 $-\frac{\pi}{2}<t<\frac{\pi}{2}$ 时，$x=\sin t$ 存在反函数，且 $|\cos t|=\cos t$，所以

$$\int \frac{x^2}{\sqrt{1-x^2}}\mathrm{d}x = \int \frac{\sin^2 t\cos t}{\cos t}\mathrm{d}t = \int \sin^2 t\mathrm{d}t = \int \frac{1-\cos 2t}{2}\mathrm{d}t$$

$$= \frac{1}{2}\int \mathrm{d}t - \frac{1}{4}\int \cos 2t\mathrm{d}(2t)$$

$$= \frac{1}{2}t - \frac{1}{4}\sin 2t + C$$

$$= \frac{1}{2}t - \frac{1}{2}\sin t\cos t + C$$

为了将 $\sin t$，$\cos t$ 换成 x 的函数，可根据 $x=\sin t$ 作出辅助直角三角形，如图 5-3 所示.

则

$$t=\arcsin x, \cos t=\sqrt{1-x^2}$$

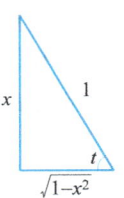

图 5-3 辅助直角三角形

从而有

$$\int \frac{x^2}{\sqrt{1-x^2}}\mathrm{d}x = \frac{1}{2}\arcsin x - \frac{x}{2}\sqrt{1-x^2} + C$$

【能力训练 5.2】

1. 求下列不定积分.

(1) $\int (x+3)^5 \mathrm{d}x$；

(2) $\int (3x-1)^3 \mathrm{d}x$；

(3) $\int \frac{1}{(2x-3)^2}\mathrm{d}x$；

(4) $\int \frac{1}{1-2x}\mathrm{d}x$；

(5) $\int \cos(2x+1)\mathrm{d}x$；

(6) $\int x\sin x^2 \mathrm{d}x$；

(7) $\int x\sqrt{2+x^2}\,\mathrm{d}x$；

(8) $\int \frac{x+1}{\sqrt{x^2+2x+3}}\mathrm{d}x$；

(9) $\int \frac{1}{x\ln x}\mathrm{d}x$；

(10) $\int \frac{\sin\sqrt{t}}{\sqrt{t}}\mathrm{d}t$；

(11) $\int \frac{1}{x^2}\mathrm{e}^{\frac{1}{x}}\mathrm{d}x$；

(12) $\int \frac{1}{\mathrm{e}^t+\mathrm{e}^{-t}}\mathrm{d}t$.

2. 求下列不定积分.

(1) $\int \cos^3 x \, dx$;

(2) $\int \cos^2 t \, dt$;

(3) $\int \dfrac{\cos x}{1+\sin x} \, dx$;

(4) $\int \dfrac{\sin(2\sqrt{t}-1)}{\sqrt{t}} \, dt$;

(5*) $\int \dfrac{1}{\sqrt{a^2-x^2}} \, dx$.

5.3 分部积分法

5.3.1 分部积分公式

定理 5.2【分部积分法】 若 $u=u(x)$ 和 $v=v(x)$ 都可导,且不定积分 $\int v(x) \, du(x)$ 存在,则 $\int u(x) \, dv(x)$ 存在,且

$$\int u(x) \, dv(x) = u(x)v(x) - \int v(x) \, du(x) \tag{5-1}$$

式(5-1)称为**分部积分公式**.

事实上,由两个函数积的微分公式即可推出分部积分公式. 在积分法中,该方法具有其独特的作用.

因为 $u=u(x), v=v(x)$ 都可导(可微),根据微分的乘法公式

$$d(uv) = u \, dv + v \, du$$

$$u \, dv = d(uv) - v \, du$$

对上式两边积分,可得公式(5-1),常简写作

$$\int u \, dv = uv - \int v \, du \tag{5-2}$$

5.3.2 使用分部积分公式求不定积分

应用式(5-1)的关键是 u 和 dv,一般原则是:

(1) 由 dv 能够求出 v;

(2) 新积分 $\int v(x) \, du(x)$ 要比原积分 $\int u(x) \, dv(x)$ 容易求得.

正确选择 u, dv 是关键,如图 5-4 所示.

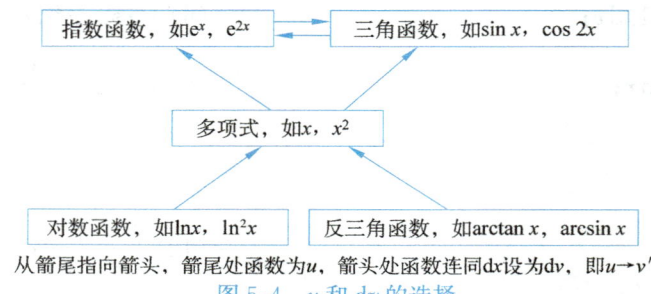

图 5-4 u 和 dv 的选择

下面通过例题说明分部积分公式的使用方法.

【例 5-25】 求 $\int x e^x dx$.

解：令 $u=x, dv=e^x dx$，
则 $du=dx, v=e^x$

$\int dv = \int e^x dx = e^x + C$

由分部积分公式，得

$$\int x e^x dx = x e^x - \int e^x dx = x e^x - e^x + C$$

若令 $u=e^x, dv=x dx$，则

$$du = e^x dx, v = \frac{1}{2}x^2$$

$\int dv = \int x dx = \frac{1}{2}x^2 + C$

由分部积分公式得

$$\int x e^x dx = \frac{1}{2}x^2 e^x - \frac{1}{2}\int x^2 e^x dx$$

这样，上式右端的积分比原积分更难求解. 可见，如果 u 与 dv 选择不恰当，用分部积分法反而会把积分求解变得更复杂，一般要考虑以下两点：

(1) 被积表达式 $f(x)dx$ 可以写成 $u(x)dv(x)$ 的特殊乘积形式，即

$$\int f(x) dx = \int u(x) d[v(x)]$$

(2) 分部积分公式中，等式右边的积分 $\int v(x) du(x)$ 容易求解.

【例 5-26】 求 $\int x \ln x dx$.

解：令 $u=\ln x, dv=x dx$，则

$du = d(\ln x) = (\ln x)' dx = \frac{1}{x} dx, v = \frac{1}{2}x^2$

$\int dv = \int x dx = \frac{1}{2}x^2 + C$

由分部积分公式，得

$$\int x \ln x dx = \frac{1}{2}x^2 \ln x - \frac{1}{2}\int x^2 \cdot \frac{1}{x} dx$$
$$= \frac{1}{2}x^2 \ln x - \frac{1}{2}\int x dx$$
$$= \frac{1}{2}x^2 \ln x - \frac{1}{4}x^2 + C$$

【例 5-27】 求 $\int x \cos x dx$.

解：令 $u=x, dv=\cos x dx$，则
$du=dx, v=\sin x$

$\int dv = \int \cos x dx = \sin x + C$

由分部积分公式，得

$$\int x \cos x dx = x \sin x - \int \sin x dx = x \sin x + \cos x + C$$

为了简便起见，直接由公式(5-2)可以得出

$$\int x \cos x dx = \int x d(\sin x) = x \sin x - \int \sin x dx = x \sin x + \cos x + C$$

【例 5-28】 求 $\int \ln x dx$.

解：$\int \ln x \, dx = x\ln x - \int x \, d(\ln x) = x\ln x - \int x \cdot \frac{1}{x} dx = x\ln x - \int 1 \, dx$
$= x\ln x - x + C$

【例 5-29】 求 $\int x^2 e^x \, dx$.

解：$\int x^2 e^x \, dx = \int x^2 \, d(e^x)$
$= x^2 e^x - \int e^x \, d(x^2)$
$= x^2 e^x - 2 \boxed{\int x e^x \, dx}$ ◁ 再次使用分部积分公式
$= x^2 e^x - 2 \int x \, d(e^x)$
$= x^2 e^x - 2 \left(x e^x - \int e^x \, dx \right) = (x^2 - 2x + 2) e^x + C$

【例 5-30】 求 $\int x^2 \sin 2x \, dx$.

解：$\int x^2 \sin 2x \, dx = -\frac{1}{2} \int x^2 \, d(\cos 2x)$
$= -\frac{1}{2} \left[x^2 \cos 2x - \int \cos 2x \, d(x^2) \right]$
$= -\frac{x^2}{2} \cos 2x + \boxed{\int x \cos 2x \, dx}$ ◁ 再次使用分部积分公式
$= -\frac{x^2}{2} \cos 2x + \frac{1}{2} \int x \, d(\sin 2x)$
$= -\frac{x^2}{2} \cos 2x + \frac{1}{2} \left(x \sin 2x - \int \sin 2x \, dx \right)$
$= -\frac{x^2}{2} \cos 2x + \frac{x}{2} \sin 2x + \frac{1}{4} \cos 2x + C$

下面列出应用分部积分法的常见积分形式及 u, dv 的选取方法：

(1) $\int x^m \ln x \, dx$, $\int x^m \arcsin x \, dx$, $\int x^m \arctan x \, dx$ ($m \neq -1$, 且 m 为整数) 应使用分部积分法计算. 一般设 $dv = x^m dx$, 而被积表达式的其余部分设为 u;

(2) $\int x^n \sin ax \, dx$, $\int x^n \cos ax \, dx$, $\int x^n e^{ax} \, dx$ ($n > 0$, n 为正整数) 应利用分部积分法计算. 一般设 $u = x^n$, 被积表达式的其余部分设为 dv.

【能力训练 5.3】

求下列不定积分.

(1) $\int x e^{3x} \, dx$; (2) $\int x^2 e^{-x} \, dx$;

(3) $\int x \sin x \, dx$; (4) $\int \ln x \, dx$;

(5) $\int x \ln(x+1) \, dx$; (6) $\int (x^2 - 1) \sin 2x \, dx$.

学 法 建 议

本章主要介绍原函数与不定积分的概念、不定积分的性质、基本积分公式和三种基本积分法——直接积分法、凑微分法和分部积分法.

1. 原函数与不定积分的概念

(1) 导数(微分)与积分的逆运算.

$$F(x)+C \underset{\text{积分}}{\overset{\text{求导}}{\rightleftarrows}} F'(x)=f(x)$$

(2) 原函数的概念.

设函数 $f(x)$ 在区间 (a,b) 上有定义,若存在函数 $F(x)$,使得对任意的 $x\in(a,b)$,都有
$$F'(x)=f(x) \text{ 或 } \mathrm{d}F(x)=f(x)\mathrm{d}x$$
则称 $F(x)$ 为 $f(x)$ 在 (a,b) 上的一个原函数.

(3) 不定积分的概念.

若 $f(x)$ 有原函数,则称 $f(x)$ 的全体原函数 $F(x)+C$ 为 $f(x)$ 的不定积分,记作
$$\int f(x)\mathrm{d}x=F(x)+C$$

其中,$f(x)$ 称为**被积函数**,$f(x)\mathrm{d}x$ 称为**被积表达式**,x 称为**积分变量**,C 称为**积分常数**,$\int$ 称为**积分号**.

2. 不定积分的基本性质

(1) $\left[\int f(x)\mathrm{d}x\right]'=f(x)$, $\quad \mathrm{d}\left[\int f(x)\mathrm{d}x\right]=f(x)\mathrm{d}x$.

(2) $\int f'(x)\mathrm{d}x=f(x)+C$, $\quad \int \mathrm{d}f(x)=f(x)+C$.

3. 积分公式与运算法则

(1) 基本积分公式（略）.

(2) 积分本质公式（略）.

(3) 基本运算性质：
$$\int[f(x)\pm g(x)]\mathrm{d}x=\int f(x)\mathrm{d}x\pm\int g(x)\mathrm{d}x$$
$$\int kf(x)\mathrm{d}x=k\int f(x)\mathrm{d}x \quad (k \text{ 是非零常数})$$

4. 不定积分的基本计算方法

(1) 直接积分法：$\int f(x)\mathrm{d}x=F(x)+C$.

(2) 凑微分法：若 $\int f(x)\mathrm{d}x=F(x)+C$,则 $\int f[\varphi(x)]\mathrm{d}\varphi(x)=F[\varphi(x)]+C$.

(3) 分部积分法：$\int f(x)\mathrm{d}x=\int u\mathrm{d}v=uv-\int v\mathrm{d}u$.

【综合能力训练 5】

（基础题）

1. 求下列不定积分.

(1) $\int (4x^{\frac{3}{2}} - x^{\frac{1}{2}}) dx$;

(2) $\int \left(2^x - \frac{1}{x}\right) dx$;

(3) $\int \sqrt{x\sqrt{x}}\, dx$;

(4) $\int \frac{1}{(3+5x)^2} dx$;

(5) $\int \frac{2x}{1+x^2} dx$;

(6) $\int \frac{(\sqrt{x}+1)^5}{\sqrt{x}} dx$;

(7) $\int x e^{-2x^2} dx$;

(8) $\int \frac{1}{\sqrt{x}+1} dx$;

(9) $\int e^{2\sqrt{x}} dx$;

(10) $\int \cos\sqrt{t}\, dt$;

(11) $\int x e^{4x} dx$;

(12) $\int x \cos 3x\, dx$;

(13) $\int (x+1)\ln x\, dx$;

(14) $\int \frac{\ln x}{\sqrt{x}} dx$;

(15) $\int \frac{1}{\cos^3 x} dx$;

(16) $\int \frac{\arctan^2 x}{1+x^2} dx$.

2. 已知函数 $f(x)$ 的导数为 $\sin x + \cos x$, 且当 $x = \frac{\pi}{2}$ 时, $y=2$, 求此函数.

（应用题）

1. 设曲线在任一点 $x(x>0)$ 处的切线斜率为 $\frac{1}{\sqrt{x}} + 3$, 且过点 $(1,5)$, 求该曲线的方程.

2. 设某函数 $y=y(x)$ 当 $x=1$ 时有极小值, 当 $x=-1$ 时有极大值 4, 又知其导数具有如下形式: $y' = 3x^2 + ax + b$, 求此函数.

3. 设 $f(x) = \int (1 + \sin x) dx$, 求 $f(x)$ 在闭区间 $[0, 2\pi]$ 上的最大值和最小值之差.

【数学文化聚焦】

数学大师丘成桐的数学强国梦

当代数学大师丘成桐,是美国哈佛大学讲座教授,浙江大学数学中心主任,中国科学院晨兴数学中心主任,中国香港中文大学数学研究所所长.1976年,年仅27岁的丘成桐证明了卡拉比猜想,在世界上引起轰动.1983年,他获得世界最高数学奖——菲尔兹奖,这是世界数学领域的诺贝尔奖.直到今天,他和陶哲轩(2006年获奖)还是仅有的两位华人获奖者.1994年,他获得瑞典皇家科学院为弥补诺贝尔奖没有设数学奖

丘成桐

的缺憾而专门设立的国际大奖——克雷福特奖,这是 7 年颁发一次的世界级大奖,有人称该奖"比诺贝尔奖还难拿".1997 年,他获得美国总统亲自颁发的美国国家科学奖.

有人动情地说,丘成桐与其他数学家不同,他把数学推向中国,推向整个华人世界,这是他的伟大之处. 丘成桐培养的 50 位博士大部分是中国人,其中许多人已成为国际上知名的学者,或成为我国科研院校的教学和研究的领军人物.

在事业臻于峰巅时,他却把大量时间和精力放到影响自己研究的行政和社交活动上. 这些举动源于他的一个梦——让中国成为数学强国.他说:"我一生的最大愿望是帮中国强大起来!"虽然说科学没有国界,但科学家却有自己的民族. 作为一个华夏子孙,丘成桐有着强烈的民族自尊心和爱国心.

经历数十年的海外生活,丘成桐深感民族落后受歧视,迫切希望祖国强盛起来.科技强则国强,而数学是科技之母.发达国家都是数学大国,中国想要成为经济强国,首先必须是数学强国.而要数学强,必须有一流的人才.

多年来,丘成桐为了振兴中华数学研究事业,利用自己的学术地位和世界性影响;创立国际数学研究机构,培养年轻数学家和战略科学家,挑战世界性数学难题;设立全球性的大奖以激励年轻数学家,创办世界华人数学家大会,以帮助年轻数学家了解国际学术动态,交流研究成果,号召一大批国际杰出青年数学家回国服务.他促进了国内外数学家的融合和团结,而他所创立的数学中心则促进了数学学科和其他学科的融合.

"陈省身教授提出的中国成为世界数学大国的愿望已实现,中华数学事业已进入丘成桐时代,中国将成为世界数学强国!"英国数学大师约翰·科茨动情地说.

1994 年,丘成桐当选中国科学院首批外籍院士.2003 年,他获得中国政府授予的国际科技合作奖.江泽民主席在信中高度称赞他:"先生心念中华,胸怀报国之志……".

丘成桐把全球华人数学家团结在一起,提携后辈,培养人才. 他以一颗华夏子孙的赤子之心,为了中华民族数学事业的崛起,为了中国成为数学强国,无私奉献.在他的统帅下,外邦俊彦,九州豪士,个个怀瑾握瑜,这支海内外交融的世界级数学兵团正气势浩荡地向着世界数学的高峰挺进.

第 6 章 求总量或变化量的问题——定积分及其在经济上的应用

【本章概述】

> 不定积分是微分法逆运算的一个侧面，本章介绍的定积分则是它的另一个侧面．不定积分和定积分既有区别，又有联系．17 世纪中叶，牛顿和莱布尼茨先后提出了定积分的概念——和式极限，后来又发现了积分和微分之间的内在联系，提出了计算定积分的一般方法．自此，定积分成为解决实际问题的有力工具，而原本各自独立的微分学和积分学则紧密地联系在一起，构成理论体系完整的微积分学．

【学习目标】

知识目标：

- 定积分的概念及性质；
- 牛顿-莱布尼茨公式；
- 无穷区间上的广义积分；
- 定积分的经济应用．

能力目标：

- 理解定积分的几何意义；
- 熟练掌握定积分的计算方法——换元法和分部积分法；
- 掌握无穷区间上广义积分的计算方法；
- 了解简单平面图形的面积的计算方法；
- 掌握定积分在经济上的应用．

数学家不单单因为数学有用而研究数学，他研究它还因为他喜欢它，而他喜欢它则是因为它是美丽的．

——H. 庞加莱(Jules Henri Poincaré，1854—1912)

法国最伟大的数学家之一，理论科学家和科学哲学家

6.1 定积分的概念

6.1.1 定积分的起源

17世纪下半叶,欧洲科学技术迅猛发展,由于生产力的提高和社会各方面的迫切需要,经过各国科学家的努力与历史的积累,建立在函数与极限概念基础上的微积分理论应运而生.

定积分起源于求解图形的面积和几何体的体积等实际问题. 古希腊阿基米德(公元前287—公元前212)用"穷竭法",我国的刘徽用"割圆术",都曾计算过一些图形的面积和几何体的体积,这些均为定积分的雏形.

1. 穷竭法

总量问题是积分学的中心问题. 积分的起源可追溯到 2500 年前的古希腊,那时的希腊人在计算一些图形的面积时,使用了所谓的"穷竭法". 当时他们已经能计算多边形的面积:先把多边形分成若干个三角形,然后把这些三角形的面积累加起来. 然而在计算曲边形的面积时,这种方法就不适用了. 后来,古希腊人利用"穷竭法"计算曲边形的面积:先计算曲边形的内接正多边形和外切正多边形的面积,然后让多边形的边数不断增加,逼近曲边形的面积.

设 A_n 为圆的内接正 n 边形的面积,当 n 不断增加时,显然 A_n 变得越来越接近于圆的面积 A. 这时,我们就说圆面积是它的内接正 n 边形的面积的极限,并记作 $A = \lim\limits_{n \to \infty} A_n$. 古希腊人没有明确地使用极限概念,而是通过间接推理求曲边形的面积,其中,欧多克斯(公元前5世纪)使用"穷竭法"证明了圆面积公式:$A = \pi r^2$.

2. 割圆术

我国魏晋时期数学家刘徽使用了"割圆术"来推算圆面积,他从圆内接正六边形开始割圆,然后每次边数倍增,直至计算出正 192 边形的面积,求得 $\pi \approx \frac{157}{50} \approx 3.14$,称为"徽率". 后来祖冲之使用刘徽的方法,正确地计算出圆内接正 3072 边形的面积,从而得到精确度很高的圆周率近似值:$\frac{3927}{1250}$,精确到小数点后四位,即 3.1416.

6.1.2 定积分的定义

> **引例 6-1 【收入预测】**
> 据统计,某经济发达地区在 2002 年的人均年收入为 21914 元,假设人均年收入以速度 $v(t) = 600 \times (1.05)^t$(单位:元/年)增长,这里的 t 是以 2002 年年底开始算起的年数,估算 2009 年此地区人均年收入.
> **预备知识**:定积分.

1. 定积分的定义

定义 6.1【定积分】 设函数 $f(x)$ 在闭区间 $[a,b]$ 上连续,若 $F(x)$ 是 $f(x)$ 的任意一个原函数,则称函数 $f(x)$ 在 $[a,b]$ 上可积,称积分值 $F(b) - F(a)$ 为函数 $f(x)$ 在闭区间 $[a,b]$ 上的

定积分,记作

$$\int_a^b f(x)dx = F(x)\Big|_a^b = F(b) - F(a) \tag{6-1}$$

其中,$f(x)$ 称为**被积函数**,$f(x)dx$ 称为**被积表达式**,x 称为**积分变量**,$[a,b]$ 称为**积分区间**,a 与 b 分别称为**积分下限**与**积分上限**. 符号 $\int_a^b f(x)dx$ 读作"从 a 到 b 上,$f(x)$ 对 x 的积分".

微积分基本公式(牛顿-莱布尼茨公式)

$$\int_a^b f(x)dx = F(x)\Big|_a^b = F(b) - F(a)$$

【注】 关于定积分定义的说明:

(1) 定积分 $\int_a^b f(x)dx$ 是 $f(x)$ 的原函数 $F(x)$ 在 $x=b$ 和 $x=a$ 处的函数值之差 $F(b)-F(a)$,它表示一个数值,这个数值只取决于被积函数、积分下限和积分上限,而与积分变量采用什么字母来表示无关,如 $\int_a^b f(x)dx = \int_a^b f(t)dt$.

(2) 关于定积分的次序,定积分的上限与下限互换时,定积分变号,即

$$\int_a^b f(x)dx = -\int_b^a f(x)dx$$

特别地,当 $a=b$ 时,有 $\int_a^a f(x)dx = 0$.

【例 6-1】 一辆小轿车在踩制动踏板后第 2 秒末停下. 已知在这一制动过程中汽车的速度为 $v=10-5t$(米/秒),求从开始制动到停下来,汽车滑行的距离.

解:根据定义,汽车滑行的距离可表示为

$$s = \int_0^2 v(t)dt = \int_0^2 (10-5t)dt = \left(10t - \frac{5t^2}{2}\right)\Big|_0^2 = \left(10\times 2 - \frac{5\times 2^2}{2}\right) - 0 = 10(\text{m})$$

引例 6-1 的求解

求解:设第 t 年人均年收入为 $R(t)$,则人均年收入增长速度为 $R'(t) = v(t) = 600\times(1.05)^t$. 则从 2003 年到 2009 年这 7 年间,此地区人均年收入的增加量为

$$R = \int_0^7 R'(t)dt = \int_0^7 v(t)dt = \int_0^7 600\times(1.05)^t dt$$

$$= 600\int_0^7 (1.05)^t dt = 600\frac{(1.05)^t}{\ln 1.05}\Big|_0^7$$

$$= \frac{600}{\ln 1.05}\times(1.05^7 - 1) \approx 5006.3(\text{元})$$

因此,2009 年此地区人均年收入为 $21914+5006.3 \approx 26920.3$(元).

2. 定积分的几何意义

设函数 $f(x)$ 在区间 $[a,b]$ 上的定积分为 $\int_a^b f(x)dx$,当 $f(x) \geqslant 0$ 时,其积分值等于曲线 $y=f(x)$ 与直线 $x=a$,$x=b$ 在 x 轴上方部分所围成的平面图形(曲边梯形)的面积,如图 6-1 所示.

【例 6-2】 利用定积分 $\int_0^2 \sqrt{4-x^2}dx$ 的几何意义求值.

解：函数 $y=\sqrt{4-x^2}$ $(0\leqslant x\leqslant 2)$ 表示圆周 $x^2+y^2=4$ 在第一象限的部分,而圆 $x^2+y^2=4$ 的面积为 $S=4\pi$. 所以

$$\int_0^2 \sqrt{4-x^2}\,\mathrm{d}x = \pi$$

如图 6-2 所示.

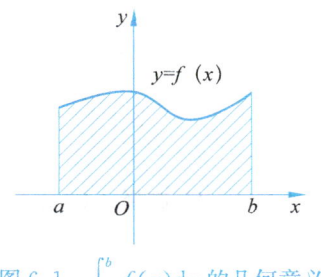
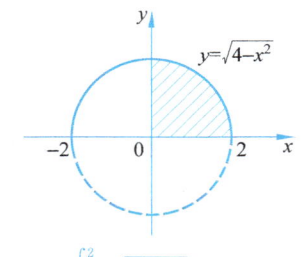

图 6-1　$\int_a^b f(x)\mathrm{d}x$ 的几何意义　　　　图 6-2　$\int_0^2 \sqrt{4-x^2}\,\mathrm{d}x$ 的几何意义

6.1.3　定积分的性质

(1)【常倍数】.

$$\int_a^b kf(x)\mathrm{d}x = k\int_a^b f(x)\mathrm{d}x \quad (k\text{ 为常数})$$

(2)【和与差】.

$$\int_a^b [f(x)\pm g(x)]\mathrm{d}x = \int_a^b f(x)\mathrm{d}x \pm \int_a^b g(x)\mathrm{d}x$$

可推广到有限项的情况,即

$$\int_a^b [f_1(x)\pm f_2(x)\pm\cdots\pm f_n(x)]\mathrm{d}x = \int_a^b f_1(x)\mathrm{d}x \pm\cdots\pm \int_a^b f_n(x)\mathrm{d}x$$

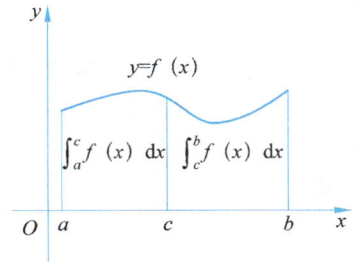

图 6-3　积分的区间可加性的几何意义

(3)【面积与区间长度】如果在区间 $[a,b]$ 上 $f(x)\equiv 1$,则

$$\int_a^b 1\mathrm{d}x = \int_a^b \mathrm{d}x = b-a$$

(4)【积分的区间可加性】如果 $a<c<b$,则

$$\int_a^b f(x)\mathrm{d}x = \int_a^c f(x)\mathrm{d}x + \int_c^b f(x)\mathrm{d}x$$

如图 6-3 所示. 事实上,对任意 $c\in\mathbf{R}$,上式均成立.

(5)【积分的比较性质】如果在区间 $[a,b]$ 上有 $f(x)\geqslant g(x)$,则

$$\int_a^b f(x)\mathrm{d}x \geqslant \int_a^b g(x)\mathrm{d}x$$

特殊情形：如果在区间 $[a,b]$ 上有 $f(x)\geqslant 0$,则 $\int_a^b f(x)\mathrm{d}x\geqslant 0$.

例如,在区间 $[0,1]$ 上,有 $x\geqslant x^2$,则 $\int_0^1 x\mathrm{d}x\geqslant \int_0^1 x^2\mathrm{d}x$.

(6)【积分的估值性质】设 M 与 m 分别是函数 $f(x)$ 在区间 $[a,b]$ 上的最大值与最小值,则

$$m(b-a) \leqslant \int_a^b f(x)dx \leqslant M(b-a)$$

（7）【积分中值定理】如果函数 $f(x)$ 在区间 $[a,b]$ 上连续，则在区间 $[a,b]$ 上至少存在一点 ξ（见图 6-4），使得

$$\int_a^b f(x)dx = f(\xi)(b-a)$$

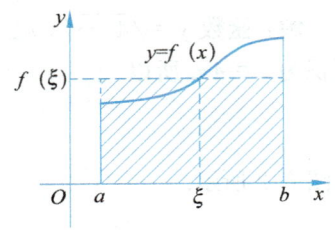

图 6-4 积分中值定理的几何意义

6.1.4 求定积分 $\int_a^b f(x)dx$ 的值

根据定积分的定义，求 $\int_a^b f(x)dx$ 的步骤如下：

（1）求 $f(x)$ 的原函数 $F(x)$，即根据 $f(x)$ 的不定积分 $F(x)+C$，选择 $F(x)$.

（2）计算 $F(b)-F(a)$，其值就是 $\int_a^b f(x)dx$.

【例 6-3】 $\int_0^\pi \sin x\,dx$.

解：$\int_0^\pi \sin x\,dx = -\cos x \big|_0^\pi = -(\cos\pi - \cos 0) = -(-1-1) = 2$

【思考题】 试画图考察例 6-3 中 $\int_0^\pi \sin x\,dx$ 表示的面积.

【例 6-4】 $\int_{-1}^3 (x^2+1)dx$.

解：$\int_{-1}^3 (x^2+1)dx = \left(\frac{1}{3}x^3 + x\right)\bigg|_{-1}^3 = \left(\frac{1}{3}\times 3^3 + 3\right) - \left[\frac{1}{3}\times(-1)^3 + (-1)\right] = \frac{40}{3}$

【例 6-5】 $\int_1^3 |2-x|dx$.

解：$\int_1^3 |2-x|dx = \int_1^2 (2-x)dx + \int_2^3 (x-2)dx$

$= \left(2x - \frac{1}{2}x^2\right)\bigg|_1^2 + \left(\frac{1}{2}x^2 - 2x\right)\bigg|_2^3 = \frac{1}{2} + \frac{1}{2} = 1$

案例 6-1【石油消耗】 世界石油消耗总量的增长速度持续上升，根据历史数据估算，从 1990 年到 1995 年年初这段时间，石油消耗总量的增长速度为 $r(t) = 320e^{0.05t}$（亿桶/年），试求从 1990 年到 1995 年初这段时间内的石油消耗总量是多少？

解：设从 1990 年起的第 t 年初的石油总量为 $Q(t)$，由题意知

$$Q'(t) = r(t) = 320e^{0.05t} \quad t \in [0,5]$$

因此，从 1990 年到 1995 年初这段时间内的石油消耗总量

$$Q = \int_0^5 Q'(t)dt = \int_0^5 r(t)dt = \int_0^5 320e^{0.05t}dt$$

$$= 320 \times \frac{1}{0.05}e^{0.05t}\bigg|_0^5 = 6400 \times (e^{0.25} - 1) \approx 1817.76(亿桶)$$

【能力训练 6.1】

(基础题)

1. 用定积分表示抛物线 $y = x^2 + 1$ 与直线 $x=1, x=2$ 以及 x 轴所围成的图形的面积.

2. 用曲边梯形的面积说明下列定积分.

(1) $\int_1^2 0 \mathrm{d}x$;

(2) $\int_a^b 1 \mathrm{d}x \quad (a<b)$;

(3) $\int_a^b x \mathrm{d}x \quad (a<b)$;

(4) $\int_0^1 x^2 \mathrm{d}x$;

(5) $\int_{-\pi}^{\pi} \sin x \mathrm{d}x$;

(6) $\int_{-1}^1 \sqrt{1-x^2} \mathrm{d}x$.

3. 利用定积分的性质,比较下列各题中两个积分值的大小.

(1) $\int_0^1 x \mathrm{d}x$ 与 $\int_0^1 x^3 \mathrm{d}x$;

(2) $\int_1^2 x^2 \mathrm{d}x$ 与 $\int_1^2 x^3 \mathrm{d}x$;

(3) $\int_0^{\frac{\pi}{2}} \sin x \mathrm{d}x$ 与 $\int_0^{\frac{\pi}{2}} \sin^2 x \mathrm{d}x$;

(4) $\int_0^1 \mathrm{e}^x \mathrm{d}x$ 与 $\int_0^1 \mathrm{e}^{2x} \mathrm{d}x$;

(5) $\int_1^{\mathrm{e}} \ln x \mathrm{d}x$ 与 $\int_1^{\mathrm{e}} \ln^2 x \mathrm{d}x$;

(6) $\int_{\mathrm{e}}^3 \ln x \mathrm{d}x$ 与 $\int_{\mathrm{e}}^3 \ln^2 x \mathrm{d}x$.

4. 用牛顿-莱布尼茨公式计算下列定积分.

(1) $\int_0^2 (2x-5) \mathrm{d}x$;

(2) $\int_1^2 \frac{1}{\sqrt{x}} \mathrm{d}x$;

(3) $\int_1^3 (3x^2-x+1) \mathrm{d}x$;

(4) $\int_0^1 x\sqrt{1-x^2} \mathrm{d}x$;

(5) $\int_0^{\frac{\pi}{2}} \cos^3 x \sin x \mathrm{d}x$;

(6) $\int_1^2 \left(x+\frac{1}{x}\right)^2 \mathrm{d}x$;

(7) $\int_{-1}^0 \frac{1}{\sqrt{1-x}} \mathrm{d}x$;

(8) $\int_0^2 |1-x| \mathrm{d}x$.

5. 设 $f(x)=\begin{cases} \mathrm{e}^x & x<0 \\ 1+x^2 & x\geqslant 0 \end{cases}$, 计算定积分 $\int_{-1}^2 f(x) \mathrm{d}x$.

(应用题)

1. 【下落的距离】某一物体从距地面 40 米的高空自由下落,速度为 $v=9.8t$(米/秒). 试用定积分表示物体从 1 秒到 2 秒间下落的距离 h.

2. 【汽车刹车时的加速度】一辆汽车以 90 千米/小时的速度行驶,假设司机看到前方 50 米处发生事故,司机立即刹车. 问汽车至少以多大的加速度行驶才能避开前方事故?

6.2 计算定积分的一般方法——换元积分法和分部积分法

6.2.1 定积分的换元积分法

在第 5 章中,我们学习了不定积分的凑微分法(换元法),在某些条件下换元法也可以用在定积分的计算上.

下面先用凑微分法求原函数,然后计算定积分.

【例 6-6】 计算 $\int_0^{\ln 3} \mathrm{e}^x (1+\mathrm{e}^x)^2 \mathrm{d}x$.

解：$\int_0^{\ln 3} e^x(1+e^x)^2 dx = \int_0^{\ln 3}(1+e^x)^2(1+e^x)' dx$

$= \int_0^{\ln 3}(1+e^x)^2 d(1+e^x)$

$= \frac{1}{3}(1+e^x)^3 \Big|_0^{\ln 3} = \frac{1}{3}[(1+e^{\ln 3})^3 - (1+e^0)^3] = \frac{56}{3}$

本质公式 $\int \boxed{u}^a d\boxed{u} = \frac{\boxed{u}^{a+1}}{a+1} + C$

实际上，定积分的计算方法上也有类似的换元法．从以下定理来说明这一点．

定理 6.1 设函数 $f(x)$ 在 $[a,b]$ 上连续，令 $x = \varphi(t)$，则有

$$\int_a^b f(x) dx \xrightarrow{x=\varphi(t)} \int_\alpha^\beta f[\varphi(t)] \varphi'(t) dt$$

其中函数 $\varphi(t)$ 应满足以下三个条件：

(1) $\varphi(\alpha) = a, \varphi(\beta) = b$；

(2) $\varphi(t)$ 在 $[\alpha, \beta]$ 上单值且有连续导数；

(3) 当 t 在 $[\alpha, \beta]$ 上变化时，对应的 $x = \varphi(t)$ 在 $[a, b]$ 上变化．

【注】【定积分换元的关键】 定积分在换元的同时也要换积分区域，原上限对应新上限，原下限对应新下限．

原积分限(x)	下限 $x=a$ → 上限 $x=b$
新积分限(t)	下限 $t=\alpha$ → 上限 $t=\beta$

【例 6-7】 计算 $\int_0^{\frac{\pi}{2}} \cos^3 x \sin x \, dx$．

解：方法 1 利用不定积分的凑微分法求原函数

$\int_0^{\frac{\pi}{2}} \cos^3 x \sin x \, dx = -\int_0^{\frac{\pi}{2}} \cos^3 x \, d(\cos x) = -\frac{1}{4}\cos^4 x \Big|_0^{\frac{\pi}{2}} = \frac{1}{4}$

方法 2 利用定积分的换元法

$\int_0^{\frac{\pi}{2}} \cos^3 x \sin x \, dx = -\int_0^{\frac{\pi}{2}} \cos^3 x \, d(\cos x)$

令 $t = \cos x$，

原积分限(x)	下限 $x=0$ → 上限 $x=\frac{\pi}{2}$
新积分限(t)	下限 $t=1$ → 上限 $t=0$

则

$\int_0^{\frac{\pi}{2}} \cos^3 x \sin x \, dx = -\int_1^0 t^3 dt = \int_0^1 t^3 dt = \frac{1}{4}t^4 \Big|_0^1 = \frac{1}{4}$

*【例 6-8】 求 $\int_0^4 \frac{dx}{1+\sqrt{x}}$．

解：为了去掉被积函数中的根式，设 $t = \sqrt{x}$，则 $x = t^2 (t \geq 0)$，于是 $\frac{1}{1+\sqrt{x}} = \frac{1}{1+t}$，$dx = 2t \, dt$．

原积分限(x)	下限 $x=0$ → 上限 $x=4$
新积分限(t)	下限 $t=0$ → 上限 $t=2$

则有
$$\int_0^4 \frac{dx}{1+\sqrt{x}} = \int_0^2 \frac{2tdt}{1+t} = 2\int_0^2 \left(1-\frac{1}{1+t}\right)dt = 2[t-\ln(1+t)]\Big|_0^2 = 2(2-\ln 3)$$

*【例 6-9】 求 $\int_0^2 \sqrt{4-x^2}\,dx$.

解：设 $x = 2\sin t$，则 $dx = 2\cos t\,dt$，于是 $\sqrt{4-x^2} = \sqrt{4-(2\sin t)^2} = 2|\cos t|$，

原积分限(x)	下限 $x=0 \to$ 上限 $x=2$
新积分限(t)	下限 $t=0 \to$ 上限 $t=\frac{\pi}{2}$

则有
$$\int_0^2 \sqrt{4-x^2}\,dx = \int_0^{\frac{\pi}{2}} 4|\cos t|\cos t\,dt = 4\int_0^{\frac{\pi}{2}} \cos^2 t\,dt = 4\int_0^{\frac{\pi}{2}} \frac{1+\cos 2t}{2}\,dt$$
$$= 2\left(t + \frac{1}{2}\sin 2t\right)\Big|_0^{\frac{\pi}{2}} = 2 \cdot \frac{\pi}{2} = \pi$$

【注】【奇函数与偶函数在对称区间上的定积分】 设函数 $f(x)$ 在关于原点对称的区间 $[-a, a]$ 上连续，则

(1) 当 $f(x)$ 为偶函数时，$\int_{-a}^a f(x)\,dx = 2\int_0^a f(x)\,dx$；

(2) 当 $f(x)$ 为奇函数时，$\int_{-a}^a f(x)\,dx = 0$.

此性质的几何意义如图 6-5 和图 6-6 所示.

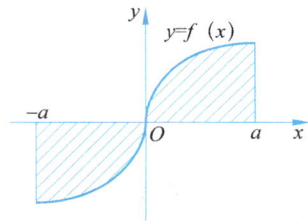

图 6-5　奇函数在对称区间上的定积分的几何意义

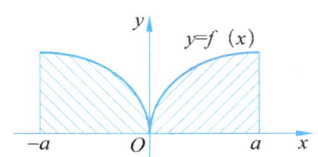

图 6-6　偶函数在对称区间上的定积分的几何意义

例如：

(1) $\int_{-\pi}^{\pi} x^2 \sin x\,dx = 0$；

(2) $\int_{-1}^1 x^2\,dx = 2\int_0^1 x^2\,dx = 2 \cdot \frac{1}{3} = \frac{2}{3}$.

上述结论可以利用定积分的换元法得到，它给奇函数、偶函数在关于原点对称的区间上的定积分计算带来方便.

【例 6-10】 求 $\int_{-\frac{\pi}{2}}^{\frac{\pi}{2}} (x^4 \sin^3 x + \cos x)\,dx$.

解：$\int_{-\frac{\pi}{2}}^{\frac{\pi}{2}} (x^4 \sin^3 x + \cos x)\,dx = \int_{-\frac{\pi}{2}}^{\frac{\pi}{2}} x^4 \sin^3 x\,dx + \int_{-\frac{\pi}{2}}^{\frac{\pi}{2}} \cos x\,dx$

$= 0 + 2\int_0^{\frac{\pi}{2}} \cos x\,dx = 2\sin x\Big|_0^{\frac{\pi}{2}} = 2$

6.2.2 定积分的分部积分法

定理 6.2 设函数 $u(x), v(x)$ 在区间 $[a,b]$ 上均有连续导数,则

$$\int_a^b u \, dv = (u \cdot v) \Big|_a^b - \int_a^b v \, du$$

上式称为**定积分的分部积分公式**.

定积分的分部积分法与不定积分类似,但结果不同,定积分是一个数值,而不定积分是一类函数.

【例 6-11】 求 $\int_0^1 x e^x \, dx$.

解: $\int_0^1 x e^x \, dx = \int_0^1 x(e^x)' \, dx = \int_0^1 x \, d(e^x) = x e^x \Big|_0^1 - \int_0^1 e^x \, dx = e - e^x \Big|_0^1 = e - e + 1 = 1$

【例 6-12】 求 $\int_0^{\frac{\pi}{2}} x \cos x \, dx$.

解: $\int_0^{\frac{\pi}{2}} x \cos x \, dx = \int_0^{\frac{\pi}{2}} x \, d(\sin x) = x \sin x \Big|_0^{\frac{\pi}{2}} - \int_0^{\frac{\pi}{2}} \sin x \, dx = \frac{\pi}{2} + \cos x \Big|_0^{\frac{\pi}{2}} = \frac{\pi}{2} - 1$

【例 6-13】 求 $\int_1^2 x \ln x \, dx$.

解: $\int_1^2 x \ln x \, dx = \int_1^2 \ln x \, d\left(\frac{x^2}{2}\right) = \left(\frac{x^2 \ln x}{2}\right) \Big|_1^2 - \int_1^2 \frac{x^2}{2} d(\ln x)$

$= 2\ln 2 - \int_1^2 \frac{x}{2} dx = 2\ln 2 - \frac{1}{4} x^2 \Big|_1^2 = 2\ln 2 - \frac{3}{4}$

【能力训练 6.2】

1. 计算下列定积分.

(1) $\int_{-1}^0 \frac{1}{\sqrt{1-x}} dx$;

(2) $\int_{-1}^1 \frac{x}{\sqrt{5-4x}} dx$;

(3) $\int_0^1 x e^{-x^2} dx$;

(4) $\int_0^1 x \sqrt{1-x^2} dx$;

(5) $\int_1^e \frac{2 + \ln x}{x} dx$.

2. 计算下列定积分.

(1) $\int_0^{\frac{\pi}{2}} x \sin x \, dx$;

(2) $\int_0^1 x e^{-x} dx$;

(3) $\int_1^e \ln x \, dx$;

(4) $\int_0^{\frac{\pi}{2}} x \cos 2x \, dx$;

(5) $\int_1^4 \frac{\ln x}{\sqrt{x}} dx$;

(6) $\int_0^1 x^2 e^{-x} dx$.

3. 利用函数的奇偶性求下列定积分的值.

(1) $\int_{-2}^2 (5x^3 + 3x + 1) dx$;

(2) $\int_{-1}^1 x \cos x \, dx$;

(3) $\int_{-\pi}^{\pi} x^2 \sin x \, dx$;

(4) $\int_{-4}^4 x^3 e^{-x^2} dx$;

(5) $\int_{-1}^{1} e^{|-x|} dx$;   (6) $\int_{-2}^{2} \frac{x+|x|}{2+x^2} dx$.

6.3 定积分概念的拓展——无穷区间上的广义积分

引例 6-2 【飞机润滑油的生产】
某飞机制造商在生产了一批某种型号的飞机后就停产了,但该公司承诺将为客户终生供应这种飞机专用的润滑油. 已知一年后这批飞机的用油率为 $r(t)=300t^{-\frac{3}{2}}$(升/年), 其中 t 表示飞机服役的年数. 假若该公司要一次性生产这批飞机一年以后所需的全部润滑油, 试问一共需要生产多少升?

引例 6-3 【不加控制下传染病的传染人数】
某种传染病在流行期间, 被传染而患病的速度可近似地表示为 $r(t)=10000te^{-0.1t}$(人/天), 其中 t 为传染病开始流行的天数($t \geqslant 0$). 如果不加控制, 最终将会传染多少人?

前面介绍了有限区间$[a,b]$ ($a<b$)上的定积分 $\int_a^b f(x)dx$, 当 $f(x) \geqslant 0$ 时, 其积分值等于曲线 $y=f(x)$ 与直线 $x=a, x=b$ 在 x 轴上方部分所围成的平面图形的面积(有限面积). 当区间为无穷区间, 如$[a,+\infty)$, $(-\infty,b]$ 或 $(-\infty,+\infty)$, 此时的积分如何理解?

定义 6.2【无穷区间上的广义积分】 设函数 $f(x)$ 在$[a,+\infty)$上连续, 任取实数 $b>a$, 若极限 $\lim\limits_{b \to +\infty} \int_a^b f(x)dx$ 存在, 则称此极限为函数 $f(x)$ 在无穷区间$[a,+\infty)$上的广义积分, 记作

$$\int_a^{+\infty} f(x)dx = \lim_{b \to +\infty} \int_a^b f(x)dx$$

并称广义积分 $\int_a^{+\infty} f(x)dx$ 收敛; 若极限 $\lim\limits_{b \to +\infty} \int_a^b f(x)dx$ 不存在, 则称广义积分 $\int_a^{+\infty} f(x)dx$ 发散.

类似地, 可定义函数 $f(x)$ 在$(-\infty, b]$上的广义积分

$$\int_{-\infty}^b f(x)dx = \lim_{a \to -\infty} \int_a^b f(x)dx$$

对于函数 $f(x)$ 在区间$(-\infty, +\infty)$上的广义积分, 可以用前面两种广义积分来定义

$$\int_{-\infty}^{+\infty} f(x)dx = \int_{-\infty}^c f(x)dx + \int_c^{+\infty} f(x)dx$$

其中 c 为任意实数, 当右端两个广义积分都收敛时, 广义积分 $\int_{-\infty}^{+\infty} f(x)dx$ 才是收敛的; 否则广义积分 $\int_{-\infty}^{+\infty} f(x)dx$ 是发散的.

【例 6-14】 求广义积分 $\int_0^{+\infty} e^{-x}dx$.

解: 对任意 $b>0$, 有

$$\int_0^{+\infty} e^{-x}dx = \lim_{b \to +\infty} \int_0^b e^{-x}dx = -\lim_{b \to +\infty} \int_0^b e^{-x}d(-x)$$
$$= -\lim_{b \to +\infty} \left(e^{-x} \Big|_0^b \right) = -\lim_{b \to +\infty} (e^{-b} - 1) = 1$$

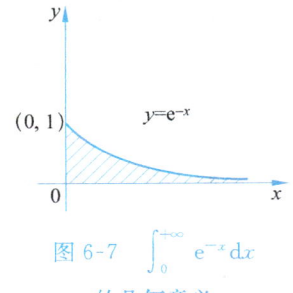

图 6-7 $\int_0^{+\infty} e^{-x}dx$ 的几何意义

因此，$\int_0^{+\infty} e^{-x} dx = 1$，如图 6-7 所示.

【例 6-15】 讨论广义积分 $\int_1^{+\infty} \dfrac{1}{\sqrt{x}} dx$ 的收敛性.

解：对任意 $b > 0$，有
$$\int_1^{+\infty} \dfrac{1}{\sqrt{x}} dx = \lim_{b \to +\infty} \int_1^b \dfrac{1}{\sqrt{x}} dx = \lim_{b \to +\infty} 2\sqrt{x} \Big|_1^b = \lim_{b \to +\infty} 2(\sqrt{b} - 1) = +\infty$$
因此，原积分发散.

【例 6-16】 求广义积分 $\int_1^{+\infty} \dfrac{1}{x^2} dx$.

解：$\int_1^{+\infty} \dfrac{1}{x^2} dx = \lim_{b \to +\infty} \left(-\dfrac{1}{x} \Big|_1^b \right) = -\lim_{b \to +\infty} \left(\dfrac{1}{b} - 1 \right) = 1$

一般的，有 $\int_1^{+\infty} \dfrac{1}{x^p} dx = \begin{cases} 收敛 & p > 1 \\ 发散 & p \leqslant 1 \end{cases}$

【例 6-17】 求广义积分 $\int_0^{+\infty} \cos x \, dx$.

解：$\int_0^{+\infty} \cos x \, dx = \lim_{b \to +\infty} \left(\sin x \Big|_0^b \right) = \lim_{b \to +\infty} \sin b$

又因为 $\lim\limits_{b \to +\infty} \sin b$ 不存在，所以广义积分 $\int_0^{+\infty} \cos x \, dx$ 发散.

引例 6-2 的分析与求解

分析：依题意，$t \in [1, +\infty)$. 已知用油率 $r(t)$ 求终生用油总量，就是求用油率 $r(t)$ 在区间 $[1, +\infty)$ 上的积分
$$\int_1^{+\infty} r(t) dt = \int_1^{+\infty} 300 t^{-\frac{3}{2}} dt$$

求解：设这批飞机 t 年后所需的润滑油量为 $Q(t)$ 升，则
$$Q'(t) = r(t) = 300 t^{-\frac{3}{2}} \quad (t \geqslant 1)$$

这批飞机一年以后所需的全部润滑油总量为
$$Q = \int_1^{+\infty} Q'(t) dt = \int_1^{+\infty} r(t) dt = \int_1^{+\infty} 300 t^{-\frac{3}{2}} dt$$
$$= -600 \dfrac{1}{\sqrt{t}} \Big|_1^{+\infty} \qquad 即 \lim_{b \to +\infty} \left(-600 \dfrac{1}{\sqrt{t}} \Big|_1^b \right)$$
$$= 600 (升)$$

引例 6-3 的分析与求解

分析：依题意，$t \in [0, +\infty)$. 已知传染速度 $r(t)$ 求传染人数总量，就是求传染速度 $r(t)$ 在区间 $[0, +\infty)$ 上的积分
$$\int_0^{+\infty} r(t) dt = \int_0^{+\infty} 10000 t e^{-0.1t} dt$$

求解：设 t 天后有 $Q(t)$ 人被传染，则
$$Q'(t) = r(t) = 10000 t e^{-0.1t} \quad (t \geqslant 0)$$

如果不加控制，最终被传染的人数为

$$Q = \int_0^{+\infty} Q'(t)dt = \int_0^{+\infty} r(t)dt = \int_0^{+\infty} 10000te^{-0.1t}dt$$
$$= 10000 \times \frac{-1}{0.1}\int_0^{+\infty} te^{-0.1t}d(-0.1t)$$
$$= -100000\int_0^{+\infty} td(e^{-0.1t}) \quad \text{即} \lim_{b \to +\infty}\left(te^{-0.1t}\Big|_0^b\right)$$
$$= -100000\left(te^{-0.1t}\Big|_0^{+\infty} - \int_0^{+\infty} e^{-0.1t}dt\right)$$
$$= -100000\left(te^{-0.1t}\Big|_0^{+\infty} + 10e^{-0.1t}\Big|_0^{+\infty}\right)$$
$$= -100000 \cdot (0 + 0 - 10) \quad \lim_{b \to +\infty} be^{-0.1b} = \lim_{b \to +\infty}\frac{b}{e^{0.1b}} = \lim_{b \to +\infty}\frac{1}{0.1e^{0.1b}} = 0$$
$$= 10^6 (\text{人})$$

【能力训练 6.3】

1. 判断下列广义积分的敛散性；若该积分收敛，求其值.

(1) $\int_0^{+\infty} e^{-x}dx$;

(2) $\int_{-\infty}^{-1} \frac{1}{x^3}dx$;

(3) $\int_1^{+\infty} \frac{1}{1+x^2}dx$;

(4) $\int_0^{+\infty} xe^{-x}dx$;

(5) $\int_1^{+\infty} \sin x dx$;

(6) $\int_e^{+\infty} \frac{\ln x}{x}dx$.

2. 【传染病传染多少头牲畜】在某种牲畜的传染性疾病流行期间，被传染而患病的速度可近似地表示为 $r(t) = 100te^{-0.5t}$（头/天），其中 t 为传染病开始流行的天数（$t \geq 0$）. 如果不加控制，最终将会传染多少头牲畜？

6.4 定积分的应用——求平面图形的面积

6.4.1 定积分的微元法

定义 6.3【微元法】

(1) 在区间 $[a,b]$ 上任取一个微小区间 $[x, x+\Delta x]$，然后求出在这个小区间上的部分量 ΔA 的近似值，记为 $dA = f(x)dx$（称为 A 的微元）；

(2) 将微元 dA 在 $[a,b]$ 上无限累加，即在 $[a,b]$ 上积分，得

$$A = \int_a^b f(x)dx$$

上述问题的解决方法称为**微元法**.

【注】 关于微元 $dA = f(x)dx$（见图 6-8），我们有两点要说明：

(1) 被称作微元的量 $f(x)dx$ 作为 ΔA 的近似表达式，实际上就是所求量的微分 dA.

(2) 问题的关键是怎样求微元. 一般的，通过分析问题的实际意义及数量关系，利用在局部 $[x, x+dx]$ 上以"常代变"、"直代

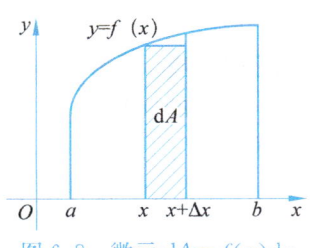

图 6-8 微元 $dA = f(x)dx$

曲"等思路(局部线性化)即可求出微元 $dA=f(x)dx$.

6.4.2 平面图形的面积

设平面图形是由曲线 $y=f(x),y=g(x)$ 和直线 $x=a,x=b(a<b)$ 所围成的,在 $[a,b]$ 上 $f(x)\geqslant g(x)$,如图 6-9 所示. 取 x 为积分变量,其变化区间为 $[a,b]$,在 $[a,b]$ 上任取区间 $[x,x+\Delta x]$,相应区间 $[x,x+\Delta x]$ 上的窄条面积近似于高为 $f(x)-g(x)$、底为 Δx 的矩形面积,从而得到面积微元

$$dA=[f(x)-g(x)]dx, \quad x\in[a,b]$$

以面积微元为被积表达式,在 $[a,b]$ 上作定积分得所求面积

$$A=\int_a^b [f(x)-g(x)]dx \tag{6-2}$$

同理,如果平面图形是曲线 $x=\varphi(y),x=\psi(y)$ 和直线 $y=c,y=d(c<d)$ 所围成的,且在 $[c,d]$ 上 $\varphi(y)\geqslant\psi(y)$(见图 6-10),则面积微元为

$$dA=[\varphi(y)-\psi(y)]dy, \quad y\in[c,d]$$

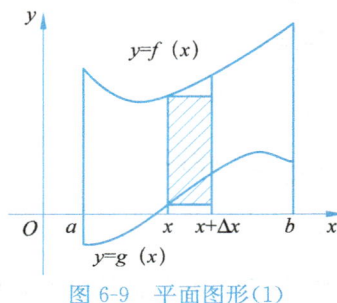

图 6-9 平面图形(1)

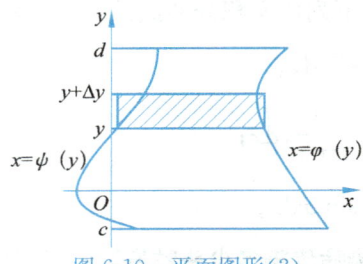

图 6-10 平面图形(2)

平面图形的面积为

$$A=\int_c^d [\varphi(y)-\psi(y)]dy \tag{6-3}$$

【例 6-18】 求由两条抛物线 $y=x^2,y^2=x$ 围成的图形(见图 6-11)的面积.

解:

(1) 求两条曲线的交点,解方程组 $\begin{cases} y^2=x \\ y=x^2 \end{cases}$,得交点 $(0,0)$ 及 $(1,1)$.

(2) 取 x 为积分变量,得面积微元

$$dA=(\sqrt{x}-x^2)dx, \quad x\in[0,1]$$

(3) 图形在直线 $x=0$ 与 $x=1$ 之间,应用公式(6-2)得

$$A=\int_0^1(\sqrt{x}-x^2)dx=\left(\frac{2}{3}x^{\frac{3}{2}}-\frac{1}{3}x^3\right)\Big|_0^1=\frac{1}{3}$$

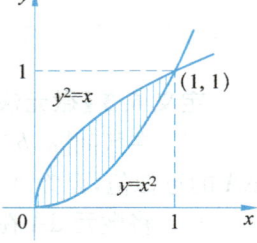

图 6-11 抛物线 $y=x^2$, $y^2=x$ 围成的图形

【例 6-19】 计算抛物线 $y^2=2x$ 与直线 $y=x-4$ 所围成的图形(见图 6-12)的面积.

解:

(1) 求两条曲线的交点以确定图形范围,解方程组 $\begin{cases} y^2=2x \\ y=x-4 \end{cases}$,得交点 $(2,-2)$ 和 $(8,4)$.

(2) 取 y 为积分变量,应用公式(6-3)得

$$A = \int_{-2}^{4}\left(y+4-\frac{1}{2}y^2\right)dy = \left(\frac{y^2}{2}+4y-\frac{y^3}{6}\right)\Big|_{-2}^{4} = 18$$

若选 x 作积分变量,必须过点 $(2,-2)$ 作直线 $x=2$ 将图形分成两部分,分别应用公式(6-2)可得

$$A = \int_{0}^{2}[\sqrt{2x}-(-\sqrt{2x})]dx + \int_{2}^{8}[\sqrt{2x}-(x-4)]dx$$
$$= \frac{4\sqrt{2}}{3}x^{\frac{3}{2}}\Big|_{0}^{2} + \left(4x+\frac{2\sqrt{2}}{3}x^{\frac{3}{2}}-\frac{1}{2}x^2\right)\Big|_{2}^{8} = 18$$

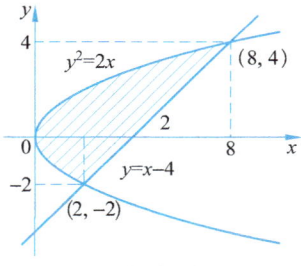

图 6-12 抛物线 $y^2=2x$ 与直线 $y=x-4$ 所围成的图形

显然,这样的计算量比较大,因此要注意积分变量的恰当选择. 一般的,积分变量的选择要视图形的具体情况而定.

【能力训练 6.4】

计算下列各题中平面图形的面积.

(1) 曲线 $y=\sqrt{x}$ 与直线 $x=1, x=4, y=0$ 所围成的图形;

(2) 抛物线 $y=x^2$ 与直线 $y=2x$ 所围成的图形;

(3) 抛物线 $y=x^2$ 与 $y=2-x^2$ 所围成的图形;

(4) 曲线 $y=\dfrac{1}{x}$ 与直线 $y=x, x=2$ 所围成的图形;

(5) 曲线 $y=e^x, y=e^{-x}$ 与直线 $x=1$ 所围成的图形.

6.5 定积分在经济分析中的应用

6.5.1 边际函数和经济函数

产量或销售量的变化会带来成本与利润的变化,这是企业最关心的. 因此,研究销售量(或产量)与成本、利润的关系是企业重中之重的事情.

引例 6-4 某工厂生产一种产品,年产量为 q 吨时,总成本的变化率(边际成本)为 $C'(q)=0.25q+8$(百元/吨),固定成本为 10000 元,这种产品每吨的销售收益为 3000 元,问一年生产多少产品工厂的利润最大? 并求利润的最大值.

预备知识:边际函数和经济函数间的关系.

根据公式 $\int_{a}^{b}f(x)dx = F(x)\Big|_{a}^{b} = F(b)-F(a)$,即 $f(x)$ 与 $F(x)$ 是导数与原函数之间的关系,因此有下列关系式.

1. 由边际函数求经济函数

(1) 已知边际成本 $MC=C'(q)$,固定成本为 C_0,则总成本函数 $C(q)$ 为

$$C(q) = \int_{0}^{q}C'(x)dx + C_0 \tag{6-4}$$

$C_0=C(0)$ 为固定成本.

(2) 已知边际收益 $MR = R'(q)$，则收益函数 $R(q)$ 为

$$R(q) = \int_0^q R'(x) dx \tag{6-5}$$

事实上，$R(q) = \int_0^q R'(x) dx + R(0)$，其中 $R(0)$ 是销售量为 0 时的收益，通常为 0.

(3) 已知边际利润 $ML = L'(q)$，固定成本为 C_0，则利润函数 $L(q)$ 为

$$L(q) = \int_0^q L'(x) dx + L(0) \tag{6-6}$$

$L(0) = R(0) - C(0)$ 是产量(销售量)为 0 时的利润，通常为 $-C_0$.

2. 边际函数和经济函数的增量关系

(1) 已知边际成本 $MC = C'(q)$，产量由 a 个单位增加到 b 个单位时，总成本的增量 ΔC 为

$$\Delta C = \int_a^b C'(q) dq = C(q)\Big|_a^b = C(b) - C(a) \tag{6-7}$$

(2) 已知边际收益 $MR = R'(q)$，销售量由 a 个单位增加到 b 个单位时，收益的增量 ΔR 为

$$\Delta R = \int_a^b R'(q) dq = R(q)\Big|_a^b = R(b) - R(a) \tag{6-8}$$

(3) 已知边际利润 $ML = L'(q)$，产量由 a 个单位增加到 b 个单位时，利润的增量 ΔL 为

$$\Delta L = \int_a^b L'(q) dq = L(q)\Big|_a^b = L(b) - L(a) \tag{6-9}$$

【例 6-20】 设某种商品投放市场的销售速度(边际销售)为 $f(t) = 160 - 40e^{-2t}$ (单位:千克/天)，t 为天数，求前 5 天的销售总量 S.

解：因为销售总量是边际销售的一个原函数，按题意有

$$S = \int_0^5 f(t) dt = \int_0^5 (160 - 40e^{-2t}) dt = 160t + 20e^{-2t}\Big|_0^5 \approx 780.00 (\text{kg})$$

前 5 天的销售总量约为 780.00 千克.

引例 6-4 的求解

求解：由边际成本 $C'(q) = 0.25q + 8$，应用式(6-4)可得总成本函数

$$C(q) = \int_0^q (0.25x + 8) dx + C_0 = 0.125q^2 + 8q + 100$$

依题意，收益函数为 $R(q) = 30q$，设产量为 q 时利润为 $L(q)$，则

$L(q) = R(q) - C(q) = 30q - (0.125q^2 + 8q + 100) = -0.125q^2 + 22q - 100$

令 $L'(q) = 22 - 0.25q = 0$，得唯一驻点 $q = 88$. 此时 $L''(88) = -0.25 < 0$，根据实际推断原理，最大利润为

$L(88) = 22 \times 88 - 0.125 \times 88^2 - 100 = 86800 (\text{元})$

因此，年产量为 88 吨时，工厂的利润最大，为 86800 元.

【例 6-21】 某产品的边际收益函数 $R'(q) = 10 \times (10 - q) e^{-\frac{q}{10}}$，其中 q 为销售量，求该产品的总收益函数 $R(q)$.

解：由边际收益函数 $R'(q) = 10 \times (10 - q) e^{-\frac{q}{10}}$，应用式(6-5)可得总收益函数

$$R(q)=\int_0^q R'(x)\mathrm{d}x=\int_0^q(100\mathrm{e}^{-\frac{x}{10}}-10x\mathrm{e}^{-\frac{x}{10}})\mathrm{d}x$$

$$=-1000\mathrm{e}^{-\frac{x}{10}}\Big|_0^q+100\int_0^q x\mathrm{d}(\mathrm{e}^{-\frac{x}{10}})$$

$$=-1000\mathrm{e}^{-\frac{q}{10}}+1000+100\Big(x\mathrm{e}^{-\frac{x}{10}}\Big|_0^q-\int_0^q\mathrm{e}^{-\frac{x}{10}}\mathrm{d}x\Big)$$

$$=-1000\mathrm{e}^{-\frac{q}{10}}+1000+100q\mathrm{e}^{-\frac{q}{10}}+1000\mathrm{e}^{-\frac{x}{10}}\Big|_0^q$$

$$=100q\mathrm{e}^{-\frac{q}{10}}$$

6.5.2 资金流在连续复利计息下的现值与将来值

我们知道资金是有价值的,资金在使用过程中由于提高了生产率而增值.在经济学上通常使用连续复利计算资金的现值 PV_0 和 n 年后的将来值 FV_n.

证券市场在交易期间有成交额,银行系统在营业期间要发生存款、取款、贷款、还款等业务,这都是随时间变化的资金流(货币流),即资金流是时间的函数.那么在时间 $t\in[0,T]$ 内,怎样按连续复利计算该资金流的现值和将来值呢?

在 2.5.1 小节中已经介绍过,按连续复利计算,若有本金(现值)为 PV_0,按年利率为 r,n 年后的本利和(将来值)为 $FV_n=PV_0\mathrm{e}^{rn}$;反之,若 n 年后有将来值 FV_n,则现值为 $PV_0=FV_n\mathrm{e}^{-rn}$.

设当时间 $t\in[0,T]$ 时,资金流为 $A(t)$,按年利率 r 作连续复利计算,求在 $t\in[0,T]$ 内的资金流的现值 A_0 和资金流的将来值 A_n.

在 t 时刻,资金流的微元为 $A(t)\mathrm{d}t$,对应的现值微元为

$$\mathrm{d}A_0=[A(t)\mathrm{d}t]\mathrm{e}^{-rt}=A(t)\mathrm{e}^{-rt}\mathrm{d}t$$

对应的将来值微元为

$$\mathrm{d}A_T=A(t)\mathrm{e}^{r(T-t)}\mathrm{d}t=\mathrm{e}^{rT}\mathrm{d}A_0$$

若在每个周期内,企业的收益和支出是稳定的数额 a,即资金流是均匀的常数 a,则 T 年内资金流的现值为

$$A_0=\int_0^T A(t)\mathrm{e}^{-rt}\mathrm{d}t=\int_0^T a\mathrm{e}^{-rt}\mathrm{d}t=-\frac{a}{r}\mathrm{e}^{-rt}\Big|_0^T=\frac{a}{r}(1-\mathrm{e}^{-rT}) \tag{6-10}$$

T 年内资金流的将来值为

$$A_T=\int_0^T a\mathrm{e}^{r(T-t)}\mathrm{d}t=\int_0^T \mathrm{e}^{rT}\mathrm{d}A_0=\mathrm{e}^{rT}A_0=\frac{a}{r}(\mathrm{e}^{rT}-1) \tag{6-11}$$

即该资金流 $A(t)$ 在 T 年末的总价值(将来值)$A_T=\frac{a}{r}(\mathrm{e}^{rT}-1)$ 相当于现值 $A_0=\frac{a}{r}(1-\mathrm{e}^{-rT})$ 一次性存款的本利和.

【例 6-22】【投资的回收期及资本价值】 某一大型投资项目,投资成本 $A_0=10000$(万元),投资收益率 $a=2000$(万元/年).设银行年利率为 5%,以连续复利计息,求:

(1) 5 年内总收益的现值;

(2) 投资回收期;

(3) 投资的资本价值(无限期投资纯收益的现值).

解:(1) 以 $T=5,a=2000,r=0.05$ 代入式(6-10),得 5 年内总收益的现值为

$$A_0 = \frac{2000}{0.05}(1-e^{-0.05\times 5}) = 8847.97(万元)$$

(2) 再由式(6-10)得

$$T = -\frac{1}{r}\ln\left(1-\frac{A_0 r}{a}\right)$$

以 $A_0=10000, a=2000, r=0.05$ 代入上式,可得投资回收期

$$T = -\frac{1}{0.05}\ln\left(1-\frac{10000\times 0.05}{2000}\right) = -\frac{1}{0.05}\ln\frac{3}{4} \approx 5.75(年)$$

(3) 无限期投资总收益的现值

$$A_\infty = \int_0^{+\infty} 2000 e^{-0.05t} dt = 40000(万元)$$

投资的资本价值(无限期投资纯收益的现值)为

$$A_\infty - A_0 = 40000 - 10000 = 30000(万元)$$

案例 6-2【租飞机还是买飞机】 某航空公司为了发展新航线的航运业务,需要增加 5 架波音 747 客机。如果购进一架客机需要一次性支付 5000 万美元现金,客机的使用寿命为 15 年。如果租用一架客机,每年需要支付 600 万美元的租金,租金以均匀资金流的方式支付。若银行的年利率为 12%,请问购买客机与租用客机哪种方案为佳? 如果银行的年利率为 6% 呢?

解: 购买一架客机可以使用 15 年,但需要马上支付 5000 万美元。而同样租用一架客机使用 15 年,则需要以均匀资金流方式支付 15 年租金,年流量为 600 万美元。两种方案所支付的价值无法直接比较,必须将它们都化为同一时刻的价值才能比较。**现以现值为准。**

购买一架客机的**现值**为 5000 万美元。

(1) 计算均匀资金流的现值。

设 $t=0$ 时向银行存入 Ae^{-rt} 美元,按连续复利计算,t 年之后在银行的存款额恰好是 A 美元。也就是说 t 年后的 A 美元在 $t=0$ 时的价值为 Ae^{-rt} 美元。那么,对流量为 a 的均匀资金流,在 $[t, t+\Delta t]$ 时所存入的 $a\Delta t$ 美元,在 $t=0$ 时的价值是 $a\Delta t \cdot e^{-rt} = ae^{-rt}\Delta t$。由微元法可知,当 t 从 0 变到 T 时,在 $[0,T]$ 周期内,均匀资金流在 $t=0$ 时的现值可表示为

$$A_0 = \int_0^T ae^{-rt} dt = \frac{a}{r} \cdot (1-e^{-rt})\bigg|_0^T = \frac{a}{r}(1-e^{-rT})$$

因此,T 年的租金的现值为

$$A_0 = \frac{600}{r}(1-e^{-rT})(万美元)$$

(2) 银行的年利率不同时的情况。

① 当 $r=12\%$ 时,

$$A_0 = \frac{600}{0.12}(1-e^{-15\times 0.12}) \approx 4173.5(万美元)$$

显然,此时租用客机比购买客机合算。

② 当 $r=6\%$ 时,

$$A_0 = \frac{600}{0.06}(1-e^{-15\times 0.06}) \approx 5934.3(万美元)$$

此时购买客机比租用客机合算。

【注】 若将两种支付方式都化为 15 年之后的**将来值**进行比较,应该如何进行计算?

购买客机所支付的 5000 万美元,15 年后的价值为 $P_1 = 5000e^{15r}$;租用客机所付租金

15 年后的价值为 $P_2 = \int_0^{15} 600 e^{r(15-t)} dt = \dfrac{600}{r}(e^{15r} - 1)$.

① 当 $r = 12\%$ 时,
$$P_1 = 5000 e^{15 \times 0.12} \approx 30248 (万美元)$$
$$P_2 = \dfrac{600}{0.12}(e^{15 \times 0.12} - 1) \approx 25248 (万美元)$$

显然,此时租用客机比购买客机合算.

② 当 $r = 6\%$ 时,
$$P_1 = 5000 e^{15 \times 0.06} \approx 12298 (万美元)$$
$$P_2 = \dfrac{600}{0.06}(e^{15 \times 0.06} - 1) \approx 14596 (万美元)$$

此时购买客机比租用客机合算.

6.5.3 消费者剩余和生产者剩余

在经济生活中,消费者和生产者是两大群体,影响消费者的需求、生产者的供给的主要因素是价格,所以商品的需求量与供给量都是价格的函数.

然而,在实际分析时常用纵坐标表示价格 p,横坐标表示需求量(或供给量)Q. 用需求曲线表示需求函数 $p = D(Q)$,用供给曲线表示供给函数 $p = S(Q)$.

在市场条件下,商品的数量和价格在不断调整,最终达到市场均衡(需求量与供给量相等),此时的价格 p^* 和需求量 Q^* 分别称为**均衡价格**和**均衡数量**,而需求曲线和供给曲线的交点 (Q^*, p^*) 称为此商品的**市场均衡点**.

在图 6-13 中,p_0 为供给曲线的纵截距,即价格为 p_0 时供给量为零,只有价格高于 p_0 时,才能供给;p_1 为需求曲线的纵截距,即当价格为 p_1 时需求量为零,只有价格低于 p_1 时,才有需求;Q_1 表示当商品免费赠送时的最大需求.

在市场经济中,消费者对某商品或服务愿意支付比市场价格 p^* 更高的价格,但实际所支付的是市场价格 p^*,所节省的费用总量称为**消费者剩余**(Consumer Surplus, CS).

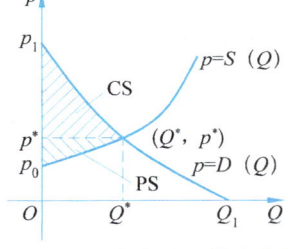

图 6-13 需求曲线和供给曲线

如图 6-13 所示,当需求量 $Q \in [0, Q^*]$ 时,由消费者剩余的微元 $[D(Q) - p^*] dQ$,得消费者剩余为

$$CS = \int_0^{Q^*} [D(Q) - p^*] dQ = \int_0^{Q^*} D(Q) dQ - p^* Q^* \tag{6-12}$$

上式右边两项中,前者为消费者愿意付出价格高于 p^* 的总消费额,后者为实际消费额,两者之差为消费者节省的费用,即**消费者剩余**.

遗憾的是,消费者剩余只不过是一种心理感受,它并不意味着实际的收益.

同理,生产者愿意以比市场价格 p^* 更低的价格出售他们的商品,但实际所出售商品的价格是市场价格,即生产者在出售自己产品时实际的价格高于能够接受的价格,所超出的部分称为**生产者剩余**(Producer Surplus, PS).

如图 6-13 所示,当供给量 $Q \in [0, Q^*]$ 时,由生产者剩余的微元 $[p^* - S(Q)] dQ$,得生产者剩余为

$$PS = \int_0^{Q^*} [p^* - S(Q)] dQ = p^* Q^* - \int_0^{Q^*} S(Q) dQ \tag{6-13}$$

上式右边两项中,前者为实际销售额,后者为生产者愿意付出价格低于 p^* 的销售额,两者之差为生产者所得额外收益,即**生产者剩余**.

生产者剩余有实际收益,是实实在在的.

【**例 6-23**】 某商品的需求函数为 $p=D(Q)=24-3Q$,供给函数为 $p=S(Q)=2Q+9$,求:

(1) 该商品的市场均衡点、消费者剩余和生产者剩余;

(2) 若政府对于商品生产者给予 2 元/单位的补贴,求该商品新的市场均衡点、消费者剩余和生产者剩余.

解:(1) 由已知条件可求出该商品的市场均衡点,令 $D(Q)=S(Q)$,即

$$24-3Q=2Q+9$$

得 $p^*=15, Q^*=3$.

消费者剩余

$$CS=\int_0^3 (24-3Q)dQ-15\times 3=\left(24Q-\frac{3}{2}Q^2\right)\Big|_0^3-45=13.5$$

生产者剩余

$$PS=15\times 3-\int_0^3 (2Q+9)dQ=45-(Q^2+9Q)\Big|_0^3=9$$

(2) 政府给予生产者补贴,相当于生产者成本降低了,新的供给函数为 $p=2Q+7$,令 $24-3Q=2Q+7$,解得 $p^*=13.8, Q^*=3.4$,新的市场均衡点为 $(3.4, 13.8)$.

消费者剩余

$$CS=\int_0^{3.4} (24-3Q)dQ-13.8\times 3.4=\left(24Q-\frac{3}{2}Q^2\right)\Big|_0^{3.4}-46.92=17.34$$

生产者剩余

$$PS=13.8\times 3.4-\int_0^{3.4} (2Q+7)dQ=46.92-(Q^2+7Q)\Big|_0^{3.4}=11.56$$

可见,政府给予补贴,支持了企业健康发展,消费者也得到实惠.

6.5.4 洛伦兹曲线与基尼系数

一个国家的社会收入分配既不会完全平均,也不会完全不平均,而是介于两者之间. 在判断某一社会收入分配的平均程度时,**洛伦兹曲线**(Lorenz Curve)是常用的工具,**基尼系数**(Gini Coefficient)是常用的指标.

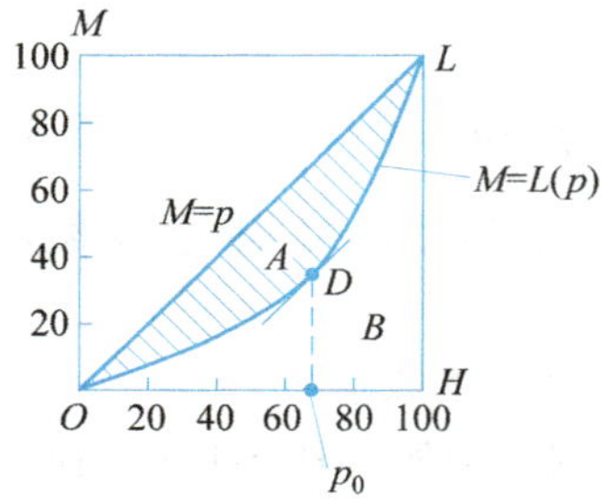

我们利用图 6-14 来说明基尼系数的计算.

图中横轴 OH 表示人口(按收入由低到高排列)的累计百分比,纵轴 OM 表示收入的累计百分比. 一般的,收入分配不平等的程度由曲线 ODL(**洛伦兹曲线**)与对角线 OL(**完全平等线**)偏离程度的大小所决定,即由面积 A 的大小所决定. 因此,经济学上称 A 为**不平等面积**,而 $\triangle OHL$ 的面积为最大不平等面积.

图 6-14 基尼系数的计算

从图 6-14 中可以看出,当不平等面积 A 为 0 时,即曲线 ODL(称为洛伦兹曲线,方程为 $M=L(p)$)与对角线 OL 重合(称为**完全平等线**),表示社会收入分配完全平均. 例如,70%的社会成员平均占有 70%的社会收入. 如果不平等面积 A 接近 $\triangle OHL$ 的面积时(或 B 接近 0,其

中 B 为洛伦兹曲线 ODL 和折线 OHL 所围曲边三角形的面积),即曲线 ODL 几乎成为折线 OHL,表示社会收入分配完全不平均. 例如,接近 1% 的社会成员几乎占有 100% 的收入.

为了便于比较和准确刻画,经济学上采用不平等面积 A 占最大不平等面积 $A+B$ 的比例来衡量社会收入分配的不平均程度. 这个比值在经济学上称为基尼系数(或称为洛伦兹系数),通常用 G 表示,则

$$G = \frac{A}{A+B} \tag{6-14}$$

可见,计算基尼系数的关键在于求出面积 A,B 的值. 事实上,$A+B=\frac{1}{2}$,则 $G=2A$,其中 $A=\int_0^1 [p-L(p)]dp$.

当 $A=0$ 时,基尼系数 $G=0$,分配绝对平均;当 $B=0$ 时,基尼系数 $G=1$,分配绝对不平均. A 越接近于 0(或 1),分配越平均(或不平均),贫富差距越小(或大).

联合国有关组织规定:若基尼系数

(1) 低于 0.2,表示社会收入分配绝对平均;
(2) $0.2 \sim 0.3$,表示社会收入分配比较平均;
(3) $0.3 \sim 0.4$,表示社会收入分配相对合理;
(4) $0.4 \sim 0.5$,表示社会收入分配差距较大;
(5) 大于 0.6,表示社会收入分配差距悬殊.

若 $L'(p_0)=1$ 时,表示在点 (p_0,M_0) 处,当人口累积比例值 p_0 增加 1% 时,占社会收入的比例值 $M_0=L(p_0)$ 也增加 1%,说明在此位置的人的收入恰好是社会平均收入,而处于此位置之下的 $p_0\%$ 的人的收入是在社会平均收入水平之下的.

【例 6-24】 某城市对统计调查所得到的社会收入分配数据进行分析后得知,其洛伦兹曲线近似由 $L(p)=p^{\frac{5}{3}}$ 表示.

(1) 求基尼系数;
(2) 该城市的贫富差距情况如何?
(3) 讨论有多少人的收入在社会平均收入之下.

解:(1) 求基尼系数 $G=\frac{A}{A+B}$,先求 B 的面积,B 区域是由曲线 $L(p)=p^{\frac{5}{3}}$ 与横轴(p 轴)、纵轴(M 轴)、直线 $p=1$ 围成的图形,其面积就是曲线 $L(p)=p^{\frac{5}{3}}$ 在 $[0,1]$ 上的定积分:

$$B = \int_0^1 p^{\frac{5}{3}} dp = \frac{3}{8} p^{\frac{8}{3}} \Big|_0^1 = \frac{3}{8}$$

所以,基尼系数为 $G=\frac{A}{A+B}=\frac{\frac{1}{2}-B}{\frac{1}{2}}=\frac{\frac{1}{2}-\frac{3}{8}}{\frac{1}{2}}=0.25$.

(2) 根据联合国有关组织规定,该城市的社会收入分配的贫富差距不大.

(3) 由 $L'(p)=\frac{5}{3}p^{\frac{2}{3}}=1$,得方程 $\frac{5}{3}p^{\frac{2}{3}}-1=0$,解得 $p=0.465$,说明有 46.5% 人收入在平均水平之下.

【能力训练 6.5】

1. 已知某产品总产量 Q 在时刻 t 的变化率为 $Q'(t)=250+32t-0.6t^2$(千克/小时),求从

$t=2$ 到 $t=4$ 这两个小时的总产量.

2. 某产品的边际成本是产量 q 的函数：$C'(q)=4+0.25q$(万元/吨). 边际收益也是 q 的函数：$R'(q)=80-q$(万元/吨). 求：

(1) 产量由 10 吨增加到 50 吨时，总成本和总收益各增加了多少？

(2) 设固定成本为 $C(0)=10$ 万元，求总成本函数和总收益函数.

3. 设某企业投资 1000 万元，预计该企业在今后 10 年中每年有稳定收益 200 万元，若年利率为 10%，试求：(1)该投资的纯收益的现值；(2)收回该笔投资的年限是多少？

4. 某商品房现售价为 150 万元，分期付款 20 年还清，且每年付款相同，年利率为 4%，按连续复利计算，每年应付款多少？

5. 设某商品的需求函数为 $p=42-5Q-Q^2$，均衡价格为 6，求消费者剩余.

6. 设某商品的供给函数为 $p=(Q+3)^3$，$p^*=81$，$Q^*=6$，求生产者剩余.

7. 假设某国某年的洛伦兹曲线 ODL 近似服从 $L(p)=1.21p^3$，$p\in[0,1]$，试求这一年该国的基尼系数.

学 法 建 议

1. 本章的重点

学好本章内容，关键在于掌握用定积分的思想分析问题、解决问题的方法. 计算定积分的着眼点是算出数值，因此我们除了应用牛顿-莱布尼茨公式及积分方法(换元法、分部积分法)计算定积分，还要尽量利用定积分的几何意义、被积函数的奇偶性(对称区间上的定积分).

(1) 牛顿-莱布尼茨公式：

$$\int_a^b f(x)\mathrm{d}x = F(x)\Big|_a^b = F(b)-F(a)$$

定积分与积分变量用什么字母无关，所以

$$\int_a^b f(x)\mathrm{d}x = \int_a^b f(t)\mathrm{d}t$$

(2) 定积分的三个重要性质：

① (积分的区间可加性)

$$\int_a^b f(x)\mathrm{d}x = \int_a^c f(x)\mathrm{d}x + \int_c^b f(x)\mathrm{d}x$$

② (积分的比较性质)如果在区间 $[a,b]$ 上有 $f(x)\geqslant g(x)$，则

$$\int_a^b f(x)\mathrm{d}x \geqslant \int_a^b g(x)\mathrm{d}x$$

③ (积分的估值性质)设 M 与 m 分别是函数 $f(x)$ 在区间 $[a,b]$ 上的最大值与最小值，则

$$m(b-a) \leqslant \int_a^b f(x)\mathrm{d}x \leqslant M(b-a)$$

(3) 广义积分

无穷区间上的广义积分.

$$\int_a^{+\infty} f(x)\mathrm{d}x = \lim_{b\to+\infty}\int_a^b f(x)\mathrm{d}x$$

2. 定积分的计算

(1) 牛顿-莱布尼茨公式：

$$\int_a^b f(x)\mathrm{d}x = F(x)\Big|_a^b = F(b) - F(a)$$

(2) 换元法. 令 $x = \varphi(t)$, 则 $\varphi(\alpha) = a, \varphi(\beta) = b$, 即

原积分限(x)	下限 $x=a$ → 上限 $x=b$
新积分限(t)	下限 $t=\alpha$ → 上限 $t=\beta$

$$\int_a^b f(x)\mathrm{d}x \xrightarrow{x=\varphi(t)} \int_\alpha^\beta f[\varphi(t)]\varphi'(t)\mathrm{d}t$$

(3) 分部积分法.

$$\int_a^b u(x)\mathrm{d}v(x) = u(x)\cdot v(x)\Big|_a^b - \int_a^b v(x)\mathrm{d}u(x)$$

3. 定积分的应用

(1) 平面图形的面积.

用微元法求平面图形的面积时应注意：

① 选好坐标系，这关系到计算的复杂性；

② 取好微元 $f(x)\mathrm{d}x$，经常应用"以匀代变""以直代曲"的思想决定 $\mathrm{d}A$，这关系到结果正确与否的问题；

③ 核对 $f(x)\mathrm{d}x$ 的量纲是否与所求总量的量纲一致.

(2) 定积分在经济分析中的应用.

①边际函数和经济函数；②资金流在连续复利计息下的现值与将来值；③消费者剩余和生产者剩余；④洛伦兹曲线与基尼系数.

【综合能力训练 6】

1. 试证明：

$$0 \leqslant \int_0^{10} \frac{x}{x^3+16}\mathrm{d}x \leqslant \frac{5}{6}$$

2. 计算下列定积分：

(1) $\int_0^1 \frac{x}{(x^2+1)^2}\mathrm{d}x$；

(2) $\int_1^e \frac{\mathrm{d}x}{x\sqrt{1+\ln x}}$；

(3) $\int_0^1 \sin^4\frac{x}{2}\mathrm{d}x$；

(4) $\int_0^{\ln 2}\sqrt{e^x-1}\mathrm{d}x$.

3. 设 $f(x) = \begin{cases} \dfrac{1}{1+x} & x \geqslant 0 \\ \dfrac{1}{1+e^x} & x < 0 \end{cases}$，求 $\int_0^2 f(x-1)\mathrm{d}x$. (提示：令 $x-1=u$)

4. 求抛物线 $y = -x^2 + 4x - 3$ 及在点 $(0,-3)$, $(3,0)$ 处的切线所围成图形的面积.

5. 求数值 C，使 $y=C$ 平分由 $y=x^2$ 和 $y=1$ 所围成图形的面积.

6. 某工厂生产一种产品，每日总收益的变化率为日产量 q 的函数：$R'(q) = 30 - 0.2q$ (元/件)，该厂生产这种产品的能力是 30(件/小时)，问怎样安排生产才能使该产品的日总收益最大？并求此最大收益.

7. 资本存量 $S=S(t)$ 是时间 t 的函数，它的导数称为净投资 $I(t)$. 现知道净投资 $I(t)=3\sqrt{t}$（单位：10 万元/年），求第一年年底到第四年年底的资本存量.

8. 某银行根据前四年存款的情况，知道该银行现金净存量的变化率是时间 t 的函数 $f(t)=14.5t^{\frac{5}{4}}$（单位：亿元/年），计划从第五年起积存现金 1000 亿元，按此变化率约需多少年？

9. 设 S 为居民储蓄额（单位：百元），x 为居民收益（单位：百元），已知边际储蓄倾向 $\dfrac{dS}{dx}=0.5-0.2x^{-0.5}$，当 $x=25$ 时，$S=-0.35$. 若收益从 3600 元变为 4900 元时，储蓄额将如何变化？

10. 在一个完全垄断的商品市场上，设该商品的需求函数为 $p=274-Q^2$，垄断生产者的边际成本为 $MC=C'(q)=4+3q$，求消费者剩余.

【数学文化聚焦】

谁先创立微积分

关于微积分创立的优先权，数学上曾掀起一场激烈的争论.

实际上，牛顿在微积分方面的研究虽早于莱布尼茨，但莱布尼茨成果的发表却早于牛顿. 莱布尼茨在 1684 年 10 月发表在《教师学报》上的论文《一种求极大极小的奇妙类型的计算》，在数学史上被认为是最早发表的微积分文献. 牛顿在 1687 年出版的《自然哲学的数学原理》的第一版和第二版也写道："十年前在我和最杰出的几何学家莱布尼茨的通信中，我表明已经知道确定极大值和极小值的方法、作切线的方法以及类似的方法，但我在交换的信件中隐瞒了这个方法，……这位最卓越的科学家在回信中写道，他也发现了一种同样的方法. 他讲述了他的方法，它与我的方法几乎没有什么不同，除了他的措词和符号以外."（但在第三版及以后再版时，这段话被删掉了.)

因此，后来人们公认牛顿和莱布尼茨是各自独立地创建微积分的. 牛顿从物理学出发，运用集合方法研究微积分，其应用上更多地结合了运动学，造诣高于莱布尼茨. 莱布尼茨则从几何问题出发，运用分析学方法引入微积分概念并得出运算法则，其数学的严密性与系统性是牛顿所不及的. 莱布尼茨认识到好的数学符号能节省思维劳动，运用符号的技巧是数学成功的关键之一. 因此，他发明了一套适用的符号系统，如引入 dx 表示 x 的微分，$\int$ 表示积分，$d^n x$ 表示 n 阶微分等. 这些符号进一步促进了微积分学的发展. 1713 年，莱布尼茨发表了《微积分的历史和起源》一文，总结了自己创立微积分学的思路，说明了自己成就的独立性.

第三模块 数学实验

主要内容

- MATLAB 入门
- 函数的 MATLAB 计算与绘制图像
- 利用 MATLAB 计算一元函数微积分

第 7 章 用 MATLAB 数学软件进行数学计算

7.1 MATLAB 简介

数学软件可以使不同专业的学生和科研人员借助计算机进行科学研究和计算,在一些国家和部门,数学软件已成为学生和科研人员进行学习和科研活动最有利的助手.

MATLAB 的名字是由矩阵(MATrix)和实验室(LABoratory)的头 3 个字母组成,自 1984 年由美国 MathWorks 公司推向市场以来,历经多年的发展和竞争,现已成为国际最优秀的科技应用软件之一.

MATLAB 是一个功能强大的常用数学软件,它不但可以解决数学中的数值计算问题,还可以解决符号演算问题,并且能够方便地绘制出各种函数图形,被誉为"巨人肩上的工具". 无论是一个正在学习的大学生,还是在岗的科研人员,在学习或科学研究中遇到棘手的数学问题时,利用 MATLAB 提供的各种数学工具,可以避免做烦琐的数学推导和计算,方便地解决很多数学问题,从而有更多的时间和精力去做进一步的学习和探索. MATLAB 具有简单、易学、界面友好和使用方便等特点,用户只要有一定的数学知识并了解计算机的基本操作方法,就能学习和使用 MATLAB.

MATLAB 的基本单位为矩阵,它的表达式与数学、工程计算中常用的形式十分相似,极大地方便了用户学习和使用,深受用户欢迎. 在国内外,MATLAB 已成为高等数学、线性代数、自动控制理论、数理统计、数字信号处理等课程的基本工具,更是攻读相关学位的大学生、研究生和博士生必须学会使用的工具. 在设计和科研领域,MATLAB 广泛用于研究和解决各种工程问题.

实验一 MATLAB 操作入门

实验目的:

掌握 MATLAB 安装方法,熟悉软件运行环境.

实验内容:

(1) MATLAB 的安装(Windows 操作系统).

我们现在以 MATLAB 7.0 版本为例(见图 7-1),介绍其具体安装步骤.

- 将 MATLAB 光盘放入光驱,在 MATLAB 目录下直接运行 setup.exe 程序,根据安装窗口中的提示进行安装.
- 安装完成后,桌面上出现 MATLAB 的快捷方式.
- 双击桌面上的 MATLAB 图标,运行软件.

图 7-1 MATLAB 7.0 版本

(2) MATLAB 环境.

MATLAB 界面如图 7-2 所示.

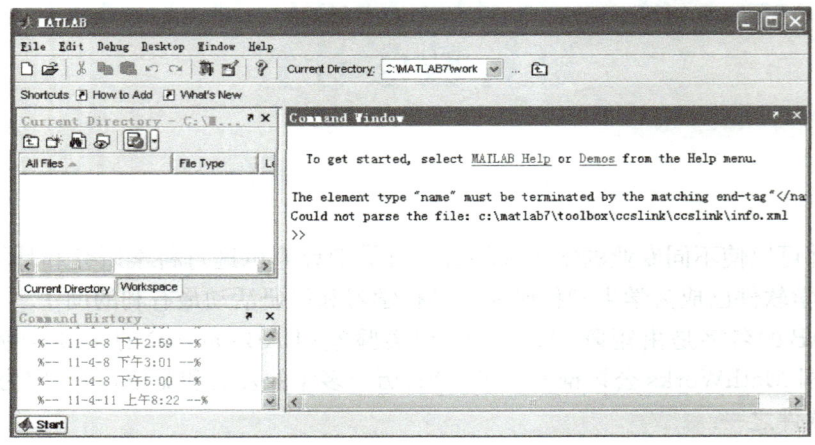

图 7-2　MATLAB 界面

① 命令窗口(Command Window).

命令窗口是 MATLAB 界面中的重要组成部分,利用该窗口可以和 MATLAB 进行交互操作,即输入数据或命令,并进行相应的运算. 命令窗口不仅可以内嵌在 MATLAB 的工作界面中,而且可以以独立窗口的形式浮动于 MATLAB 的工作界面上,单击窗口标题栏中的 ↗ 按钮即可实现这一效果. 窗口中>>为命令输入提示符,其后输入运算指令,按回车(Enter)键就可执行运算,并显示运算结果(图形除外),如图 7-3 所示.

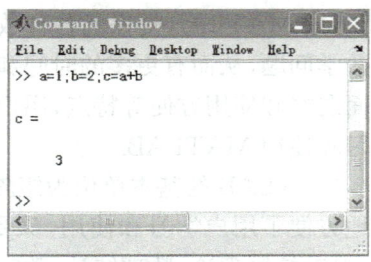

图 7-3　执行运算

例如:

```
>>a=1;b=2;c=a+b          %输入后,按回车(Enter)键
c=
    3
```

② 工作空间(Workspace)窗口.

工作空间是 MATLAB 用于存储各种变量和结果的内存空间. 在默认(Default)桌面,位于左上方窗口前台,其中列出了内存中 MATLAB 工作空间的所有变量的变量名(Name)、值(Value)、尺寸(Size)、字节数(Bytes)和类型(Class). 经过上述运算,我们可以在工作空间窗口中看到变量 a、b、c 的信息. 用鼠标选中变量,右击可以进行打开(Open Selection)、保存(Save As)、清除(Delete)、修改(Edit Value)等操作,如图 7-4 所示.

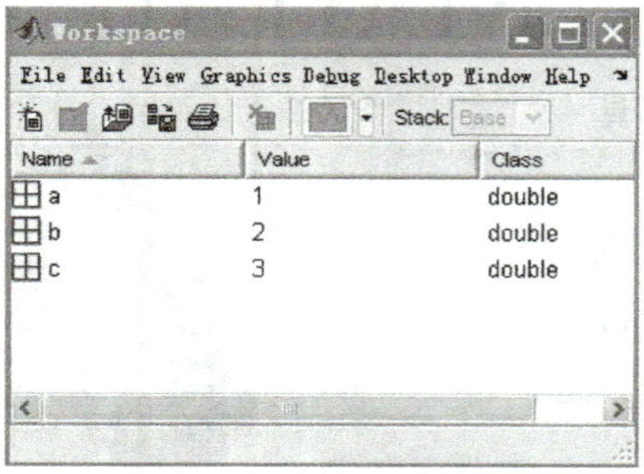

图 7-4　工作空间窗口

③ 当前目录(Current Directory)窗口.

当前目录窗口主要显示当前在什么路径下进行工作,包括文件的保存等都是在当前路径下实现的. 在默认(Default)桌面,位于左上方窗口后台,单击可以切换到前台. 该窗口列出当前目录的程序文件(.m)和数据文件(.mat)等. 选中文件,右击可以进行打开(Open)、运行(Run)、删除(Delete)等操作,如图 7-5 所示.

④ 命令历史(Command History)窗口.

指令历史窗口主要显示已执行过的命令. MATLAB 每次启动时,指令历史窗口会自动记录启动的时间,并将该窗口中执行的命令记录下来. 用鼠标选中命令行,右击可以进行复制(Copy)、执行(Evaluate Selection)、删除(Delete Selection)等操作,如图 7-6 所示.

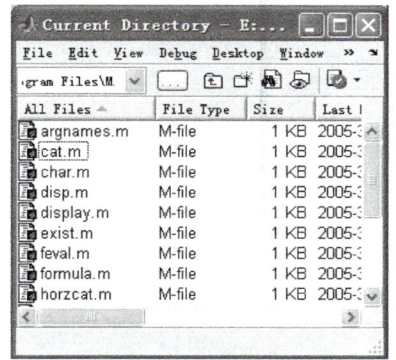 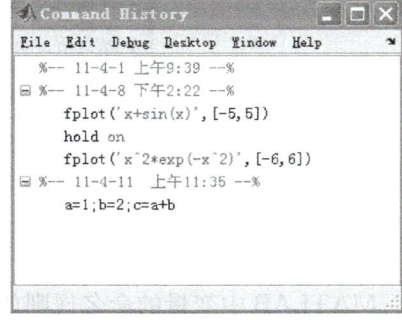

图 7-5 当前目录窗口　　　　　　　　　　　　图 7-6 命令历史窗口

（3）MATLAB 的帮助系统.

MATLAB 提供了三种形式的帮助系统:纯文本帮助、html 帮助和 pdf 帮助. pdf 帮助提供了书本形式的 MATLAB 使用手册;html 帮助是超文本链接,检索方便;最常用、最经济的在线帮助是纯文本帮助,其是边用边学 MATLAB 最有效的方法.

① 帮助命令 Help.

假如准确知道所要求求助的主题词,或命令名称,那么使用 Help 命令是获得在线帮助的最简单有效的途径. 例如,要获得关于函数 asin 使用说明的在线求助,可输入如下命令

```
>>help asin
ASIN Inverse sine.
   ASIN(X) is the arcsine of the elements of X.Complex
   results are obtained if ABS(x)>1.0 for some element.

   See also sin, asind.
```

② 帮助窗口.

帮助窗口给出的信息按目录编排,比较系统,便于浏览与之相关的信息,其内容与帮助命令给出的相同,可以通过选取菜单栏中 Help 的下拉列表中的 MATLAB Help 或双击工具栏上的问号按钮等方式进入帮助窗口,如图 7-7 所示.

实验二　变量与函数

实验目的:

熟练掌握变量的定义方法,了解基本的运算符和函数表达式.

实验内容:

（1）MATLAB 变量.

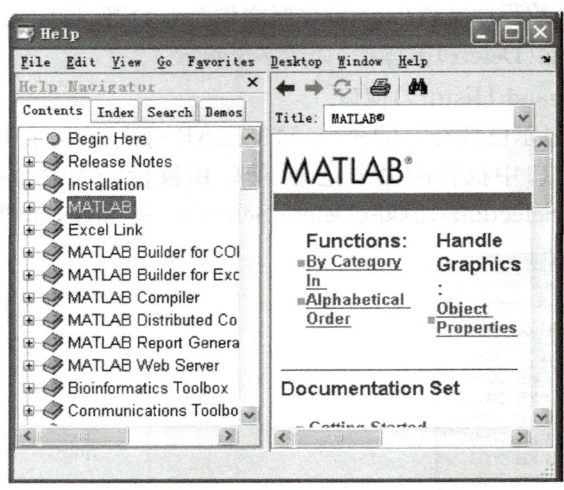

图 7-7 帮助窗口

MATLAB 中变量的命名规则如下：

① 变量名必须是不含空格的单个词；

② 变量名区分大小写；

③ 变量名最多不超过 31 个字符；

④ 变量名必须以字母打头，之后可以是任意字母、数字或下画线，变量名中不允许使用标点符号；

⑤ 除了上述命名规则，MATLAB 还有几个特殊函数，如表 7-1 所示.

表 7-1　MATLAB 中的特殊函数

特殊函数	取值	特殊函数	取值
ans	用于结果的默认变量名	i,j	$i=j=\sqrt{-1}$
pi	圆周率 π	nargin	所用函数的输入变量数目
eps	计算机的最小数为 2.2204×10^{-16}	nargout	所用函数的输出变量数目
inf	无穷大 ∞	realmin	最小可用正实数为 2.2251×10^{-308}
NaN	不定值	realmax	最大可用正实数为 1.7977×10^{308}

（2）MATLAB 基本运算符.

① 算数运算符，如表 7-2 所示.

表 7-2　算术运算符

运算	数学表达式	MATLAB 运算符	MATLAB 表达式
加法运算	$a+b$	+	$a+b$
减法运算	$a-b$	−	$a-b$
乘法运算	$a \times b$	*	$a*b$
除法运算	$a \div b$	/或\	a/b 或 $a\backslash b$
幂运算	a^b	^	$a\wedge b$

② 关系运算符，如表 7-3 所示.

第 7 章 用 MATLAB 数学软件进行数学计算

表 7-3 关系运算符

运算	数学表达式	MATLAB 运算符	MATLAB 表达式
小于	<	大于	>
小于或等于	≤	大于或等于	>=
等于	=	不等于	~=

③ 逻辑运算符,如表 7-4 所示.

表 7-4 逻辑运算符

逻辑关系	与	或	非
MATLAB 运算符	&	|	~

(3) MATLAB 数学函数.

MATLAB 常用基本函数如表 7-5 所示.

表 7-5 MATLAB 常用基本函数

函数名	数学表达式	MATLAB命令	函数名	数学表达式	MATLAB命令
三角函数	$\sin x$	sin(x)	反三角函数	$\arcsin x$	asin(x)
	$\cos x$	cos(x)		$\arccos x$	acos(x)
	$\tan x$	tan(x)		$\arctan x$	atan(x)
	$\cot x$	cot(x)		$\text{arccot } x$	acot(x)
	$\sec x$	sec(x)		$\text{arcsec } x$	asec(x)
	$\csc x$	csc(x)		$\text{arccsc } x$	acsc(x)
幂函数	x^a	x^a	对数函数	$\ln x$	log(x)
	$\sqrt{x}$	sqrt(x)		$\lg x$	log10(x)
指数函数	a^x	a^x		$\log_3 x$	log3(x)
	e^x	exp(x)	绝对值	$|x|$	abs(x)

7.2 函数的 MATLAB 计算与作图

实验三 利用 MATLAB 进行基本数学运算

实验目的:

熟练掌握 MATLAB 中相关的运算符、操作符、常用的简单命令及基本的数学函数运算.

实验内容与演示:

【例 7-1】 直接输入计算 $(1.5)^3 - \dfrac{1}{3}\sin \pi + \sqrt{5}$.

解:输入

```
>>1.5^3-sin(pi)/3+sqrt(5)                %按回车(Enter)键,该命令即被执行
ans=
    5.6111
```

注意:"％"后面所有文字为注释,命令不会执行"％"后的命令语句内容.

【例 7-2】 设球半径为 $r=2$,求球的体积 $V=\dfrac{4}{3}\pi r^3$.

解:输入

```
>>r=2;v=4/3*pi*r^3
v=
    33.5103
```

注意:几个表达式可以写在一行,每个表达式后可以用分号";"或逗号","隔开. 用分号";"该表达式运算结果不显示,用逗号","则显示运算结果. 同时,也可以将一个长表达式分在几行写,用三点"…"续行.

例如:

```
>>r=2,v=4/3*pi...          %用三点"…"续行
*r^3                       %因为是续接上一行,回车后前面没有提示符>>
r=                         %表达式之间用逗号","时,r的结果显示
    2
v=
    33.5103
```

【例 7-3】 求 $y_1=\dfrac{2\sin(0.3\pi)}{1+\sqrt{5}}$; $y_2=\dfrac{2\cos(0.3\pi)}{1+\sqrt{5}}$.

解:输入

```
>>y1=2*sin(0.3*pi)/(1+sqrt(5))
y1=
    0.5000
>>y1=2*sin(0.3*pi)/(1+sqrt(5))    %按"↑"键,可调出已执行过的命令行
>>y2=2*cos(0.3*pi)/(1+sqrt(5))    %移动光标可以对命令进行修改
y2=
    0.3633
```

注意:

(1) 若需要修改已执行过的命令行,可以在命令历史(Command History)中找到该命令行进行复制,再粘贴到命令窗口进行修改. 也可以直接使用"↑"、"↓"键调出已执行过的命令行进行修改;

(2) 当命令行有错误时,MATLAB 会用红色字体提示;

(3) 若命令窗口(Command Window)中命令行已经满屏,可用"cls"命令进行清屏.

实验训练:

用命令的续行输入,求 $y=1-\dfrac{1}{2}+\dfrac{1}{3}-\dfrac{1}{4}+\dfrac{1}{5}-\dfrac{1}{6}+\dfrac{1}{7}-\dfrac{1}{8}$ 的值.

实验四 利用 MATLAB 绘制平面曲线的图形

实验目的:

通过图形加深对函数性质的认识与理解,掌握用 MATLAB 绘制平面曲线的方法与技巧.

学习 MATLAB 软件命令：

(1) plot 绘图命令.

plot(x,y)：若 x、y 为长度相等的向量，则绘制分别以 x、y 为横、纵坐标的二维曲线.

plot(x1,y1,x2,y2,…)：在此格式中，每对 x、y 必须符合 plot(x,y) 中的要求，不同对之间没有影响，命令将对每一对 x，y 绘制曲线.

以上两种格式中的 x，y 都可以是表达式. plot 是绘制二维曲线的基本函数，但在使用此函数之前，须先定义曲线上每一点的 x 及 y 的坐标.

(2) fplot 绘图命令.

fplot 绘图命令专门用于绘制一元函数曲线，格式为：

fplot('fun',[a,b])

上述命令用于绘制区间 $[a,b]$ 上函数为 $y=$fun 的函数.

实验内容与演示：

【例 7-4】 用函数 plot 绘制 $\sin x$ 在 $x\in[0,2\pi]$ 之间的图形.

解：输入

```
>>x=0:0.05:2*pi;          %x∈[0,2π]
>>y=sin(x);
>>plot(x,y)
```

按回车键后，输出图形如图 7-8 所示.

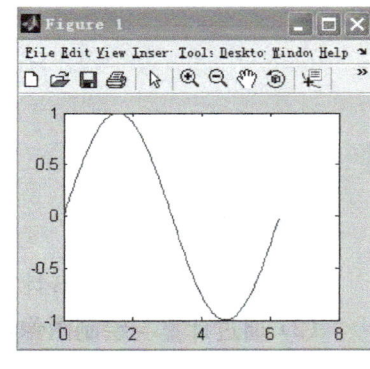

图 7-8 $\sin x$ 在 $x\in[0,2\pi]$ 之间的图形

【例 7-5】 绘制以下函数的图形，判断其奇偶性，并观察其在 $x=0$ 处的连续性.

(1) $y=\sin x+\cos x+1$；

(2) $y=\log_2(x+\sqrt{1+x^2})$.

解：输入

(1)

```
>>fplot('sin(x)+cos(x)+1',[-5,5])
```

按回车键后，输出图形如图 7-9 所示.

(2)

```
>>fplot('log2(x+(1+x^2)^0.5)',[-5,5])
```

按回车键后，输出图形如图 7-10 所示.

由图 7-9、图 7-10 可知，$y=\sin x+\cos x+1$ 是非奇非偶函数；$y=\log_2(x+\sqrt{1+x^2})$ 是奇函数，两个函数都在 $x=0$ 处连续.

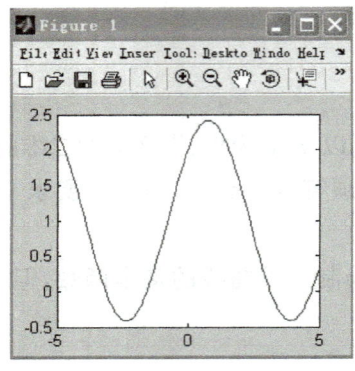

图 7-9　$y=\sin x+\cos x+1$ 的图形

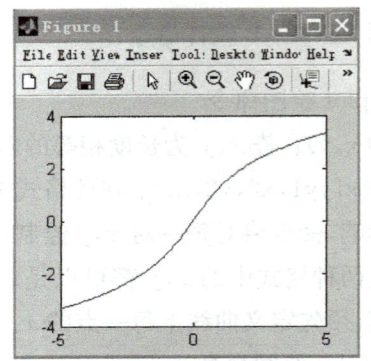

图 7-10　$y=\log_2(x+\sqrt{1+x^2})$ 的图形

实验训练：

1. 利用绘图命令绘制出 $f(x)=\sqrt{4-x}+\sin x$ 的图像.
2. 在同一坐标系中绘制出函数 $y=\cos x, y=\sin 2x$ 的图像.
3. 利用绘图命令绘制出 $f(x)=\dfrac{1}{\sqrt{2\pi}}e^{-x^2}$ 的图像.

7.3　利用 MATLAB 计算一元函数微积分

实验五　求解函数极限

实验目的：

(1) 掌握用 MATLAB 计算极限的方法；
(2) 通过计算与绘制图像,加深对函数极限概念的理解.

学习 MATLAB 软件命令：

MATLAB 中求极限的基本函数如表 7-6 所示.

表 7-6　MATLAB 中求极限的基本函数

数学运算	MATLAB 函数命令	数学运算	MATLAB 函数命令
$\lim\limits_{x\to a}f(x)$	limit(f,x,a)	$\lim\limits_{x\to\infty}f(x)$	limit(f,x,inf)
$\lim\limits_{x\to a^-}f(x)$	limit(f,x,a,'left')	$\lim\limits_{x\to-\infty}f(x)$	limit(f,x,$-$inf)
$\lim\limits_{x\to a^+}f(x)$	limit(f,x,a,'right')	$\lim\limits_{x\to+\infty}f(x)$	limit(f,x,inf)

实验内容与演示：

【例 7-6】　求下列函数的极限：

(1) $\lim\limits_{x\to 1}\left(\dfrac{1}{x+1}-\dfrac{2}{x^3-2}\right)$；
(2) $\lim\limits_{x\to\infty}\left(\dfrac{x-2}{x+3}\right)^3.$

解:(1) 输入

```
>>syms x;           %定义自变量 x
>>f=1/(x+1)-2/(x^3-2);
>>limit(f,x,1)
ans=
    5/2
```

(2) 输入

```
>>clear           %清除之前定义的普通变量
>>syms x;
>>limit(((x-2)/(x+3))^3,x,inf)
ans=
    1
```

【例 7-7】 观察函数 $f(x)=\dfrac{\sin x}{x}$ 在 $x\to 0$ 时的变化趋势,并求其极限.

解: 输入

```
>>x=linspace(-2*pi,2*pi,50);
>>y=sin(x)./x;
>>plot(x,y)
```

按回车键后,输出图形如图 7-11 所示,由图可以看出, $f(x)=\dfrac{\sin x}{x}$ 在 $x=0$ 附近连续变化,其值无限接近 1,可见其极限为 1,我们用 MATLAB 计算加以验证.

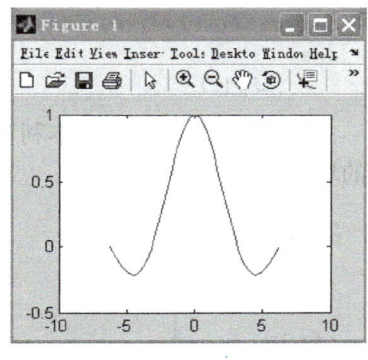

图 7-11 $f(x)=\dfrac{\sin x}{x}$ 的图形

注:点集之间的运算,在运算符前加".".

```
>>syms x;
>>y=sin(x)/x;
>>limit(y,x,0)
ans=
    1
```

【例 7-8】 考察函数 $f(x)=\left(1+\dfrac{1}{x}\right)^x$,在 $x\to\infty$ 时的变化趋势,并求其极限.

解: 输入

```
>>x=1:100;
>>y=(1+1./x).^x;
>>plot(x,y)
```

按回车键后,输出图形如图 7-12 所示,由图 7-12 可以看出, $f(x)=\left(1+\dfrac{1}{x}\right)^x$ 在 $x\to\infty$ 时,函数值与某常数无限接近,该常数为 e,我们用 MATLAB 计算加以验证.

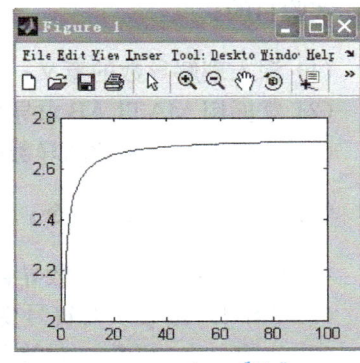

图 7-12 $f(x)=\left(1+\dfrac{1}{x}\right)^x$ 的图形

```
>>syms x
```

```
>>y=(1+1/x)^x;
>>limit(y,x,inf)
ans=
exp(1)
```

【例 7-9】【银行复利问题】 设有一笔存款的本金为 A_0,年利率为 r,如果一年分 n 期计息,年利率仍为 r,则每期利率为 $\frac{r}{n}$,于是一年后的本利和为 $A=A_0\left(1+\frac{r}{n}\right)^n$,试求计息期数无限大的连续复利函数.

解:由题可知,连续复利函数的极限形式为

$$A=\lim_{n\to\infty}A_0\left(1+\frac{r}{n}\right)^n$$

下面利用 MATLAB 求出其极限.

```
>>syms n r
>>limit((1+r/n)^n,n,inf)
ans=
     exp(r)
```

由结果可知,一年后的本利和为 $A_0 e^r$,说明在连续复利的方式下,本利和为指数函数,利息的增长是非常快的.

实验训练:

1. 求下列函数的极限.

(1) $\lim\limits_{x\to 0}x\sin\frac{1}{x}$;   (2) $\lim\limits_{x\to 0^+}\frac{\ln x}{x^2}$;   (3) $\lim\limits_{x\to 0}\frac{\tan x-\sin x}{x^3}$.

2. **【物体的温度】** 将某种物体加热,它的温度满足模型 $T=-100e^{-0.029t}+100$,t 表示时间(单位:min).问:

(1) 物体温度达到 100℃所需要的时间;

(2) 当 $t\to+\infty$ 时,物体的温度为多少?

实验六　求解函数导数

实验目的:

(1) 深入理解导数的意义;

(2) 掌握用 MATLAB 求导数、高阶导数及函数在某点的导数值的方法;

(3) 掌握求解隐函数的导数的方法.

学习 MATLAB 软件命令:

在 MATLAB 中,求函数导数的命令函数为 diff,其具体形式如下.

(1) diff(f):函数 f 对符号变量 x 或最接近字母 x(字母表上)的符号变量求一阶导数;

(2) diff(f,t):函数 f 对符号变量 t 求一阶导数;

(3) diff(f,t,n):函数 f 对符号变量 t 求 n 阶导数.

【例 7-10】 求抛物线 $y=x^2$ 在点 $\left(\frac{1}{2},\frac{1}{4}\right)$ 处的切线方程,并绘制其图像.

解：输入

```
>>syms x
>>y=x^2;
>>daoshu=diff(y)
daoshu=
    2*x
>>x=1/2;zhi=eval(daoshu)
zhi=
    1                    %函数 y=x² 在 x=1/2 处的导数值
```

所以，其切线方程为 $y-\dfrac{1}{4}=x-\dfrac{1}{2}$，即 $y=x-\dfrac{1}{4}$。

再输入

```
>>fplot('x^2',[-6,6]);
>>hold on;
>>fplot('x-1/4',[-6,6])
```

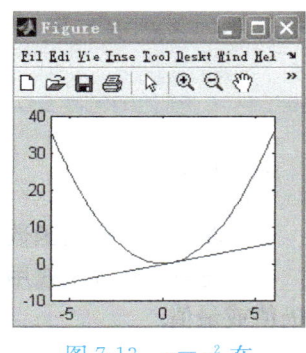

图 7-13 $y=x^2$ 在点 $\left(\dfrac{1}{2},\dfrac{1}{4}\right)$ 处的切线

在同一坐标系绘制出函数 $y=x^2$ 的图像和它在 $x=\dfrac{1}{2}$ 处的切线，如图 7-13 所示。

【**例 7-11**】 已知 $y=2e^x-x\sin x$，求 y 的一阶导数 $f'(x)$，二阶导数 $f''(x)$，并计算 y 的二阶导数在 $x=0$ 处的值。

解：输入

```
>>syms x
>>y=2*exp(x)-x*sin(x);
>>y1=diff(y)                    %按回车键后输出结果
y1=
    2*exp(x)-sin(x)-x*cos(x)
>>y2=diff(y,x,2)                %按回车键后输出结果
y2=
    2*exp(x)-2*cos(x)+x*sin(x)
>>x=1;
>>zhi=2*exp(x)-2*cos(x)+x*sin(x) %按回车键后输出结果
zhi=
    0
```

【**例 7-12**】 求由方程 $\sin y+e^x-xy^2=0$ 确定的隐函数的导数。

解：输入

```
>>syms x y
>>z=sin(y)+exp(x)-x*y^2
>>daoshu=-diff(z,x)/diff(z,y)
daoshu=
    (-exp(x)+y^2)/(cos(y)-2*x*y)
```

即此隐函数导数为 $y'_x=\dfrac{-e^x+y^2}{\cos y-2xy}$。

实验训练：

1. 根据定义求下列函数的导数或导数值.

(1) $y=3x+2$，求 y'；　　(2) $f(x)=\sqrt{x}$，求 $f'(4)$.

2. 求曲线 $y=\ln(1+x)$ 在 $(0,0)$ 处的切线方程. 把两者的图像画在同一坐标系上，并观察图像之间的关系.

3. 求下列隐函数的导数 y'_x.

(1) $x+xy-y^2=0$；　　(2) $y^2=2px$；　　(3) $y=1-e^y \cdot x$；　　(4) $\dfrac{x^2}{4}+\dfrac{y^2}{9}=1$.

实验七　导数的应用一

实验目的：

(1) 理解并掌握用函数的导数确定函数的单调区间、凹向区间的方法；

(2) 进一步熟练掌握用 MATLAB 绘制平面图形的方法和技巧，从而结合图形求得函数的极值或最值.

学习 MATLAB 软件命令：

(1) 在 MATLAB 中，求函数极值的命令函数为 fminbnd，其具体形式如下。

① fminbnd('f',a,b)：如果函数 f 在区间 $[a,b]$ 上有极小值点，则给出函数 f 在区间 $[a,b]$ 上的极小值点，否则给出函数 f 在区间 $[a,b]$ 上的最小值点.

② [x,y]= fminbnd('f',a,b)：用于求函数 f 在区间 $[a,b]$ 上的极小值，并返回两个值，第一个是 x 的值，第二个是 y 的值.

(2) 用 MATLAB 求多项式方程 $a_nx^n+a_{n-1}x^{n-1}+\cdots+a_1x+a_0=0$ 的解的命令为 roots，其具体形式为

$$\text{roots}(c)$$

其中，c 为方程左端多项式的系数向量 $c=[a_n,\cdots,a_1,a_0]$.

(3) 求函数零点的命令为 fzero，其具体形式如下.

① 建立函数：f=inline('表达式').

② fzero(f,[a,b])：求函数 $f(x)$ 在区间 $[a,b]$ 内的零点；fzero(f,x0)：求函数 $f(x)$ 在点 x_0 附近的零点.

实验内容与演示：

【例 7-13】　确定函数 $f(x)=x^3-3x$ 的单调区间.

解： 输入

```
>>syms x
>>diff(x^3-3*x)
ans=
     3*x^2-3
>>x=-4:0.1:4;
>>y1=x.^3-3*x;
```

```
>>y2=3*x.^2-3;
>>f=inline('3*x^2- 3');
>>c1=fzero(f,[-4,0]),c2=fzero(f,[0,4])
c1=
    -1
c2=
    1
```

$f(x)$ 的图像如图 7-14 所示,由 $f(x)$ 的图像可知,函数 $f(x)=x^3-3x$ 单调减区间为 $(-1,1)$,单调增区间分别为 $(-\infty,-1)$ 和 $(1,+\infty)$.

【例 7-14】 求函数 $y=2x^3-6x^2-18x+7$ 的极值,并绘制图形对照.

解:输入

```
>>x=-4:0.1:4;
>>y=2*x^3- 6*x^2-18*x+7;
>>plot(x,y)
```

绘制函数在 $[-4,4]$ 上的图形,如图 7-15 所示.

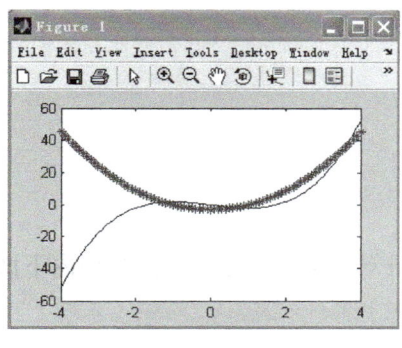
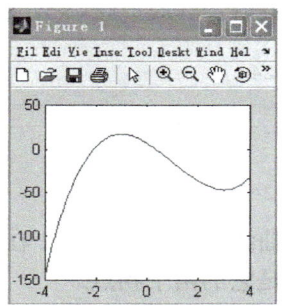

图 7-14　$f(x)=x^3-3x$ 的图像　　图 7-15　$y=2x^3-6x^2-18x+7$ 在 $[-4,4]$ 上的图形

显然函数 y 在 $[-4,4]$ 上有极大值和极小值,于是输入

```
>>[x1,y1]=fminbnd('2*x^3-6*x^2-18*x+7',0,4)
x1 =
    3.0000
y1=
    -47.0000
```

函数 y 在 $[-4,4]$ 上的极大值点与 $-y$ 在 $[-4,4]$ 上的极小值点相同,于是输出

```
>>[x2,y2]=fminbnd('-(2*x^3-6*x^2-18*x+7)',-4,4)
x2=
    -1.0000
y2=
    -17.0000
>>y2=-y2
y2=
    17.0000
```

即函数在 $x=3$ 处取得极小值 -47;在 $x=-1$ 处取得极大值 17.

【例 7-15】 求曲线 $y=x^4-2x^3+1$ 的凹向区间与拐点.

解：输入

```
>>syms x
>>y=x^4-2*x^3+1;
>>diff(y,2)
ans=
    12*x^2-12*x
>>c=roots([12 -12 0])
c=
    0
    1
>>x=0;y1=eval('x^4-2*x^3+1')        %求函数 y 的拐点
y1=
    1
>>x=1;y2=eval('x^4-2*x^3+1')
y2=
    0
>>x=-1;zhi1=eval('12*x^2-12*x');     %判断 y″零点左右邻近的符号，确定凹向区间
>>x=1/2;zhi2=eval('12*x^2-12*x');
>>x=2;zhi3=eval('12*x^2-12*x')
zhi1=
    24
zhi1=
    -3
zhi1=
    24
```

所以，曲线 $y=x^4-2x^3+1$ 在区间 $(-\infty,0)$ 和 $(1,+\infty)$ 内上凹，在区间 $(0,1)$ 内下凹，$(0,1)$ 和 $(1,0)$ 是它的两个拐点.

实验训练：

1. 求下列函数的单调区间.
   (1) $y=2+x-x^2$；
   (2) $y=x^4$；
   (3) $y=2x^2-\ln x$；
   (4) $y=3x-x^3$.

2. 求下列函数的极值.
   (1) $y=x+\dfrac{1}{x}$；
   (2) $y=x-\ln(1+x)$；
   (3) $y=-x^4+2x^2$；
   (4) $y=x^3-3x^2+7$.

3. 求下列曲线的凹向区间及拐点.
   (1) $y=\ln x$；
   (2) $y=\dfrac{1}{x}$；
   (3) $y=x^3-3x^2-x+1$；
   (4) $y=x\ln x$.

实验八　导数的应用二

实验目的：

(1) 利用 MATLAB 软件解决导数在经济分析中的应用问题.

(2) 深刻理解边际分析、弹性分析在经济分析中的含义及求解经济中的最值问题的方法.

学习 MATLAB 软件命令：

(1) 求 N 个方程 N 个未知数的方程组解的命令格式为：

[var1,var2,varN]=solve('eqn1','eqn2',…,'eqnN', 'var1', 'var2',…,'varN')

其中，'eqnN'表示第 N 个方程，'varN'表示第 N 个变量.

(2) subs(y,x)的作用是将表达式 y 中的变量替换为 x 值.

实验内容与演示：

【例 7-16】 设某产品的需求函数为 $Q=100-5p$，求边际收入函数，以及 $q=20$、50、70 时的边际收入.

解：(1) 因为需求函数为 $Q=100-5p$，所以价格函数为

$$p=\frac{1}{5}(100-q)$$

(2) 收入函数为

$$R(q)=qp=q\frac{1}{5}(100-q)=\frac{1}{5}(100q-q^2)$$

(3) 边际收入函数为 $R'(q)=\frac{1}{5}(100-2q)$，则有

$R'(20)=12$，经济含义为，当销售量 $q_0=20$ 时，如果再增加(或减少)1 个单位的商品，则收入将增加(或减少)12 个单位.

$R'(50)=0$，经济含义为，当销售量 $q_0=50$ 时，如果再增加(或减少)1 个单位的商品，则收入将增加(或减少)为 0.

$R'(70)=-8$，经济含义为，当销售量 $q_0=70$ 时，如果再增加(或减少)1 个单位的商品，则收入将减少(或增加)为 8 个单位.

MATLAB 程序如下

```
>>syms q
>>R=0.2*(100*q-q^2);
>>dR=diff(R)
dR=
    20- 2/5*q
>>dR1=subs(dR,20)
dR1=
    12
>>dR2=subs(dR,50)
dR2=
    0
>>dR3=subs(dR,70)
dR3=
    -8
```

【例 7-17】 设某商品的需求函数为 $Q=12-\frac{p}{2}$，求：

(1) 需求弹性函数；

(2) $p=6$ 时的需求弹性；

(3) $p=6$ 时若价格上涨 1%，收入增加还是减少？将变化多少？

解：(1) $E_d = \dfrac{pQ'(p)}{Q(p)} = \dfrac{p}{12-\dfrac{p}{2}}\left(12-\dfrac{p}{2}\right)' = \dfrac{p}{12-\dfrac{p}{2}}\left(-\dfrac{1}{2}\right) = \dfrac{p}{p-24}$；

(2) $E_d(6) = \dfrac{6}{6-24} = -\dfrac{1}{3}$；

(3) $|E_d(6)| = \left|-\dfrac{1}{3}\right| = \dfrac{1}{3} < 1$，即缺乏弹性. 所以价格上涨 1% 时，收入增加. 由需求弹性可得收入弹性

$$E_r(6) = 1 - |E_d(6)| = 1 - \left|-\dfrac{1}{3}\right| = 1 - \dfrac{1}{3} = \dfrac{2}{3} \approx 0.6$$

所以当时，价格上涨 1%，收入将增加 0.6%.

MATLAB 程序如下

```
>>syms p
>>Q1=diff(12-p/2)
Q1=
    -1/2
>>Ep=(p/(12-p/2))*Q1
Ep=
    -1/2*p/(12-1/2*p)
>>subs(Ep,6)
ans=
    -0.3333
>>1-abs(ans)
ans=
    0.6667
```

【例 7-18】 设某种产品的需求函数为 $Q=1200-5p$，成本函数为 $C=2000+80q$（单位：产量为 q 件，成本为 C 元），求产量和价格分别为多少时，该产品的利润最大，并求最大利润值.

解：(1) 因为需求函数为 $Q=1200-5p$，所以价格函数为 $P=240-0.2q$. 则该产品的收入函数为

$$R(q) = q \cdot P(q) = q(240-0.2q) = 240q - 0.2q^2$$

(2) 利润函数为

$$L(q) = R(q) - C(q) = (240q-0.2q^2) - (2000+80q) = -0.2q^2 + 160q - 2000$$

(3) 求边际利润 $L'(q)$，令 $L'(q)=0$，即

$$L'(q) = (-0.2q^2+160q-2000)' = -0.4q + 160$$

令 $L'(q)=0$，即 $-0.4q+160=0$，得唯一驻点 $q_0=400$.

(4) $L''(q)=-0.4<0$，可知产量为 $q_0=400$ 时取得最大值. 最大利润为

$$L(400) = -0.2 \times 400^2 + 160 \times 400 - 2000 = 30000（元）$$

再将 $q_0=400$ 代入价格函数 $P=240-0.2q$ 中，则最大利润时的价格为

$$P = 240 - 0.2 \times 400 = 160（元/件）$$

因此，当产量为 400 件时，该产品的利润最大，最大利润为 30000 元，此时价格为 160 元/件.

MATLAB 程序如下

```
>>syms p q
>>L=(240*q-0.2*q^2)-(2000+80*q)
L=
    160*q-1/5*q^2-2000
>>dL=diff(L)
dL=
    160-2/5*q
>>Pq=solve(dL)
Pq=
    400
>>dL2=diff(dL)
dL2=
    -2/5
>>P=solve(1200-5*p-400)
P=
    160
>>subs(L,Pq)
ans=
    30000
```

实验训练：

1. 求函数的 $y=e^{-x^2}$ 的单调区间和极值，凹向区间和拐点，并画出其图像.

2. 设某产品的售价为 200 元/单位，成本函数是

$$C(q)=5000-60q+\frac{1}{20}q^2$$

当 $q=100$ 单位时，求：

(1) 边际成本，并说明其经济含义；

(2) 边际收入，并说明其经济含义；

(3) 边际利润，并说明其经济含义.

3. 设某商品需求量 q 与价格 p 的函数关系为

$$Q=60-3p^2$$

问：

(1) 需求弹性函数；

(2) $p=3$ 时的需求弹性，并说明其经济含义；

(3) 当 $p=2$ 时，若价格上涨 1%，收入增加还是减少？将变化多少？

(4) 当 $p=4$ 时，若价格上涨 1%，收入增加还是减少？将变化多少？

4. 设生产某一批产品，其固定成本为 5000 元，每多生产一件产品，成本增加 40 元，该商品的需求函数为 $Q=1000-10p$，p 为价格（单位：元/个）.

试求：

(1) 产量为多少时，利润最大？

(2) 获最大利润时的价格是多少？

实验九 求解函数积分

实验目的：

(1) 掌握用 MATLAB 计算不定积分与定积分的方法；
(2) 理解广义积分的概念，掌握应用定积分解决各种问题的能力.

学习 MATLAB 软件命令：

MATLAB 中求积分的基本函数如表 7-7 所示.

表 7-7 MATLAB 中求积分的基本函数

数学运算	MATLAB 函数命令	数学运算	MATLAB 函数命令
$\int f(x)\mathrm{d}x$	int(f(x))或 int(f(x),x)	$\int_a^{+\infty} f(x)\mathrm{d}x$	int(f(x),a,inf)或 int(f(x),x,a,inf)
$\int_a^b f(x)\mathrm{d}x$	int(f(x),a,b)或 int(f(x),x,a,b)		

【注】 MATLAB 运行的不定积分的运行结果中省略了加任意常数 C.

实验内容与演示：

【例 7-19】 求不定积分 $\int \dfrac{\cos x}{\sin x(1+\sin x)^2}\mathrm{d}x$.

解： 输入

```
>>syms x;
>>y=cos(x)/(sin(x)*(1+sin(x))^2)
>>int(y)
ans=
    -log(1+sin(x))+log(sin(x))+1/(1+sin(x))
```

【例 7-20】 求不定积分 $\int \sqrt{a^2-x^2}\,\mathrm{d}x$.

解： 输入

```
>>syms x a
>>y=(a^2-x^2)^(1/2);
>>int(y)
ans=
    1/2*a^2*x-1/6*x^3
```

【例 7-21】 求定积分 $\int_0^{\frac{\pi}{2}} x^2\sin x\,\mathrm{d}x$.

解： 输入

```
>>syms x
>>y=x^2*sin(x);
>>int(y,0,pi/2)
ans=
    pi-2
```

【例 7-22】 求广义积分 $\int_0^{+\infty} x\mathrm{e}^{-x}\mathrm{d}x$.

解：输入

```
>>syms x;
>>y=x*exp(-x);
>>int(y,0,inf)
ans=
     1
```

【例 7-23】 计算曲线 $f(x)=8-x^2$ 及 $g(x)=x+1$ 与 $x=-1$ 和 $x=2$ 所围成的图形面积.

解：输入

```
>>x=linspace(-2,3,50);
>>y=8-x.^2;y1=x+1;
>>plot(x,y,x,y1,[-1,-1],[-2,8],[2,2],[-2,8])
```

绘制出所围成的图形,如图 7-16 所示.

```
>>syms x
>>y=8-x^2-(x+1)
y =
    7-x^2-x
>>int(y,-1,2)
ans=
     33/2
```

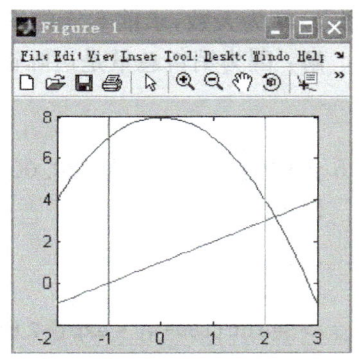

图 7-16　$f(x)=8-x^2$ 及 $g(x)=x+1$ 与 $x=-1$ 和 $x=2$ 所围成的图形

实验训练：

1. 求下列不定积分.

(1) $\int x\mathrm{e}^{-2x^2}\mathrm{d}x$;

(2) $\int \dfrac{1}{\sqrt{x}+1}\mathrm{d}x$;

(3) $\int \mathrm{e}^{\sqrt[3]{x}}\mathrm{d}x$;

(4) $\int \cos\sqrt{t}\,\mathrm{d}t$.

2. 求下列定积分.

(1) $\int_0^1 \dfrac{x}{(x^2+1)^2}\mathrm{d}x$;

(2) $\int_1^{\mathrm{e}} \dfrac{\mathrm{d}x}{x\sqrt{1+\ln x}}$;

(3) $\int_0^{\pi} \sin^4 \dfrac{x}{2}\mathrm{d}x$;

(4) $\int_0^{\ln 2} \sqrt{\mathrm{e}^x-1}\,\mathrm{d}x$.

3. 判断下列广义积分的敛散性;若该积分收敛,求其值:

(1) $\int_1^{+\infty} \dfrac{1}{1+x^2}\mathrm{d}x$;

(2) $\int_{-\infty}^{-1} \dfrac{1}{x^3}\mathrm{d}x$;

(3) $\int_1^{+\infty} \cos x\,\mathrm{d}x$;

(4) $\int_{\mathrm{e}}^{+\infty} \dfrac{\ln x}{x}\mathrm{d}x$.

4. 求曲线 $y=\sqrt{x}$ 与直线 $x=1$、$x=4$、$y=0$ 所围成的图形的面积.

实验十 积分的应用

实验目的：

利用 MATLAB 软件解决积分在经济分析中的应用问题.

实验内容与演示：

【例 7-24】 设某种商品投放市场的销售速度（边际销售）为 $f(t)=160-40\mathrm{e}^{-2t}$（单位：千克/天），$t$ 为天数，求前 5 天的销售总量 S.

解：因为销售总量是边际销售的一个原函数，所以按题意有
$$S(t)=\int_0^5 (160-40\mathrm{e}^{-2t})\mathrm{d}t$$

前 5 天的销售总量约为 780.00 千克.

MATLAB 程序如下

```
>>clear
>>syms t Q
>>S=int(160-40*exp(-2*t),t,0,5)
S=
    780+20*exp(-10)
>>eval(S)
ans=
    780.0009
```

即前 5 天的销售总量约为 780.00 千克.

【例 7-25】 已知某产品的边际成本和边际收入分别为
$$C'(x)=x^2-4x+6, \quad R'(x)=105-2x$$

且固定成本为 100，其中 x 为销售量。当销售量为多少时有最大利润？

解：利润函数为 $L(x)=R(x)-C(x)$，令 $L'(x)=R'(x)-C'(x)=0$.

在 MATLAB 窗口输入

```
>>clear
>>syms x dR dC dL
>>dR=105-2*x;dC=x^2-4*x+6;dL=dR-dC
dL=
    99+2*x-x^2
>>x0=solve(dL)
x0=
    -9
    11
```

由问题的实际意义解得驻点 $x_0=11$，即销售量为 11 时利润最大。最大利润为
$$L=\int_0^{11} L'(x)\mathrm{d}x$$

在 MATLAB 窗口输入

```
>>L=int(dL,x,0,11)
L=
```

```
    2299/3
>>eval(L)
ans=
      766.3333
```

即销售量为 11 时利润最大,约为 766.3。

实验训练:

1. 已知某产品总产量 Q 在时刻 t 的变化率为 $Q'(t)=250+32t-0.6t^2$ (单位:千克/小时),求从 $t=2$ 到 $t=4$ 这两小时的总产量.

2. 某产品的边际成本是产量 q 的函数 $C'(q)=4+0.25q$ (单位:万元/吨),边际收益也是 q 的函数 $R'(q)=80-q$ (单位:万元/吨).

(1) 求当产量由 10 吨增加到 50 吨时,总成本和总收益各增加了多少?

(2) 设固定成本为 $C(0)=10$ 万元,求总成本函数和总收益函数.

附录 能力训练参考答案

第1章

【能力训练 1.1】

(应用题)

1. $p_0=200, q_0=4$.

2. $R(q)=\begin{cases} 130q & 0<q\leqslant 700 \\ 9100+117q & 700<q\leqslant 1000 \end{cases}$.

3. $C(q)=60000+20q, R(q)=60q-\dfrac{q^2}{1000}, L(q)=-\dfrac{q^2}{1000}+40q-60000$.

4. (1) $C(q)=2000+5q, \text{AC}(q)=\dfrac{2000}{q}+5$;

   (2) $C(200)=3000(元), \text{AC}(200)=\dfrac{2000}{200}+5=15(元/台)$;

   (3) $R(q)=9q$;

   (4) $L(q)=4q-2000, q_0=500$ 台.

5. (1) 110000 元； (2) 110381.29 元；
   (3) 110471.31 元； (4) 110515.58 元.

6. 约 822.7 万元.

【能力训练 1.2】

(基础题)

1. (1) $[-1,3]$; (2) $\left(\dfrac{1}{2},5\right]$;
   (3) $(-2,3)$; (4) $(-\infty,-3)$;
   (5) $[1,+\infty)$. 图略.

2. $1, 8, -1, 2a^2-5a+1, 2x^2+5x+1, 2x^2-x-2, \dfrac{2}{x^2}-\dfrac{5}{x}+1$.

3. $2, 0, -8, 0.2, 0.008$.

4. 图略.

5. (1) $y=\dfrac{x}{2}-\dfrac{1}{2}$; (2) $y=\sqrt{\dfrac{1}{x}}\ (x>0)$;
   (3) $y=\dfrac{1-x}{1+x}$; (4) $y=\ln(x+\sqrt{1+x^2})$.

6. (1) $y=\sin u, u=x^2$; (2) $y=u^2, u=\cos x$;

(3) $y=u^3, u=1-x$; (4) $y=\ln u, u=x-2$;
(5) $y=e^u, u=-x^2$; (6) $y=\ln u, u=\sqrt{v}, v=x^2+a^2$.

7. (1) $y=\sin^2 2x$; (2) $y=\ln(1+\sqrt{1+x^2})$;
   (3) $y=e^{\sin\frac{1}{x}}$.

8. $\dfrac{x}{1-2x}, \dfrac{1}{x-1}, \dfrac{1-x}{x}$.

【综合能力训练 1】

(基础题)

1. (1) R; (2) $[0,+\infty)$;
   (3) $[-2,1)\cup(1,+\infty)$; (4) R;
   (5) $(-\infty,1)$; (6) R;
   (7) $(1,2)\cup(2,+\infty)$; (8) $[-2,-1)\cup(-1,1)\cup(1,2]$.

2. (1) 非奇非偶函数; (2) 奇函数;
   (3) 奇函数; (4) 偶函数;
   (5) 奇函数; (6) 偶函数;
   (7) 奇函数; (8) 奇函数.

3. x^2-3x+3.

4. (1) x; (2) $\dfrac{1}{x^2}+1, \dfrac{1}{x^2+1}$.

5. (1) $y=\ln u, u=\ln v, v=\ln x$; (2) $y=u^2, u=\cos v, v=2+5x$;
   (3) $y=3^u, u=\cos v, v=\dfrac{1}{x^2}$; (4) $y=\ln u, u=x+\sqrt{v}, v=1+x^2$.

(应用题)

1. (1) $Q_d=1+\dfrac{80-p}{3}\cdot 0.3=9-0.1p$; (2) $Q_s=4+\dfrac{p-80}{3}\cdot 0.6=0.2p-12$;
   (3) $p_0=70$ 元, $q_0=2$ 万件.

2. $R(q)=200q-\dfrac{1}{5}q^2, 32000$.

3. (1) $q_1=2, q_2=6$;
   (2) 当 $0<q<2$ 和 $q>6$ 时亏损, 当 $2<q<6$ 时盈利, 当 $q_1=2$ 且 $q_2=6$ 时盈亏平衡.

4. 约为 96214 元.

5. 约为 46.65 万元.

6. $S=\pi r^2+\dfrac{2V_0}{r}$.

7. $9,14,7$.

8. $y=\begin{cases} 3x & 0\leqslant x\leqslant 20 \\ 4.5x-30 & x>20 \end{cases}$.

9. (1) $v(t)=\begin{cases} t & 0\leqslant t<2 \\ 2 & 2\leqslant t\leqslant 7 \\ 9-t & 7<t\leqslant 9 \end{cases}$;

(2) 图略.

第 2 章

【能力训练 2.1】

(应用题) 略.

【能力训练 2.2】

(基础题)

1. (1) 发散;　　　(2) 收敛,$\dfrac{2}{3}$.

2. (1) $\dfrac{3}{2}$;　　　(2) $\dfrac{1}{2}$;　　　(3) $\dfrac{3}{4}$.

(应用题)

1. $A \cdot \dfrac{1}{r}$.

2. (1) $1000(0.9)+1000(0.9)^2+1000(0.9)^3+\cdots+1000(0.9)^n+\cdots$;

   (2) 9000 万元.

【能力训练 2.3】

(基础题)

1. (1) 存在,1;　　(2) 存在,10;　　(3) 存在,-4;　　(4) 不存在.

2. (1) 图略;　　　(2) 0,1,4.

3. 图略,不连续.

4. $(-1,1)$.

5. 略.

6. (1) $x=1$ 和 $x=2$;　(2) $x=1$;　　(3) $x=0$;　　(4) $x=3$.

7. (1) 不正确;　　(2) 不正确;　　(3) 正确;　　(4) 正确.

8. $x \to -1, x \to 1$.

9. (1) 无穷小;　　(2) 无穷大;　　(3) 无穷小;　　(4) 无穷大;

   (5) 无穷小;　　(6) 无穷大.

【能力训练 2.4】

(基础题)

1. (1) 12;　　　　(2) 0;　　　　(3) 0;　　　　(4) ∞;

   (5) $\dfrac{1}{2}$;　　　(6) $-\dfrac{1}{2}$;　　(7) $\dfrac{2}{3}$;　　　(8) $\dfrac{1}{2}$;

   (9) 0;　　　　(10) ∞.

2. (1) $\dfrac{3}{2}$;　　　(2) $\dfrac{5}{2}$;　　　(3) $\dfrac{1}{2}$;　　　(4) 2;

附录　能力训练参考答案

(5) -3;　　　　　(6) 0.

3. (1) e^2;　　(2) $e^{-\frac{1}{2}}$;　　(3) e^{-2};　　(4) e^{-1};
   (5) e^{-3};　　(6) e^{-2}.

(应用题)

20 元.

【能力训练 2.5】

(应用题)

1. (1) 11000 元;　　(2) 11051.7 元.
2. (1) 28.56 万美元;　　(2) 28.67 万美元.
3. (1) $PV_0 \times (1+1.5\%)^{40} = 120000$, $PV_0 \times e^{0.06 \times 10} = 120000$;
   (2) 66151.48 元, 65857.40 元.
4. 1141.55 元.
5. (1) 12.36%;　　(2) 1610.36 元;　　(3) 本金为 1070.98 元, 利息为 935.38 元.

附表

第 n 个半年	等额还款额	利　息	本　金	贷款余额
1	1610.36	600	1010.36	8989.64
2	1610.36	539.38=8989.64×6%	1070.98=1610.36−539.38	

6. 166666.67 元, 不划算, 收不回成本.

【综合能力训练 2】

(基础题)

1. (1) $\dfrac{3}{4}$;　　(2) -1;　　(3) 2;　　(4) 1;
   (5) $\dfrac{3}{2}$;　　(6) $\dfrac{3^{20}}{2^{50}}$;　　(7) $-\dfrac{1}{2}$;　　(8) 0;
   (9) 1;　　(10) $\dfrac{1}{2}$;　　(11) e^{-4};　　(12) e^{-1};
   (13) e^{-3};　　(14) $e^{-\frac{1}{2}}$.
2. 2.
3. (1) a 任意, $b=1$;　　(2) $a=b=1$.
4. x.

(应用题)

1. 42651.01 元.
2. 是, 接受, 借款现值为 8380.40 元, 还款现值为 6238.04 元.

第 3 章

【能力训练 3.1】

1. (1) 3；   (2) $\dfrac{1}{4}$.

2. $(2,4), y=4x-4$.

3. (1) $y=-4x+4$；   (2) $y=\dfrac{x}{e}$.

【能力训练 3.2】

1. (1) $1,1$；   (2) $\dfrac{1}{2\sqrt{x}}, \dfrac{1}{2}$；

    (3) $-\dfrac{1}{x^2}, -1$；   (4) $-\dfrac{1}{2x\sqrt{x}}, -\dfrac{1}{2}$.

2. (1) $3x^2 - \dfrac{3}{x^4}$；   (2) $\dfrac{1}{2\sqrt{x}} - \sin x$；

    (3) $\dfrac{3}{2}\sin x + x\cos x$；   (4) $2x\ln x + x + \dfrac{5}{2}x^{\frac{3}{2}}$；

    (5) $e^x(\sin x + x\sin x + x\cos x)$；   (6) $\dfrac{x\sec^2 x - \tan x}{x^2}$；

    (7) $\dfrac{2(1+x^2)}{(1-x^2)^2}$；   (8) $-\dfrac{1+\cos x}{(x+\sin x)^2}$.

3. (1) $e^{-x}, e^{-x}, -x, x$；   (2) $\ln 2x, 2x, 2x, x, \dfrac{1}{x}$；

    (3) $-\sin 3x, \cos 3x, 3x, 3x, x$；   (4) $e^{x^2}, e^{x^2}, x^2, x^2, x$；

    (5) $\sin x, x$.

4. (1) $6(2x-5)^2$；   (2) $2x\cos x^2$；

    (3) $\dfrac{x}{\sqrt{1+x^2}}$；   (4) $-3\sin x\cos^2 x$；

    (5) $-\dfrac{2}{(1+2x)^2}$；   (6) $-\dfrac{3}{2}(3x+1)^{-\frac{3}{2}}$；

    (7) $\cot x$；   (8) $\dfrac{1}{2\sqrt{x}}e^{\sqrt{x}}$.

5. (1) $2xe^{x^2} - 2e^{-2x}$；   (2) $2x\cos\dfrac{1}{x} + \sin\dfrac{1}{x}$；

    (3) $2\cos 2x\cos^2 x - \sin^2 2x$；   (4) $\sin 2x + 2x\cos x^2$；

    (5) $(1-x^2)^{-\frac{3}{2}}$；   (6) $\dfrac{1}{x^2}\sin\dfrac{1}{x}e^{\cos\frac{1}{x}}$；

    (7) $\dfrac{1}{x\ln x\ln(\ln x)}$；   (8) $2x\sin(2+2x^2)$；

(9) $\dfrac{x+2\ln x}{2x\sqrt{x+\ln^2 x}}$; (10) $\dfrac{1}{\sqrt{a+x^2}}$.

6. (1) $\dfrac{1+y}{2y-x}$; (2) $\dfrac{p}{y}$;

   (3) $\dfrac{-e^y}{1+xe^y}$; (4) $-\dfrac{9x}{4y}$;

   (5) $\dfrac{y^2-e^x}{\cos y-2xy}$.

7. (1) $x\sqrt{\dfrac{1-x}{1+x}}\left[\dfrac{1}{x}-\dfrac{1}{2}\left(\dfrac{1}{x-1}+\dfrac{1}{x+1}\right)\right]$;

   (2) $(\ln x)^x\left(\ln\ln x+\dfrac{1}{\ln x}\right)$;

   (3) $\left(\dfrac{2x+1}{2x-3}\right)^x \cdot \left[\ln(2x+1)-\ln(2x-3)+2x\left(\dfrac{1}{2x+1}-\dfrac{1}{2x-3}\right)\right]$;

   (4) $\dfrac{xy\ln y-y^2}{xy\ln x-x^2}$.

8. (1) $6(x+1)$; (2) $8-\dfrac{1}{x^2}$;

   (3) $-(\sin x+\cos x)$; (4) $2\cos x-x\sin x$;

   (5) $-\dfrac{2(1+x^2)}{(1-x^2)^2}$; (6) $e^{-x}+e^x$.

9. (1) $(n+x)e^x$; (2) $\dfrac{-6}{(1+x)^4}$; (3) -3; (4) $2^n e^{2x}$.

10. 图略.

【能力训练 3.3】

1. (1) $dy=\left(-\dfrac{1}{x^2}+\dfrac{1}{\sqrt{x}}\right)dx$; (2) $dy=(\ln x+1)dx$;

   (3) $dy=\dfrac{dx}{(1+x)^2}$; (4) $dy=e^x(\sin 2x+2\cos 2x)dx$;

   (5) $dy=-\dfrac{xdx}{\sqrt{(1+x^2)^3}}$; (6) $dy=\dfrac{-4\ln(1-2x)dx}{1-2x}$.

2. (1) $2x+C$; (2) $\dfrac{1}{2}x^2+C$;

   (3) $2\sqrt{x}+C$; (4) $-\dfrac{1}{x}+C$;

   (5) $\dfrac{2^x}{\ln 2}+C$; (6) $(x+1)^2+C$.

3. (1) 2.745; (2) 9.993; (3) 0.485.
4. (1) 减少 43.63cm^2; (2) 增加 104.72cm^2.
5. 钟摆周期缩短了 0.0002s, 每天快了 17.28s.

【能力训练 3.4】

1. (1) $\{(x,y)|x\geqslant 0\}$; (2) $\{(x,y)|x+y>0\}$;

(3) $\{(x,y) \mid y \geq x^2\}$; (4) $\{(x,y) \mid x^2+y^2 \leq 1\}$.

2. (1) $z'_x = 2x+2y, z'_y = 2x+6y$; (2) $z'_x = y^2, z'_y = 2xy$;

   (3) $z'_x = ye^{xy}, z'_y = xe^{xy}$; (4) $z'_x = \dfrac{2x}{x^2+y^2}, z'_y = \dfrac{2y}{x^2+y^2}$;

   (5) $z'_x = \dfrac{\sqrt{xy}}{2x}, z'_y = \dfrac{\sqrt{xy}}{2y}$; (6) $z'_x = \dfrac{-2y}{(x-y)^2}, z'_y = \dfrac{2x}{(x-y)^2}$.

3. (1) $z''_{xx} = 2y^2, z''_{xy} = 4xy, z''_{yx} = 4xy, z''_{yy} = 2x^2+2$;

   (2) $z''_{xx} = \dfrac{1}{x^2}, z''_{yy} = \dfrac{1}{y^2}, z''_{xy} = 1, z''_{yx} = 1$;

   (3) $z'_x = ye^{xy}+1, z'_y = xe^{xy}, z''_{xx} = y^2 e^{xy}, z''_{xy} = e^{xy}+xye^{xy}, z''_{yx} = e^{xy}+xye^{xy}, z''_{yy} = x^2 e^{xy}$;

   (4) $z''_{xx} = 6xy + \dfrac{2(y^2-x^2)}{(x^2+y^2)^2}, z''_{xy} = 3x^2 - \dfrac{4xy}{(x^2+y^2)^2}$,

   $z''_{yx} = 3x^2 - \dfrac{4xy}{(x^2+y^2)^2}, z''_{yy} = \dfrac{2(x^2-y^2)}{(x^2+y^2)^2}, z''_{xy}(1,1) = 2$.

【综合能力训练 3】

(基础题)

1. (1) $3x^2 - \dfrac{7}{2}x^{\frac{5}{2}}$; (2) $-\dfrac{4x}{1-2x^2}$;

   (3) $\dfrac{\ln x}{x\sqrt{1+\ln^2 x}}$; (4) $4(x+\sin^2 x)^3(1+\sin 2x)$;

   (5) $-\dfrac{1+x}{\sqrt{x}(1-x)^2}$; (6) $\sin 2x + 2x\cos x^2$;

   (7) $\dfrac{x}{(1+x^2)} - \dfrac{1}{2(2+x)\sqrt{2+x}}$; (8) $\left(1+\dfrac{1}{x}\right)^x \left[\ln\left(1+\dfrac{1}{x}\right) - \dfrac{1}{x+1}\right]$.

2. (1) $-\dfrac{e^y+ye^x}{xe^y+e^x}$; (2) $-\dfrac{xye^{xy}+y+2x\sin 2x}{x^2 e^{xy}+x\ln x}$;

   (3) $-\dfrac{e^{x+y}-y^2}{e^{x+y}-2xy}$.

3. (1) $-\dfrac{1}{18}$; (2) $\dfrac{3}{4}$; (3) $\dfrac{5}{8}$.

4. (1) $dy = 2xe^{-2x}(1-x)dx$;

   (2) $dy = \left\{\left(\dfrac{x}{1+x}\right)^x \left[\ln x - \ln(1+x) + \dfrac{1}{1+x}\right]\right\}dx$;

   (3) $dy = \dfrac{3}{x^2} e^{-3\sin^2 \frac{1}{x}} \sin\dfrac{2}{x} dx$;

   (4) $dy = (-x^2+4x-5)e^{-x} dx$.

5. (1) $z'_x = -\dfrac{y}{x^2}e^{\frac{y}{x}} + \dfrac{1}{y}e^{\frac{x}{y}}; z'_y = \dfrac{1}{x}e^{\frac{y}{x}} - \dfrac{x}{y^2}e^{\frac{x}{y}}$;

   (2) $z'_x = \dfrac{x}{1+x^2+y^2}, z'_y = \dfrac{y}{1+x^2+y^2}$;

   (3) $z'_x = -\dfrac{1}{2x}\sqrt{\dfrac{y}{x}}, z'_y = \dfrac{1}{2y}\sqrt{\dfrac{y}{x}}$;

(4) $z'_x = \ln x - \ln y + 1, z'_y = -\dfrac{x}{y}$.

6. (1) $z''_{xx} = \dfrac{1}{x}, z''_{xy} = \dfrac{1}{y}, z''_{yx} = \dfrac{1}{y}, z''_{yy} = -\dfrac{x}{y^2}$;

   (2) $z''_{xx} = 2e^{x^2-y^2} + 4x^2 e^{x^2-y^2}, z''_{xy} = -4xy e^{x^2-y^2}, z''_{yy} = -2e^{x^2-y^2} + 4y^2 e^{x^2-y^2}$
   $z''_{xx}(1,1) = 6, z''_{xy}(1,1) = -4, z''_{yy} = 2.$

(应用题)

1. $x + y = 2$.
2. 3.14cm^2.
3. 3%.

第 4 章

【能力训练 4.1】

(基础题)

1. (1) $\left(-\infty, \dfrac{1}{2}\right), \nearrow; \left(\dfrac{1}{2}, +\infty\right), \searrow$;

   (2) $\left(0, \dfrac{1}{2}\right), \searrow; \left(\dfrac{1}{2}, +\infty\right), \nearrow$;

   (3) $(-\infty, 0) \searrow; (0, +\infty), \nearrow$; (4) $(-\infty, -1), (1, +\infty) \searrow; (-1, +1), \nearrow$.

2. (1) 在 $x_0 = 0$ 处取极小值,极小值为 0.

   (2) 在 $x_1 = 2$ 处取极小值,极小值为 3; $x_2 = 0$ 处取极大值,极大值为 7;

   (3) 在 $x_1 = -1$ 处取极大值,极大值为 1;在 $x_2 = 0$ 处取极小值,极小值为 0;在 $x_3 = 1$ 处取极大值,极大值为 1;

   (4) 在 $x_1 = 0$ 处取极小值,极小值为 1;在 $x_2 = -1$ 处取极大值,极大值为 2;在 $x_3 = 1$ 处取极大值,极大值为 2.

3. 在 $x_1 = -1$ 处取极大值,极大值为 17;在 $x = 3$ 处取极小值,极小值为 -47.

4. (1) 最大值为 32;最小值为 2; (2) 最大值为 3;最小值为 1;

   (3) 最大值为 13;最小值为 4; (4) 最大值为 6;最小值为 0.

5. (1) 在区间 $(-\infty, 1)$ 下凹, $(1, +\infty)$ 上凹,拐点 $(1, -2)$;

   (2) 在区间 $(0, +\infty)$ 上凹,无拐点;

   (3) 在区间 $(0, +\infty)$ 上凹,无拐点;

   (4) 在区间 $(-\infty, -1)$ 下凹, $(-1, 1)$ 上凹, $(1, +\infty)$ 下凹,拐点 $(-1, \ln 2)$、$(1, \ln 2)$.

(应用题)

1. $\dfrac{a}{3}$. 2. 底面半径为 5 米,高为 10 米.

3. $16, 8, 12, 2 \times 7.5$. 4. $a = -\dfrac{3}{2}, b = \dfrac{9}{2}$.

【能力训练 4.2】

1. $C'(900) = 1.5$,其经济含义是:当产量是 900 单位时,再增加(减少)一个单位的产品,使成本将增加(减少)1.5 个单位.

2. (1) $R(50)=9975$；

   (2) $R'(50)=199$，其经济含义是：当产量是 50 单位时，再增加(减少)一个单位的产品，使收益增加(减少)199.

3. $L'(20)=50$ 元，$L'(25)=0$ 元，$L'(30)=-50$ 元；

$L'(20)=50$ 元的经济含义：当产量是 20 千克时，再增加(减少)1 千克的产量，使利润增加(减少)50 元；

$L'(25)=0$ 元的经济含义：当产量是 25 千克时，再增加(减少)1 千克的产量，利润将不变；

$L'(30)=-50$ 元的经济含义：当产量是 30 千克时，再增加(减少)1 千克的产量，使利润减少(增加)50 元.

【能力训练 4.3】

1. (1) $E_d=-0.03p$；

   (2) $E_d(100)=-3$，经济含义是：当价格为 100 时，若价格上涨(下降)1%，则商品的需求量将减少(增加)3%.

2. 新票价应为 1.3 元.

3. 应降低运输价格.

4. (1) $Q'(4)=-8$，经济含义：当 $p=4$ 时，价格上涨(下降)一个单位，需求减少(增加)8 个单位；

   (2) $E_d(4)=-0.54$，经济含义：当 $p=4$ 时，价格上涨(下降)1%，需求减少(增加)0.54%；

   (3) $E_r(4)=0.46$，经济含义：当 $P=4$ 时，价格上涨 1%，收益增加 0.46%；

   (4) $E_r(6)=-0.85$，经济含义：当 $P=6$ 时，价格上涨 1%，收益减少 0.85%.

【能力训练 4.4】

1. (1) 3 百台；　　　　　　　　　　　(2) 6 万元/百台.

2. 140 单位.

3. 2.5 单位，325 元.

4. (1) 250 件；　　　　　　　　　　　(2) 425 元.

5. (1) $C_1=\dfrac{15000}{x}, C_2=5x, C_3=30x$；　　(2) $C(x)=\dfrac{15000}{x}+35x$；

   (3) 21 箱.

【能力训练 4.5】

1. 函数在 $(1,1)$ 处有极小值 $z(1,1)=2$.

2. 当 $x=3, y=1$ 时，有最大值，最大值 $L(3,1)=120$(万元).

3. (1) 在 $\left(\dfrac{1}{2},\dfrac{1}{2}\right)$ 处有极小值 $\dfrac{1}{2}$；

   (2) 在 $(1,1)$ 处有极大值 1.

4. 当购进原料 A、B 分别为 100、25 个单位时,可使生产的数量最多.

【能力训练 4.6】

(1) $\ln 2$;   (2) 1;   (3) $\dfrac{1}{\sqrt{a}}$;   (4) 2;

(5) $\dfrac{1}{6}$;   (6) $\cos \alpha$;   (7) 0;   (8) $\dfrac{1}{2}$.

【综合能力训练 4】

1. 在 $x_1=0$ 处取极大值,极大值为 0;在 $x_2=\dfrac{4}{5}$ 处取极小值,极小值为 $-\dfrac{12}{25}\sqrt[3]{10}$.

2. 在 $(-\infty,0)$ 上单调增加,在 $(0,+\infty)$ 上单调减少,极大值为 1;在 $\left(-\infty,-\dfrac{\sqrt{2}}{2}\right)$ 和 $\left(\dfrac{\sqrt{2}}{2},+\infty\right)$ 上凹, $\left(-\dfrac{\sqrt{2}}{2},\dfrac{\sqrt{2}}{2}\right)$ 下凹,拐点 $\left(-\dfrac{\sqrt{2}}{2},\mathrm{e}^{-\frac{1}{2}}\right)$ 和 $\left(\dfrac{\sqrt{2}}{2},\mathrm{e}^{-\frac{1}{2}}\right)$.

3. (1) $C'(100)=-50$ 元,经济含义:当 $q=100$ 时,增加(或减少)1 个单位,成本将减少(或增加)50 元;

 (2) $R'(100)=200$ 元,经济含义:当 $q=100$ 时,增加(或减少)1 个单位,收益将增加(或减少)200 元;

 (3) $L'(100)=250$ 元,经济含义:当 $q=100$ 时,增加(或减少)1 个单位,利润将增加(或减少)250 元.

4. (1) $E_d=\dfrac{-2p^2}{20-p^2}$.

 (2) $E_d(3)=-1.64$,经济含义:当 $P=3$ 时,价格上涨(或下降)1%,需求减少(或增加)1.64%;

 (3) $E_d(2)=-0.5$,$E_r(2)=0.5$,经济含义:当 $p=2$ 时,价格上涨 1%,收益增加 0.5%;

 (4) $E_d(4)=-8$,$E_r(4)=-7$,经济含义:当 $P=4$ 时,价格上涨 1%,收益减少 7%.

5. 销售量能增加 15%~20%.

6. (1) $q_0=300$;   (2) $p=70$ 元/个.

7. (1) 2;   (2) 16;   (3) 1;   (4) 0;

 (5) $\dfrac{1}{3}$;   (6) $\dfrac{1}{2}$.

第 5 章

【能力训练 5.1】

(基础题)

1. (1) $3x+C$,$3x+C$;   (2) x^3+C,x^3+C;

 (3) $-\cos x+C$,$-\cos x+C$;   (4) $-\dfrac{1}{x}+C$,$-\dfrac{1}{x}+C$;

(5) $\dfrac{x^4}{4}+C$;

(6) $y=\dfrac{x^2}{2}+1$.

2. (1) B;　　(2) A.

3. (1) $-\dfrac{1}{x}+C$;

(2) $\dfrac{2}{5}x^{\frac{5}{2}}+C$;

(3) $-\dfrac{2}{\sqrt{x}}+C$;

(4) x^5+C;

(5) x^3-x^2+x+C;

(6) $(x+1)^3+C$;

(7) $\dfrac{2}{5}x^{\frac{5}{2}}-x+C$;

(8) $\ln|x|-\dfrac{1}{2}x^2+C$;

(9) $2e^x-3\ln|x|+C$;

(10) $\dfrac{a^x e^x}{1+\ln a}+C$.

4. (1) $3\sin x-4\sqrt{x}-\dfrac{5}{x}+C$;

(2) $2e^x-\ln|x|-\dfrac{1}{2x^2}+C$;

(3) $\sqrt{\dfrac{2h}{g}}+C$;

(4) $y-3y^{\frac{2}{3}}+3y^{\frac{1}{3}}+C$;

(5) $\dfrac{x}{2}+\dfrac{\sin x}{2}+C$;

(6) $\theta-\cos\theta+C$;

(7) $\dfrac{4^x}{\ln 4}+\dfrac{2\times 6^x}{\ln 6}+\dfrac{9^x}{\ln 9}+C$;

(8) $\dfrac{x^3}{3}-x+\arctan x+C$.

(应用题)

1. $y=x^3+1$.
2. $C(q)=7q^2-280q+4300$.
3. $R(q)=\dfrac{7}{2}q^2+2q$.
4. $C(q)=1000+7q+50\sqrt{q}$.
5. 60000.

【能力训练 5.2】

1. (1) $\dfrac{1}{6}(x+3)^6+C$;

(2) $\dfrac{1}{12}(3x-1)^4+C$;

(3) $-\dfrac{1}{4x-6}+C$;

(4) $-\dfrac{1}{2}\ln|1-2x|+C$;

(5) $\dfrac{1}{2}\sin(2x+1)+C$;

(6) $-\dfrac{1}{2}\cos x^2+C$;

(7) $\dfrac{1}{3}(2+x^2)^{\frac{3}{2}}+C$;

(8) $\sqrt{x^2+2x+3}+C$;

(9) $\ln|\ln x|+C$;

(10) $-2\cos\sqrt{t}+C$;

(11) $-e^{\frac{1}{x}}+C$;

(12) $\arctan e^t+C$.

2. (1) $\sin x-\dfrac{1}{3}\sin^3 x+C$;

(2) $\dfrac{t}{2}+\dfrac{1}{4}\sin 2t+C$;

(3) $\ln|1+\sin x|+C$;

(4) $-\cos(2\sqrt{t}-1)+C$;

*(5) $\arcsin \dfrac{x}{a} + C$.

【能力训练 5.3】

(1) $\dfrac{1}{9}e^{3x}(3x-1)+C$;　　　　　(2) $-(x^2+2x+2)e^{-x}+C$;

(3) $\sin x - x\cos x + C$;　　　　　(4) $x(\ln x - 1) + C$;

(5) $\dfrac{x^2 \ln(1+x)}{2} - \dfrac{x^2}{4} + \dfrac{x}{2} - \dfrac{\ln|1+x|}{2} + C$;　　(6) $\dfrac{1}{2}x\sin 2x - \dfrac{1}{4}(2x^2-3)\cos 2x + C$.

【综合能力训练 5】

（基础题）

1. (1) $\dfrac{8}{5}x^{\frac{5}{2}} - \dfrac{2}{3}x^{\frac{3}{2}} + C$;　　　　　(2) $\dfrac{2^x}{\ln 2} - \ln|x| + C$;

(3) $\dfrac{4}{7}x^{\frac{7}{4}} + C$;　　　　　(4) $-\dfrac{1}{5(3+5x)} + C$;

(5) $\ln(1+x^2) + C$;　　　　　(6) $\dfrac{1}{3}(\sqrt{x}+1)^6 + C$;

(7) $-\dfrac{1}{4}e^{-2x^2} + C$;　　　　　(8) $2\sqrt{x} - 2\ln(1+\sqrt{x}) + C$;

(9) $\dfrac{1}{2}e^{2\sqrt{x}}(2\sqrt{x}-1) + C$;　　　(10) $2\cos\sqrt{t} + 2\sqrt{t}\sin\sqrt{t} + C$;

(11) $\dfrac{1}{16}(4x-1)e^{4x} + C$;　　　(12) $\dfrac{1}{3}x\sin 3x + \dfrac{1}{9}\cos 3x + C$;

(13) $-x - \dfrac{1}{4}x^2 + \dfrac{1}{2}x(2+x)\ln x + C$;　　(14) $2\sqrt{x}\ln x - 4\sqrt{x} + C$;

(15) $\dfrac{1}{2}\ln|\sec x + \tan x| + \dfrac{1}{2}\sec x \tan x + C$;

(16) $\dfrac{1}{3}\arctan^3 x + C$.

2. $f(x) = \sin x - \cos x + 1$.

（应用题）

1. $f(x) = 3x + 2\sqrt{x}$.

2. $y = x^3 - 3x + 2$.

3. 2π.

第 6 章

【能力训练 6.1】

（基础题）

1. $\displaystyle\int_1^2 (x^2+1)\,dx$.

2. (1) 0；　　　　　(2) $b-a$；　　　　(3) $\frac{1}{2}(b^2-a^2)$；　　　(4) $\frac{1}{3}$；

　　(5) 0；　　　　　(6) $\frac{\pi}{2}$.

3. (1) 大于；　　　　(2) 小于；　　　　(3) 大于；　　　　　(4) 小于；
　　(5) 大于；　　　　(6) 小于.

4. (1) -6；　　　　 (2) $2(\sqrt{2}-1)$；　　(3) 24；　　　　　　(4) $\frac{1}{3}$；

　　(5) $\frac{1}{4}$；　　　　 (6) $\frac{29}{6}$；　　　　(7) $2(\sqrt{2}-1)$；　　(8) 1.

5. $\frac{17}{3}-e^{-1}$.

(应用题)

1. $h=\int_1^2 9.8t\,dt$.

2. -6.25m/s^2.

【能力训练 6.2】

1. (1) $2(\sqrt{2}-1)$；　　(2) $\frac{1}{6}$；　　　　(3) $\frac{1}{2}(1-e^{-1})$；

　　(4) $\frac{1}{3}$；　　　　 (5) $\frac{5}{2}$.

2. (1) 1；　　　　　　(2) $1-2e^{-1}$；　　(3) 1；　　　　　　(4) $-\frac{1}{2}$；

　　(5) $8\ln 2-4$；　　 (6) $2-5e^{-1}$.

3. (1) 4；　　　　　　(2) 0；　　　　　(3) 0；　　　　　　(4) 0；
　　(5) $2(e-1)$；　　　(6) $\ln 3$.

【能力训练 6.3】

1. (1) 1；　　　　　　(2) $-\frac{1}{2}$；　　　(3) $\frac{\pi}{4}$；　　　　　(4) 1；

　　(5) 发散；　　　　 (6) 发散.

2. 400 头.

【能力训练 6.4】

(1) $\frac{14}{3}$；　　　　　(2) $\frac{4}{3}$；　　　　　(3) $\frac{8}{3}$；　　　　　(4) $\frac{2}{3}-\ln 2$；

(5) $e+e^{-1}-2$.

【能力训练 6.5】

1. 680.8 千克.

2. (1) 4605 元, 2005 元；

(2) $C(q)=10+4q+0.125q^2$; $R(q)=80q-0.5q^2$.

3. (1) 264.2 万元；(2) $T\approx 7$ 年.

4. $A=10.9$ 万元.

5. $\dfrac{248}{3}$.

6. 7.252.

7. 约为 0.4.

【综合能力训练 6】

1. 略.

2. (1) $\dfrac{1}{4}$;　　　(2) $2(\sqrt{2}-1)$;　　(3) $\dfrac{3}{8}-\dfrac{\sin 1}{2}-\dfrac{\sin 2}{16}$;　　(4) $2-\dfrac{\pi}{2}$.

3. $\ln(1+e)-\ln 2$.

4. $\dfrac{9}{4}$.

5. $\dfrac{\sqrt[3]{2}}{2}$.

6. 每天生产 5 小时，最大收益为 2250 元.

7. 资本总存量为 140 万元.

8. 大约需要 6 年.

9. 610 元.

10. 486.

参 考 文 献

[1] 霍伊·利弗诺·麦克纳·里斯和斯坦格斯. 经济数学(第二版). 北京：中国人民大学出版社,2010.4
[2] [美]芬尼·韦尔·焦. 托马斯微积分. 北京：高等教育出版社,2003.8
[3] [美]Comap. 数学的原理与实践. 北京：高等教育出版社,施普格林出版社,2001
[4] 顾沛. 数学文化. 北京：高等教育出版社,2008.6
[5] 顾沛组. 数学文化课程建设的探索与实践. 北京：高等教育出版社,2009.12
[6] 方延明. 数学与文化. 北京：清华大学出版社,2009.3
[7] 王庚. 数学文化与数学教育：数学文化报告集. 北京：科学出版社,2004.1
[8] 张国楚,徐本顺,李祎. 大学文科高等数学. 北京：高等教育出版社,2002.7
[9] 邱森. 高等数学基础(上,下册). 北京：高等教育出版社,2007.1
[10] 吴洁. 高等数学简明教程(第2版). 北京：机械工业出版社,2008.2
[11] 王新华. 应用数学基础. 北京：清华大学出版社,2010.9
[12] 杜建卫,王若鹏. 数学建模基础案例. 北京：化学工业出版社,2009.8
[13] 陈辉,叶立军. 现代高等数学. 杭州：浙江大学出版社,2006.1
[14] 陈晓江. 高等数学. 北京：高等教育出版社,1998.7
[15] 吴赣昌. 概率论与数理统计(理工类). 北京：中国人民大学出版社,2007.3
[16] 盛骤. 概率论与数理统计. 北京：高等教育出版社,2005
[17] 魏振军. 概率论与数理统计三十三讲. 北京：中国统计出版社,2000.8
[18] 沈京一. 应用数学基础——概率论与数理统计. 北京：高等教育出版社,2005
[19] 林玉闽,许传炬. 概率统计应用基础. 北京：高等教育出版社,2003
[20] 杜建卫,王若鹏. 数学建模基础案例. 北京：化学工业出版社,2009.8
[21] 吴艳玲. 经济数学. 北京：清华大学出版社,2010.11
[22] 应惠芬,金开正,周冰洁,王桂云. 经济应用数学基础. 杭州：浙江大学出版社,2010.9
[23] 杨文兰. 经济应用数学基础. 北京：高等教育出版社,2009.3
[24] 于信,徐史明. 经济应用数学. 北京：高等教育出版社,2009.11
[25] 于桂萍. 经济数学基础. 北京：高等教育出版社,2010.3
[26] 李林曙,黎诣远. 线性代数. 北京：高等教育出版社,2004.3
[27] 黎诣远,李林曙. 经济数学基础. 北京：高等教育出版社,1998.7
[28] 吴赣昌. 线性代数(理工类·高职高专版·第二版). 北京：中国人民大学出版社,2009.5
[29] 杨文兰. 经济应用数学基础. 北京：高等教育出版社,2009.3
[30] [美]约翰·艾论·保罗. 数学家读报. 黄平亮译. 湖南：湖南科学技术出版社,2009.1
[31] 曹勃,云连英. 工程应用数学. 北京：高等教育出版社,2006.1
[32] 雷田礼. 经济与管理数学. 北京：高等教育出版社,2008.8
[33] 章栋恩等. MATLAB高等数学实验. 北京：电子工业出版社,2008.11
[34] 马莉. MATLAB数学实验与建模. 北京：清华大学出版社,2010.1
[35] 康永强,谢广顺,岑苑君. 经济数学基础———元函数微积分及其应用 概率论与数理统计. 北京：化学工业出版社,2009.8

《经济数学基础与应用（第 2 版）》读者意见反馈表

尊敬的读者：

感谢您购买本书。为了能为您提供更优秀的教材，请您抽出宝贵的时间，将您的意见以下表的方式（可从 http://edu.phei.com.cn 下载本调查表）及时告知我们，以改进我们的服务。对采用您的意见进行修订的教材，我们将在该书的前言中进行说明并赠送您样书。

姓名：_____ 电话：_____
职业：_____ E-mail：_____
邮编：_____ 通信地址：_____

1. 您对本书的总体看法是：
　　□很满意　　□比较满意　　□尚可　　□不太满意　　□不满意
2. 您对本书的结构（章节）：□满意　□不满意　改进意见_____
_____
_____
3. 您对本书的例题：　□满意　　□不满意　　改进意见_____
_____
_____
4. 您对本书的习题：　□满意　　□不满意　　改进意见_____
_____
_____
5. 您对本书的实训：　□满意　　□不满意　　改进意见_____
_____
_____
6. 您对本书其他的改进意见：
_____
_____
_____
_____
7. 您感兴趣或希望增加的教材选题是：
_____
_____
_____

请寄：100036　北京市丰台区金家村 288 号华信大厦 1104　李静
电话：010-88254610　　E-mail:zhy@hei.com.cn